Mark Paustian

Gesprächsbereit

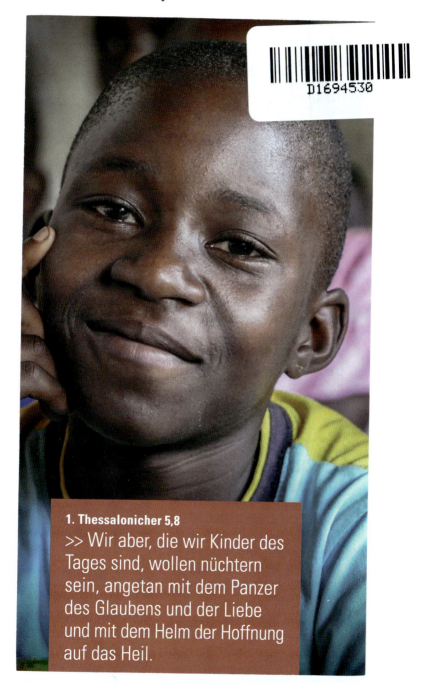

1. Thessalonicher 5,8

>> Wir aber, die wir Kinder des Tages sind, wollen nüchtern sein, angetan mit dem Panzer des Glaubens und der Liebe und mit dem Helm der Hoffnung auf das Heil.

Gesprächsbereit

Als Christ auf Fragen antworten

Mark Paustian

Concordia-Verlag Zwickau

Über den Autor:
Mark Paustian war viele Jahre lang Pfarrer in einer Gemeinde in Rockford (Illinois) und ist derzeit Professor für Kommunikation und Hebräisch am Martin Luther College in New Ulm (Minnesota).

Impressum
ISBN 978-3-947163-10-6
1. Auflage 2024

Concordia-Verlag Zwickau
in der Concordia-BUCHhandlung GmbH & Co. KG

Originalausgabe „Prepared To Answer" (2004) © Northwestern Publishing House, Milwaukee

Übersetzung: Almuth Müller, Jonas Schröter, Anne-Kathrin Thiele
Lektorat: Bettina Reiter, Anne-Kathrin Thiele
Titelfoto: meeboonstudio/ Adobe Stock
Satz: R. Hoffmann, Zwickau
Druck: Booksfactory.de / PRINT GROUP Sp. z o.o., Szczecin (Polen)

INHALTSVERZEICHNIS

Geschichte(n) erzählen

Spontane Kurzvorträge. Gab's die bei dir? Bei mir schon. Ich weiß noch gut, wie ich einmal einen Zettel aus dem Hut zog, auf dem „Boxen" stand. In der Zeit, die ich brauchte, um in meinem Rhetorikkurs nach vorn zu gehen (und man kann nur begrenzt langsam gehen), musste ich mich entscheiden, was in aller Welt ich in einem Stegreifvortrag zum Thema „Boxen" sagen wollte. Glücklicherweise hatte unser Lehrer uns eine Art Zaubertrick verraten: Denkt an eine persönliche Geschichte, die etwas damit zu tun hat, was auf dem Zettel steht.

Als ich also vorn ankam, drehte ich mich um und erzählte von den Boxkämpfen, die sich zwischen meinem Bruder Phil und mir abgespielt hatten, als wir Kinder waren. Unser „Boxring" war eine Decke, die auf dem Boden des Schlafzimmers ausgebreitet war. Unsere „Boxhandschuhe" waren zwei Paar Socken, die wir uns über die Fäuste zogen. Die einzige Regel lautete: „Nicht zu hart zuschlagen." (Ich habe nicht behauptet, dass wir die hellsten Köpfe waren.) Und so wurde aus einer lebhaften Erinnerung daran, wie wir uns unausweichlich wie wild gewordene Hornissen auf dem Boden herumwälzten, eine bewegende Lehrstunde über den großen Bruder, gegen den du kämpfst, während deine Eltern seufzen und dir sagen, dass er dir eines Tages viel bedeuten wird. Ich weiß: Könnte ich die Zeit zurückdrehen, würde ich versuchen, nicht so hart zuzuschlagen. (Nicht schlecht für 20 Sekunden Vorbereitungszeit.)

Wenn es darum geht, aus dem Stegreif, ohne Vorbereitung zu sprechen, ist es enorm befreiend, die Frage, die sich dir in diesem Moment stellt, zu ändern. Und zwar von: Was in aller Welt kann ich dazu sagen? Zu: Welche Geschichte kann ich dazu erzählen? Genau hieraus ist die Idee zu diesem Buch entstanden. Durch diese Herangehensweise kann ich ganz anders damit umgehen, spontan über meinen christlichen Glauben zu sprechen.

Welche Geschichte kann ich dazu erzählen?

Während ich hier schreibe, denke ich voller Freude an ein Gespräch, das ich vor zwei Tagen hatte. Eine Frau mit Namen Kayla, die ich gerade erst kennengelernt hatte, schnitt mir die Haare. Auf meinem Schoß lag ein christliches Buch (das allein kann schon interessante Gespräche auslösen) und sie fing an, mir von den Auseinandersetzungen zwischen ihren Eltern zu erzählen. Es waren richtige körperliche Auseinandersetzungen, die sie im Alter von nur acht oder neun Jahren miterleben musste, und sie geriet dabei zwischen die Fronten. Schwer vorstellbar, wie das gewesen sein muss. Eines aber blieb ihr aus dieser Zeit ganz deutlich in Erinnerung: Einmal kam mitten in der Nacht ein Mann in ihr Zimmer und setzte sich an ihr Bett. Sie konnte nur sein Gesicht erkennen und sie ist überzeugt, dass es Jesus war.

An dieser Stelle brach sie ab. Sie erinnerte sich an ihre Schere und daran, was von meinem Haar übriggeblieben war. Jetzt war ich an der Reihe. Was sollte ich sagen? Was hättest du gesagt?

Was würdest du zu einem Kampf mit Fäusten zwischen einer Mutter und einem Vater sagen? Wichtiger noch: Was würdest du einer Frau sagen, die einen so zaghaften Glauben in ihrem Herzen trägt und seit 20 Jahren darauf wartet, dass ihr jemand erklärt, wer dieser Mann ist? Sagst du: „Es gibt da eine interessante Veranstaltungsreihe bei uns in der Kirche"? Drückst du ihr den Plan mit den Gottesdienstzeiten in die Hand? Was in aller Welt sagst du? Nein, streich das. Welche Geschichte erzählst du?

„Wissen Sie, Jesus kam tatsächlich einmal an das Bett eines kleinen Mädchens. Wussten Sie das?"

„Nein."

Und ich erzählte ihr die Geschichte von dem besorgten Vater, der sehr reich war, aber für seine kranke Tochter alles hergegeben hätte.

„Gehen wir zu ihr", sagte Jesus.

Doch sie wurden aufgehalten, weil jemand anderes auf dem Weg Hilfe brauchte. Dem Vater brach das Herz. Und dann kam die Nachricht, dass es zu spät war.

„Ich fürchte, ich habe deine Zeit verschwendet", sagte der Vater zu Jesus.

„Nein, das hast du nicht. Sie schläft nur."

Ich hielt inne, um Kayla zu fragen, ob sie diese Geschichte vielleicht schon kannte. Sie hatte sie noch nie gehört und war offensichtlich interessiert. Also erzählte ich ihr die ganze Geschichte, bis hin zu „Talita kum", was bedeutet, „Mädchen, ich sage dir, steh auf!"

Und das kleine Mädchen stand auf.

Kayla, ich glaube, Jesus kommt immer noch zu Menschen, die innerlich tot sind, weil sie die Liebe und weil sie Gott nicht kennen. Sie kennen nur Scham. Gott möchte, dass sie leben und sich nicht fürchten. Deshalb kommt er in seinem Wort zu ihnen. Er, der am Kreuz für sie gestorben ist, kommt und sagt zu jedem Einzelnen von ihnen: „Sei getrost. Deine Sünden sind dir vergeben." Und wenn die Menschen seine Stimme in diesen Worten hören, wenn sie ihm nur glauben, dann leben sie.

Es war ein bemerkenswertes Gespräch. Und ganz einfach ging es dann von diesem Punkt aus weiter zu dem Gebet, das Jesus im Garten Gethsemane betete. Weiter zu dem Moment, als Jesus seinen Kopf vom Essig abwandte, den sie ihm bei seiner Kreuzigung anboten. Und schließlich bis in den Raum, in dem sich die Jünger versammelten, um zu trauern, um sich zu schämen und um herauszufinden, was sie ohne Christus tun sollten. Nach der Auferstehung waren seine ersten Worte an sie: „Fürchtet euch nicht." All das sagte ich Kayla.

Und aus dem undurchsichtigen Nebel der Religion trat ihr Erlöser hervor.

In den Worten und Taten Christi liegt die Macht, uns das Böse in uns selbst zu zeigen, unsere gottverlassene Selbstgefälligkeit zu zerschlagen und unser dringendes Bedürfnis nach seiner Gnade zu offenbaren. Und noch mehr, wie der Apostel Johannes schreibt: „Diese [Worte] aber sind geschrieben, damit ihr glaubt, dass Jesus der Christus ist, der Sohn Gottes, und damit ihr durch den Glauben das Leben habt in seinem Namen."[1]

Durch den Einsatz göttlich inspirierter Erzählungen wie dieser geben wir den Menschen etwas, woran sie sich erinnern werden, etwas, das Zugang zu ihrer Seele findet und das sie behalten wer-

---

1 Johannes 20,31.

den, auch wenn sie es noch nicht verstehen. Das bedeutet es, einen Samen zu säen. In der Hülle der Geschichte ist etwas Lebendiges und Wartendes verborgen.[2] Den Menschen ist noch nicht bewusst, was es ist oder was es bedeutet. Und dann, eines Tages ... wissen sie es.

„Mädchen, ich sage dir, steh auf!"[3]

Als Pastor und Dozent bin ich ständig mit herausfordernden Situationen konfrontiert. Ich betrete einen Raum, in dem gerade ein Mensch gestorben ist oder ein sterbender Mensch liegt. Ich werde von einem Ehepaar gerufen, in dessen Beziehung soeben etwas Schändliches enthüllt wurde. Ich sehe erwachsene Männer weinen, weil sie kurz vor dem Scheitern stehen und nicht wissen, was sie tun können, um das zu verhindern. Und ich treffe auf Fragen und Probleme intelligenter und leidender Menschen, die daran zweifeln, dass es irgendwo einen Gott gibt, der sie liebt. Auch du wirst solche Situationen erleben. Falls nicht, nimm einfach ein Buch mit dem Wort „Jesus" im Titel zu deinem nächsten Friseurtermin mit.

Früher erfüllten mich diese Situationen mit Anspannung, weil ich mich nie vorbereitet fühlte. Jetzt erinnert mich fast jede Situation, die ich mir vorstellen kann, an eine Geschichte, die ich unbedingt erzählen möchte. Seit einigen Jahren bedeutet das Studium der Heiligen Schrift für mich, dass ich Ereignisse und Worte aus dem Leben Jesu sammle, die mich besonders bewegen, die mir Gott offenbaren und die die großen Fragen meines Lebens aufzeigen. Immer öfter kann ich diese wunderbaren Geschichten mit allen möglichen Situationen und Fragen verknüpfen, denen ich in einer Welt begegne, in der der Tod allgegenwärtig ist. Das ist meine Vorbereitung gewesen.

Lass die Frau, die sich fragt, ob Gott ihr wirklich vergeben kann, hören, wie die Steine der Anklage einfach in den Dreck fallen. Lass sie dann die unglaublichen Worte hören, die Jesus zu einer beim Ehebruch ertappten Frau sprach: „Ich verdamme dich nicht."[4]

---

2   Vgl. Trench: *Notes on the parables of our Lord*, S. 26.
3   Markus 5,41.
4   Johannes 8,11.

Lass den mit seinen Zweifeln ringenden Mann sehen, wie Petrus in den Wellen unterging. Er konnte nicht auf dem Wasser laufen. Alles, was er zustande brachte, war ein panisches „Herr, rette mich". Das war genug. „Jesus aber streckte sogleich die Hand aus und ergriff ihn."[5]

Und es ist wirklich eine heilige Freude, Menschen in ihrer großen Todesangst zum Eingang eines Grabes aus dem ersten Jahrhundert zu führen, neben dem eine Frau stand und leise die Tränen der ganzen Welt vergoss. Ihr Herr war tot. Sie hatte nichts mehr, denn da war nichts mehr … bis ein Wort alles für sie veränderte. Er sprach: „Maria."

Ich bete darum, dass diese Verknüpfung skeptischer Fragen mit den geliebten Geschichten der Bibel auch für dich eine gute Vorbereitung sein möge. Und ich wünsche mir, dass du immer vertrauter mit der wunderbaren und wahren Geschichte wirst, die Gott in dieser Welt durch Jesus, seinen Sohn, gelebt hat, und dass du dir der von Gott gegebenen und noch immer gültigen Antworten immer bewusster wirst.

Hat jemand die Hoffnung, die du hast, infrage gestellt?

Willst du darauf vorbereitet sein, antworten zu können?

Dann erinnere dich an das kleine Geheimnis über spontanes Sprechen. Auf dem Zettel, den du gezogen hast, steht „Jesus".

Welche Geschichte kannst du über ihn erzählen?

---

5 Matthäus 14,31.

Einige Worte zu diesem Buch ...

Mir ist sehr wohl bewusst, dass dieses kleine Buch in erster Linie von Christen gelesen werden wird. Und doch habe ich es so geschrieben, als würde ich mich direkt an Skeptiker wenden, die ehrlich nach Antworten suchen. Ich habe in meinem Leben viele solcher Menschen getroffen und sie sind mir immer wichtiger geworden. Beim Schreiben hatte ich sie vor Augen.

Indem ich so schreibe, als wären meine Leser keine Christen, hoffe ich, dass dieses Buch für meine christlichen Leser umso hilfreicher sein wird. Deswegen hält dieses Buch hier und da ganz konkrete Anregungen dafür bereit, welche Worte du solchen Menschen gegenüber finden und auch mit welcher Haltung du ihnen diese Worte sagen könntest.

Solltest du Abschnitte dieses Buchs gemeinsam mit Nichtchristen lesen oder ihnen davon erzählen, sollten dir diejenigen Punkte bewusst sein, die möglicherweise näher erklärt werden müssen. (Punkte wie: Wer ist Mose? Wo ist Galiläa? Wer ist Paulus?) Der Gedanke, du könntest dieses Buch jemandem geben, der es braucht, erfüllt mich mit großer Freude. Aber bitte gib es nicht einer fragenden Seele anstelle der Liebe und Wahrheit, die *du* von Angesicht zu Angesicht und von Herz zu Herz geben kannst.

Falls die Skeptiker unter euch dieses Werk tatsächlich bis zum Ende lesen, könnt ihr euch meiner Bewunderung für eure ehrliche Suche nach der Wahrheit gewiss sein. Leider wollen viele die Wahrheit eigentlich gar nicht erfahren. Bleiben wir uns selbst überlassen, ist unser Verstand andauernd damit beschäftigt, eine Mauer nach der anderen zu errichten und zu entgegnen: „Das mag ja sein, *aber was ist mit ...?*"

Wenn du dich stattdessen fragst, „Könnte das wirklich wahr sein?", bist du Gott vielleicht näher, als du glaubst.

Und er ist dir näher.

Das würde meine Freude vollkommen machen.

In christlicher Liebe
Mark Paustian

CHRISTUS IN DER WEISSAGUNG

„Warum Jesus?"

Etwa 1.000 Jahre vor Christi Geburt schrieb David, der König Israels, ein Lied über die abgrundtiefe Verzweiflung eines anderen Königs. Es beginnt mit den Worten „Mein Gott, mein Gott, warum hast du mich verlassen?"[6] Das Lied erweckt den Eindruck, der Dichter sei von einer unbarmherzigen, spottenden Menschenmenge umringt. Die schmerzerfüllten Verse, die aus David herausströmen, klingen, als würde er gerade am eigenen Leib erfahren, wie seine Knochen aus den Gelenken gerissen werden, wie sich Nägel durch seine Hände und Füße bohren, wie ihn ein unstillbarer Durst quält, während die Menschen ringsumher um die letzten Fetzen seiner Kleidung würfeln.

Was für ein schauderhaftes Szenario!

König David beschreibt eine Kreuzigung, obwohl er zu seinen Lebzeiten nie eine gesehen oder auch nur davon gehört haben konnte. Denn dabei geschieht genau das: Die Knochen werden aus ihren Gelenken gerissen, Hände und Füße werden durchbohrt und der Körper trocknet durch den tödlichen Blutverlust langsam aus. Mehr noch, David schildert nicht irgendeine Kreuzigung, sondern die von Jesus Christus, und das 1000 Jahre, bevor sie überhaupt stattfindet. Er beschreibt in seinem Lied das Spotten der Menschenmenge, „[Der Herr] rette ihn, hat er Gefallen an ihm"[7], das Würfeln um Jesu Kleider und den verzweifelten Schrei vom Kreuz im Zentrum des ganzen Spektakels: „Mein Gott, warum?"

Doch damit nicht genug. Gut 700 Jahre vor Christi Geburt verkündete ein Prophet namens Jesaja den Namen des Auserwählten – „Immanuel", was „Gott mit uns" bedeutet. Und Jesaja prophezeite auch: Die Mutter des Auserwählten wird

---

6 Psalm 22,2.
7 Psalm 22,9.

eine Jungfrau sein. In ihrem Sohn wird Gott unsere menschliche Natur annehmen. Sein Vater wird Gott selbst sein.

Die Weissagungen des Propheten Micha schließen sich an. Er nennt den Geburtsort des Auserwählten (und macht dabei unmissverständlich klar, welches Bethlehem gemeint ist): „Und du, Bethlehem Ephrata, [...] aus dir soll mir der kommen, dessen Ausgang von Anfang und von Ewigkeit her gewesen ist."[8] Von Mose erfahren wir seine Abstammung – ein Nachkomme Judas – und seinen Auftrag – es wird „einen Propheten wie mich"[9] geben. Daniel sagt die Ankunft des ewigen Königreichs Christi während der Glanzzeit des Römischen Reiches voraus. Hätten wir das Alte Testament gelesen, hätten wir gewusst, dass Jesus Wunder tun und herrliche Geschichten erzählen würde. Dann hätten wir unseren Blick von Anfang an auf Galiläa und den Jordan gerichtet. So sieht ein Prophet ihn wie einen König auf einem Esel in Jerusalem einziehen. Ein anderer prophezeit, dass der Preis für seinen Verrat 30 Silberstücke betragen wird. Wir hätten gewusst, dass ein Freund ihn verraten wird. Wir hätten von den schrecklichen Peitschenhieben gewusst, die auf seinen Rücken niederfahren werden, von dem Essig, den sie ihm anbieten werden, und von dem Erstaunen darüber, dass seine Knochen nicht gebrochen werden. Wir hätten von dem Lanzenstich in seine Seite gewusst und auch von dem Grab des reichen Mannes, in das er, das unschuldige Opfer der Welt, hineingelegt wird.

David gibt uns in seinen Liedern das Versprechen, dass kein Grab den Auserwählten festhalten kann.

Und Jesaja sagt uns sogar, warum Jesus sich so still „wie ein Lamm zur Schlachtbank" führen ließ: „Für unsere Missetaten", spricht Jesaja. „Die Strafe liegt auf ihm, auf dass wir Frieden hätten, und durch seine Wunden sind wir geheilt."

(Bibelstelle zum Nachlesen: Jesaja 53)

---

8 Micha 5,1.
9 5. Mose 18,15.

Dieses Buch stellt eine gewaltige Aufgabe dar. Während ich nach den richtigen Worten suche, um den zu beschreiben, an den ich glaube, und um genau auf den Punkt zu bringen, warum ich an ihn glaube, blicke ich auf ein schreckliches Bild. Es handelt sich um eine alte, etwas verschwommene Fotografie, die den Lynchmord an einem schwarzen Mann in Alabama um das Jahr 1906 zeigt: sein geschwollenes Gesicht, seine geöffneten und doch toten Augen, seine nackten Füße, die nur wenige Zentimeter über den hämischen Gesichtern hängen, die weiß sind so wie meins. Sie recken ihre hasserfüllten Gesichter in falscher Männlichkeit in die Höhe. Sie haben ihre Söhne mitgebracht, die gleich ihnen ein schadenfrohes Grinsen im Gesicht tragen. Der Mann wurde nicht aufgrund eines Verbrechens, sondern aufgrund seiner Hautfarbe gehängt.

Es ist ein verstörendes Bild.

Wie würde es sich anhören, wenn ich auf dieses Bild, auf dieses geschwollene Gesicht, diese toten und doch geöffneten Augen zeigen und sagen würde: „Das ist Gott."? Du würdest mich wahrscheinlich für verrückt erklären. Es ist absurd, dass dieser Mann der herrliche Schöpfer sein soll, der uns alle liebt und der starb, um uns alle zu erlösen. Dieser Mann soll der Gott sein, der genau wegen dieses Seils und dieses Baums und dieser Männer in die Welt kam? Natürlich war der, an den Christen als ihren Retter glauben, kein schwarzer Mann aus Alabama vom Anfang des letzten Jahrhunderts, sondern ein Jude aus einer viel weiter zurückliegenden Zeit. Doch macht das die Sache glaubwürdiger?

Wohl kaum.

In Gedanken vergleiche ich diesen Tod mit jenem anderen Tod, jenem anderen Lynchmord. So mache ich mir wieder bewusst, dass es nicht weniger absurd klingt, wenn ich solche Dinge über Jesus Christus sage. Ich wende mich von dieser abscheulichen Fotografie ab und richte meinen Blick auf einen Tod, der noch verstörender, noch unschuldiger, noch bösartiger und noch öffentlicher war, um ihn mir so genau wie möglich vor Augen zu führen, während ich hier darüber schreibe.

Dieses geschwollene Gesicht, diese durchbohrten, nackten Füße, die über dem Erdboden schweben – das soll Gott sein? Ist etwas dermaßen verkehrt mit mir, bin ich dermaßen böse, dass nur sein Tod mich retten kann? Existiert hinter all dem, was ich mit meinen Augen sehen kann, ein unendlicher Gott, der so etwas für mich tun würde? Ich weiß, wie das klingt. Aber was, wenn es wahr ist? Und wie lässt Gott uns Gewissheit darüber erlangen? Was, wenn er von diesem grausamen Tod in all seinen unerträglichen Einzelheiten geschrieben hat, noch bevor er überhaupt eintrat? Nicht von Wunden durch ein Seil an einem Ast, sondern von durchbohrten Händen und einem blutigen Speer. Was, wenn er all das zuvor aufgeschrieben hat, in Heiligen Schriften, deren Seiten schon lange, bevor Christus überhaupt geboren wurde, dunkel und brüchig geworden waren? Was, wenn wir das Was, Wann, Wo und Wie in Schriften lesen könnten, die Hunderte von Jahren zuvor verfasst worden waren und es keinen Zweifel an ihrem Alter gäbe? Was, wenn wir in diesen Texten nicht nur Antworten auf die Frage nach dem Wer – „Gott mit uns" –, sondern sogar auf die Frage nach dem Warum finden?

„Ich will deiner doch nicht vergessen. Siehe, in die Hände habe ich dich gezeichnet."[10]

Nun stell dir Folgendes vor: Nehmen wir einmal an, dass es entgegen aller Wahrscheinlichkeit eine historische Person gab, auf die diese Prophezeiungen zufällig zutreffen. Nehmen wir an, dass es durch puren Zufall Anfang des ersten Jahrhunderts (nicht des zweiten) jemanden in Israel (nicht in Indien) und zwar aus Bethlehem (nicht Bethanien) aus dem Stamm Juda (nicht Levi) gab, der verraten, betrogen, ausgepeitscht und durchbohrt wurde. Und das sind nur einige der gut 300 Prophezeiungen über Jesus, die in der Bibel zu finden sind. Was denkst du, wie wahrscheinlich ist es, dass diese nach dem Zufallsprinzip ausgewählte Person ganz zufällig jemand von Bedeutung war oder irgendetwas Wichtiges zu sagen hatte? Was, wenn entgegen aller Wahrscheinlichkeit genau diese Person der bedeutsamste Mensch in der Geschichte der Menschheit war, der Mensch, der die Geschichte in ein Vorher und ein Nachher teilt? Was, wenn diese einzigartigen Prophezeiungen ganz zufällig auf denjenigen zuträfen, dessen Wunder Tausende bezeugten? Auf denjenigen, von dem seine Zuhörer sagten: „Noch

---

10   Jesaja 49,15f.

nie hat ein Mensch so geredet wie dieser."[11] Auf denjenigen, dessen Henker schaudernd erkannten: „Wahrlich, dieser ist Gottes Sohn gewesen!"[12] Und auf denjenigen, dessen Auferstehung von den Toten als unglaubliche, sensationelle Nachricht um die Welt ging. Was, wenn man denjenigen, die riefen: „Wir haben gesehen, wie er starb, und haben ihn dann lebendig angetroffen", eine Waffe an den Kopf hielte, sie aber nicht zurückweichen oder leugnen würden, was sie gesehen hatten? Was, wenn die unglaublichsten Behauptungen dieses Mannes – „Himmel und Erde werden vergehen; aber meine Worte werden nicht vergehen."[13] – tatsächlich wahr werden, selbst an diesem stillen Ort, wo du jetzt sitzt und sie liest? Was, wenn bis zum heutigen Tag das Leben Tausender und Abertausender von Menschen vollständig umgekrempelt wurde, einfach nur, weil sie der Botschaft glaubten, dass sie durch reine Gnade Vergebung erhalten und einer hell leuchtenden Herrlichkeit entgegengehen, die ihnen als Heimstatt bestimmt ist?

Das habe ich festgestellt: Es gibt Weissagungen, die niemals falsch, sondern immer richtig lagen. Es gibt die unanfechtbaren Zeugen von Christi Leben, Tod und Auferstehung. Und es gibt seinen unglaublichen Einfluss, der überall auf der Welt und zu allen Zeiten zu spüren ist – all diese Fäden laufen in einem einzigen Menschen zusammen.

Ich möchte dir Jesus vorstellen.

Der Vergleich mit den Begründern anderer Glaubensrichtungen ist dabei wie eine plötzliche Erleuchtung – niemand ist wie er. Meine Frage an dich lautet also: Wie blickst du nun auf dieses prophetische Bild, auf die mörderische Menschenmenge, deren Gesichter meinem viel zu ähnlich sehen, und auf das aus ihrer Mitte hervorragende, zerschlagene Gesicht des Herrn über Leben und Tod?

Du kennst den Titel dieses Bildes bereits: „Denn also hat Gott die Welt geliebt ..."[14]

---

11   Johannes 7,46.
12   Matthäus 27,54.
13   Matthäus 24,35.
14   Johannes 3,16.

Früher war Charles Templeton[15], ein enger Freund von Billy Graham[16], selbst Erweckungsprediger gewesen. Später jedoch verlor er den Glauben an Christus und zwar genau wegen der Fragen, die ich in diesem Buch thematisieren werde. Bezeichnend aber ist, welche Bedeutung Jesus trotzdem immer noch für Templeton einnahm, und die Nostalgie, mit der er über ihn sprach: „[D]er großartigste Mensch, der je gelebt hat … der weiseste Mensch, dem ich in meinem Leben und in allem, was ich je gelesen habe, jemals begegnet bin … Er war nicht im Mindesten doppelzüngig und hatte das größte Mitgefühl aller Menschen der Weltgeschichte … er ist der wichtigste Mensch, der je existiert hat. Alles, was ich über Anstand weiß, habe ich von ihm gelernt. Es hat viele wunderbare Menschen gegeben, doch Jesus ist Jesus."[17]

Während er das sagte, wurde seine Stimme brüchig. Und kurz bevor Tränen in seine Augen traten und seine Schultern anfingen, zu zucken, sagte er: „[E]r … fehlt … mir." [18]

Ich spüre ein Kratzen im Hals, denn, auf meine Art vermisse auch ich Jesus – nicht auf die Art, wie du einen imaginären Freund oder einen angenehmen Traum, den du hattest, vermisst. Nein, ich vermisse ihn auf die Art, wie du dich nach dem Kommen des Erlösers sehnst und ihn, den du in der Bibel gefunden hast, dann endlich von Angesicht zu Angesicht sehen wirst. Du wirst ihn sicher sehen. Jede Vorhersage ist eingetreten. Jedes Versprechen ist wahr geworden. Nur eines steht noch aus: „Ich komme bald."

Stell dir das nur einmal vor: Wenn schon das Versprechen so wunderbar ist, wie herrlich wird dann erst der Tag sein, an dem er kommt?

„Amen, ja, komm, Herr Jesus!"[19]

---

15   Charles Bradley Templeton (1915-2001), kanadischer Pastor und Erweckungsprediger, später in der Medienbranche tätig.
16   William Franklin „Billy" Graham (1918-2018), US-amerikanischer Baptistenpastor und evangelikaler Erweckungsprediger.
17   Strobel: *Glaube im Kreuzverhör*, S. 27f.
18   Ebd., S. 29.
19   Offenbarung 22,20.

DIE ANKUNFT GOTTES

„Wie lässt sich beweisen, dass es Gott überhaupt gibt?"

Manche Menschen behaupten: „Diese Welt ist alles, was existiert. Es gibt nur das, was du mit deinen fünf Sinnen wahrnehmen kannst, und mehr ist da nicht." Sie werden Materialisten genannt und sie glauben, dass außer der materiellen Welt, die aus Masse, Raum, Energie und Zeit besteht, nichts weiter existiert. Sie erkennen oft nicht, dass sie, indem sie Gott als Hirngespinst abtun, auch Sinnhaftigkeit, Moral, Hoffnung und sogar Liebe als Fantasieprodukte abstempeln.

Wieder andere Menschen behaupten genau das Gegenteil: „Es gibt viel mehr zwischen Himmel und Erde, als du dir vorstellen kannst." [20]

Und ja, da ist mehr.

Stellen wir uns vor, Gott selbst hätte das Schweigen des Himmels mit den Worten „Fürchtet euch nicht." gebrochen und er hätte einen Engel zu einem freundlichen jungen Mädchen namens Maria geschickt. Das würde alles ändern. Dann wäre die materialistische Welt eine Illusion. Durch diese eine strahlende Engelserscheinung wäre plötzlich wieder alles möglich. Wir könnten wieder alte Begriffe verwenden, Begriffe wie „Frieden" und „Freude". Es gäbe sogar wieder einen Weg von hier nach dort, eine Brücke zwischen dem, was wir sehen können, und dem Großen, das es auch noch gibt.

Und weißt du was? Genauso war es: Gott sprach. Er sprach ein vollkommenes Wort – den Namen eines Kindes. Der Engel Gabriel sagte zu Maria: „Du wirst einen Sohn gebären und du sollst ihm den Namen *Jesus* geben."

(Bibelstelle zum Nachlesen: Lukas 1,26-56)

---

20   Vgl. Shakespeare: *Hamlet*, S. 49.

Ich stelle mir dich und alle anderen Leser als Publikum in einem großen Theater vor. Die Bühne – nennen wir sie in Ermangelung eines besseren Namens *Religion* – ist dunkel. Du fragst dich, ob jemand diese Bühne betreten oder ob sie leer bleiben wird. Ich selbst bin der Beleuchter und bleibe im Hintergrund. Vor mir befinden sich die Schalter der vielen Scheinwerfer, die auf die dunkle Bühne gerichtet sind. Argumente für die Existenz unseres liebenden, heiligen Gottes und für die Wirklichkeit seines geliebten Sohnes Jesus Christus vorzubringen, lässt sich mit dem Versuch vergleichen, diese Scheinwerfer einen nach dem anderen anzuschalten. Die Existenz und Gestaltung der Welt. Klick. Die stets zu vernehmende Stimme des Gewissens. Klick. Das erstaunliche Phänomen der Weissagung. Klick. Die unanfechtbaren Aussagen der Augenzeugen. Klick. Und Jesus.

Klick. Klick. Klick.

Es gibt so viele Scheinwerfer. Es gibt so viel zu sagen und es fällt mir schwer, einen Anfang zu finden. Ich bete darum, dass ich irgendwann keinen neuen Scheinwerfer mehr einschalten, kein neues Argument mehr anführen und keinen weiteren Beweis mehr vorbringen muss. Ich vertraue auf die Kraft von Gottes Wort, auf das unermüdliche Wirken des Heiligen Geistes und auf Gottes eigenes Verlangen, erkannt zu werden. Ein Beispiel: Mose fand Gott nicht. Gott fand Mose. Er führte Mose barfuß zu einem brennenden Busch, der nicht verbrannte, und sprach seinen eigenen herrlichen Namen: „Ich bin, der ich bin."[21] Genauso verhält es sich bei mir: Der Grund, warum ich an Gott glaube, ist Gott.[22] Nach wie vor findet er Wege, zu uns herabzukommen, weil wir unfähig sind, zu ihm hinaufzusteigen. Obwohl meine Worte schwach sind, sind seine Gnade und Kraft der Grund dafür, warum ich sie dennoch mit Freude und Zuversicht aufschreibe – durch seine Gnade und Kraft. Der, der auf der Bühne steht, ist mächtig genug, sich selbst zu offenbaren.

---

21   Vgl. 2. Mose 3,14.
22   Vgl. 1. Petrus 1,21.

Es wird immer Menschen geben, die ihn kennen. Dafür sorgt Gott schon. Während wir nur zuhören und uns sein Wort zu Herzen nehmen, gehen die Scheinwerfer an. Auf der Bühne erscheint ein Mann mit weit ausgestreckten Armen. Christus ist Gott, der gekommen ist, um nach dem zu suchen, was verloren war. Gott kam uns so nahe, dass er unsere menschliche Gestalt, unser Fleisch und Blut, einfach alles, was uns ausmacht, teilte. Er erlitt diesen Tod am Kreuz damit wir ihn erkennen können. Durch seinen Tod sagt er uns, was er uns immer sagen wollte: „Ich liebe euch so unendlich. Ich vergebe euch vollkommen. Durch mich bekommt euer Leben diese eine einfache Bedeutung: Ihr seid mir wichtig. Ich werde euch an einen Ort bringen, der nur Himmel genannt werden kann. Und diese Hoffnung bleibt lebendig, unabhängig von all den zerbrochenen Träumen des Lebens auf dieser Erde."

Anders gesagt: „Ich kann euch Gott schenken, denn das heißt, Ich bin, der ich bin."

Was wird dein brennender Busch sein? Wirst du die „Jesus-Geschichten" in diesem Buch lesen oder die Sterne betrachten? Wirst du das Johannesevangelium vor dir aufgeschlagen haben? Oder wirst du deinem Kind über die Haare streicheln und … Klick … plötzlich erkennen, dass es ihn gibt? Du weißt es, weil er die öde Welt des Materialismus betreten und seinen Namen geflüstert hat: *„Ich bin, der ich bin."*

Nun möchte ich gern die ersten beiden Scheinwerfer einschalten, die zwei klassischen Argumente für die Existenz Gottes. Beim ersten handelt es sich um das „kosmologische Argument", das auch „kosmologischer Gottesbeweis" genannt wird und den Grund für die Existenz des Universums beschreibt. Die alles entscheidende Frage lautet: Warum gibt es Etwas statt Nichts? Nichts muss nicht erklärt werden. Sobald jedoch etwas da ist, stellt sich die Frage nach dem Warum. Sein kann nicht von Nichtsein kommen. Alles hat eine Ursache. Alles, was wir sehen, und alles, von dessen Existenz wir im beobachtbaren Universum ausgehen. Wenn etwas einen Anfang hat – und nicht zwingend existieren muss –, dann muss es auch eine Ursache haben. Es gibt keine Ausnahmen. Eine Uhr, die im Wald gefunden wird? Irgendjemand hat sie gebaut und dorthin gebracht. Ein lautes Geräusch an der Tür? Irgendjemand oder irgendetwas muss dahinter sein. Was ist mit dem Universum? Wer steckt dahinter?

Ich muss zugeben, dass sich Atheisten nur selten über die Existenz bzw. das Sein an sich wundern. Und sofern du nicht annimmst, dass der gesamte Kosmos selbst vom Nichts ins Sein gesprungen ist, sich selbst verursacht hat, sich selbst vor der Nicht-Existenz gerettet hat[23], musst du jenseits von Materie, Energie, Raum und Zeit nach einer Erklärung suchen. Und so gelangst du schließlich zu der einen, unabdingbaren, ewigen, aus sich selbst heraus existierenden, nicht verursachten Ursache.

„Am Anfang schuf Gott …"[24]

Das zweite Argument ist der „teleologische Gottesbeweis" und beantwortet die Frage nach der Form oder dem Muster. Es ist ein wissenschaftliches Gesetz, keine Theorie, dass alle Dinge, die sich selbst überlassen werden, von der Ordnung zur Unordnung übergehen. Hierzu ein einfaches Beispiel: Angenommen, deine Smarties liegen nach Farben geordnet da. Sobald wir auch nur das kleinste Anzeichen für Ordnung erkennen, haben wir doch unweigerlich den Gedanken: „Das muss irgendjemand getan haben." Irgendjemand. Ein kleines Kind schafft das, was wir dem blinden Zufall nicht in einer Million Jahren zutrauen, in fünf Minuten. Wir müssen einfach zugeben: Intelligenz ist für diese geordneten Smarties eine weitaus bessere Erklärung als der Zufall.

Und nun denk einmal an die schwindelerregende Komplexität, die wir Leben nennen. Ganze Bibliotheken ließen sich mit Fakten wie diesem füllen: Eine lebende Zelle enthält etwa 200.000 Aminosäuren. Die benötigte Zeit, um zufällig eine – nur eine! – Aminosäuren-Kette einer lebendigen Zelle zu bilden, kann mathematisch berechnet werden. Es dauert ungefähr dreihundertmal länger als die Erde laut Evolutionstheorie alt ist (4,6 Milliarden Jahre). Der Gedanke, alles würde von selbst entstehen, wenn man nur genug Zeit in einem entsprechend großen Universum verstreichen ließe, ist verlockend. Aber einer genauen Untersuchung kann diese Annahme nicht standhalten.

---

23 Vgl. Chesterton: *Orthodoxie*, S. 75. Ich bin G. K. Chesterton weit über die Stellen hinaus, an denen ich ihn in diesem Buch zitiere, zu Dank verpflichtet.
24 1. Mose 1,1.

Und hast du schon einmal über die DNA nachgedacht, dieses wundersame Material, aus dem das Leben besteht? Jede einzelne Zelle des menschlichen Körpers trägt die Information in sich, die aussagt, dass es sich um genau diesen einen Menschen handelt. Und allein diese Information würde eine ganze Bibliothek füllen. Information? Es ist nicht übertrieben, zu behaupten, dass die DNA eigentlich eine Botschaft ist. Wissenschaftler haben herausgefunden, dass „die Strukturen der DNA und der geschriebenen Sprache identisch sind".[25]

In seinem Buch *Darwins Black Box* entwickelt der Molekularbiologe Michael Behe den Begriff der „nicht reduzierbaren Komplexität"[26]. Der Begriff beschreibt eine Tatsache, die zu der Zeit, als die Evolutionstheorie entstand, noch nicht bekannt war. Damals war es noch nicht möglich, das Leben auf molekularer Ebene zu beobachten. Im gesamten menschlichen Körper gibt es unzählige biologische Systeme, die wiederum aus zahlreichen Komponenten bestehen und in einer fesselnden und unglaublichen Komplexität ineinandergreifen. Es handelt sich um faszinierende und komplexe Maschinen, die nicht einmal ansatzweise funktionieren könnten, wenn nicht jede einzelne Komponente des Systems ganz präzise gestaltet und perfekt an Ort und Stelle platziert wäre. „Nicht reduzierbare Komplexität" bedeutet, dass ein stufenweiser, stetig sich selbst verbessernder Prozess nicht das rätselhafte Wirken biologischer Abläufe erklären kann. (Stell dir vor, du gehst auf Mäusejagd. Zu Beginn benutzt du ein flaches Stück Holz, womit sich schon einige Mäuse fangen lassen. Dann nimmst du ein paar Holzstücke hinzu, womit du noch einige Mäuse mehr fängst. Schließlich platzierst du noch eine Sprungfeder unter dem Holzstapel und fängst so noch viel mehr Mäuse. Und wenn das schwingende Metall der Feder genau die richtige Länge erreicht, wird die Mausefalle immer besser. Logisch, oder?) Behe, der keinen religiösen Hintergrund hat, schlussfolgert recht überzeugend, dass der Begriff der Evolution, wenn er im Zusammenhang mit komplexen Systemen

25   McDowell: *The new evidence that demands a verdict*, S. LI [eigene Übersetzung].
26   Vgl. Behe: *Darwins Black Box*, S. 72f.

wie der Hornhaut im Auge oder einem Flagellum[27] gebraucht wird, mehr einem Zauberstab gleicht, denn dass er als tatsächliche Erklärung dienen kann. Schaut der Biologe durchs Mikroskop, steht etwas unübersehbar und doch unausgesprochen im Raum – und zwar die Erklärung, die so offensichtlich ist, dass sie schmerzt, und die dennoch viele Menschen aus irgendeinem Grund nicht wahrhaben wollen: Es ist ganz einfach intelligentes Design.

Einige Wissenschaftler haben selbst eingeräumt, dass die Existenz der Erde an sich, die Existenz dieses kleinen und auf sich gestellten Lebensraums in einem „gerade richtigen" Universum den Glauben an den reinen Zufall an seine Grenzen bringt.[28] Ein Astronom berechnete einmal die Wahrscheinlichkeit, dass irgendwo Leben entsteht – auf der Grundlage der nötigen Kräfte, Eigenschaften und Bedingungen, die für einen lebenserhaltenden Planeten unabdingbar sind. Diese Wahrscheinlichkeit liegt bei eins zu siebenmal tausend Trillionen.[29] Das Leben, wie wir es kennen, ist genauestens, sozusagen auf Messers Schneide ausbalanciert.

Wir sind durchaus dazu in der Lage, zwischen Zufall und intelligentem Design zu unterscheiden. Nicht nur der gesunde Menschenverstand ermöglicht es uns, genau diese Unterscheidung mit ziemlicher Sicherheit zu treffen. Auch einige wissenschaftliche Disziplinen wie etwa die Archäologie oder die Forensik haben die dabei eingebundenen Prinzipien klar formuliert. Menschen können ein Leben lang behaupten, sie sähen keine versteckte Idee oder Intention hinter den Zeichen der unergründlichen Ordnung, die für jeden Ort in diesem Universum und für ihren eigenen Kopf kennzeichnend ist. Ich denke aber, dass sie es eigentlich besser wissen.

Wenn es um irgendeine andere Frage als um die nach der Herkunft ginge, die so mit religiösen Bedeutungen aufgeladen ist, wäre der Fall schon erledigt. Die Möglichkeit, das Leben sei durch Zufall entstanden, kann definitiv ausgeschlossen werden. Das erklärt auch, warum du dich am besten an die philosophische Fakul-

---

27   Flagellum: fadenähnliche Strukturen der Fortbewegung bei einzelligen Lebewesen.
28   Vgl. McDowell: *The new evidence that demands a verdict*, S. LII.
29   Vgl. Ross: „Design evidences for life support".

tät einer Universität begibst, um einen Atheisten für eine gute und ehrliche Diskussion zu finden. Die Angehörigen der Fakultäten für Physik oder Biologie sind in diesem Punkt immer weniger eine Hilfe. Ich denke, die materialistische Weltsicht wird fallen wie die Berliner Mauer – ein in vielerlei Hinsicht angemessener Vergleich.

Nun, vermutlich ist von all den Möglichkeiten theoretisch auch die astronomischste aller Wettchancen möglich: Eins zu eins gefolgt von einer Million Nullen ist theoretisch nicht unmöglich. Doch auch wenn eine solche Koinzidenz gerade noch möglich wäre, so geht es doch gar nicht darum. Würde ich meine Seele auf diese Möglichkeit verwetten? Was ist die bessere Erklärung für die wunderbare Gestaltung unserer Erde und von uns selbst – der blinde Zufall oder die Intelligenz und der Plan eines Schöpfers? Wie kannst du in der Dämmerung an einer felsigen Küste stehen, das Wunder eines menschlichen Auges oder Gehirns zu begreifen versuchen oder dein neugeborenes Kind bestaunen, ohne persönlich davon betroffen zu sein?

„Ich danke dir dafür, dass ich wunderbar gemacht bin."[30]

Gibt es denn für diejenigen, die zugehört haben, keine glaubwürdigen Gegenargumente? Natürlich gibt es die. Das liegt in der Natur der Sache. Du kannst dich nach jeder Begründung fragen: „Halte ich das für richtig?" Die Antwort findet sich woanders, in einem Bereich jenseits unseres Verstands. Unsere sündige Natur findet immer einen Grund, alle Argumente abzulehnen. Gott selbst muss sich offenbaren. „Ich bin, der ich bin."[31]

Dass mir so viel daran liegt, Ursache und Gestaltung als Beweise anzuführen – nur zwei von vielen überzeugenden Erklärungen – kommt daher, dass ich mir in diesen speziellen Fällen absolut sicher bin. Ihre Gültigkeit steht fest, denn Gott hat sie als erstes in der Heiligen Schrift benannt. „Die Himmel erzählen die Ehre Gottes, und die Feste verkündigt seiner Hände Werk."[32]

Ich schließe meine Beweisführung mit Gottes eigener Offenbarung. Etwas später in diesem Buch werde ich näher ausführen, warum man die Bibel ernst nehmen sollte. An dieser Stelle erst

---

30   Psalm 139,14.
31   Vgl. 2. Mose 3,14.
32   Psalm 19,2.

einmal die Quintessenz: Ich verlasse mich nicht auf meine eigene Denkfähigkeit, um das für richtig zu erklären, was Gottes Wort bereits gesagt hat. Ich gehe den entgegengesetzten Weg. Es ist Gottes Geist, der Autor der Bibel, der meine Ehrfurcht für richtig erklärt – das ehrfurchtsvolle Schweigen, wenn ich die Finger meiner rechten Hand anschaue. Wenn ich an mein Kind denke, das „im Verborgenen gemacht wurde"[33], im Mutterleib meiner Frau. Wenn mir der offensichtliche Gedanke kommt, „jemand tut das". Gott selbst erklärt diesen Instinkt in seinem verlässlichen Wort für richtig. Ich bin mir *sicher*, dass ich richtig damit liege, den Liedern des Nachthimmels zu lauschen, hinaufzublicken und zu staunen – nicht, weil mir irgendein Philosoph die Erlaubnis dazu gegeben hat, sondern weil die Bibel es mir sagt.

Als Hiob alles verlor, was er liebte, als sich seine Frau, seine Freunde und sein qualvoller Schmerz gegen Gott wendeten, war es Gott selbst, der ihn nicht zerbrechen ließ. Gott tat das für Hiob. Und ich weiß ganz sicher: Allein durch die Kraft seines Wortes tut er dasselbe für mich und meinen Glauben, damit ich wissen darf, „dass mein Erlöser lebt"[34]. Ich weiß es ganz sicher.

„Wie lässt sich beweisen, dass es Gott überhaupt gibt?" Vielleicht ist das die Grundsatzfrage, die dich umtreibt. „Warum kann ich ihn nicht sehen?" An dieser Stelle möchte ich gern ein Beispiel von C. S. Lewis[35] anführen. Zu erwarten, Gott in dieser Welt wie uns Menschen selbst als sichtbare oder materielle Größe wahrnehmen zu können, lässt sich mit der Erwartung vergleichen, William Shakespeare als Figur in einem seiner Stücke zu finden. Wenn wir ihn auf diesem Weg suchen, wird der Autor nirgendwo zu finden sein, nicht einmal im Himmel über dem schönen Verona. Fragen wir uns noch einmal, wo Shakespeare in seinen Stücken ist. Er ist überall zu finden – hinter jedem Wort und jedem Buchstaben und zwischen den Zeilen.[36]

---

33   Psalm 139,15.
34   Hiob 19,25.
35   Clive Staples Lewis (1898-1963), englischer Literaturhistoriker, Schriftsteller und christlicher Apologet, Professor für englische Literatur, verfasste u. a. die Kinderbuchreihe *Die Chroniken von Narnia*.
36   Vgl. Lewis: *Gedankengänge*, S. 200.

Wenn es Shakespeare nicht gäbe, gäbe es auch keines seiner Stücke.

Erkennst du, dass sich das Verhältnis von Gott zu dieser Welt auf eine gewisse Weise mit dem Verhältnis eines Autors zu seinem Stück vergleichen lässt? Deshalb könntest du im ganzen Universum Ausschau nach ihm halten, ohne je sein Gesicht zu sehen. Und doch ist der kleinste Same – eines Baumes oder auch eines Mannes – der ohrenbetäubende Schrei: „Er ist, der er ist."[37]

Genau an diesem Punkt sehen wir uns mit dem wahren Mysterium konfrontiert – dem Zentrum des Christentums. Der Autor selbst hat einen Weg gefunden, in sein tragisches Stück zu treten. Wir brauchten ihn. Der Künstler trat in sein eigenes Meisterwerk, obwohl es durch die Sünde verunstaltet war. Auf einem Weg, den wir nicht ergründen können, weder, wie weit der Weg war, noch, was er ihn gekostet hat, näherte sich Gott uns und sprach: „Fürchtet euch nicht."

Nichts, absolut nichts, ist bei Gott unmöglich.

———

Ein russischer Kosmonaut flog ins Weltall und sagte: „Gott habe ich nicht gefunden."[38]

König David wusste es besser. „Wohin soll ich gehen vor deinem Geist, und wohin soll ich fliehen vor deinem Angesicht? Führe ich gen Himmel, so bist du da; bettete ich mich bei den Toten, siehe, so bist du auch da."[39]

Wohin kann ich gehen und Gott nicht finden? Wohin kann ich laufen und nicht das unmissverständliche Echo hören: „Ich bin, der ich bin."[40]

---

37   Vgl. 2. Mose 3,14.
38   Vgl. Mathis: „Wo ist Gott". Das Zitat spielt auf den Kosmonauten Juri Gagarin an, der 1961 als erster Mensch ins Weltall flog und gesagt haben soll: „Ich war im All und habe Gott nicht gefunden."
39   Psalm 139,7f.
40   Vgl. 2. Mose 3,14.

„Glaubst du wirklich an Wunder?“

Die Jungfrau Maria stellt fest, dass sie schwanger ist. Ein Engel hatte es ihr angekündigt.

Als das Baby dann das Licht der Welt erblickt, öffnet sich der Himmel und jubelnde Engel singen: „Ehre sei Gott in der Höhe!“ Ein Stern zieht über den Himmel und bleibt über Gottes Geburtsort stehen.

Das sind die Wunder der Weihnacht. Können wir das glauben? Können die Gesetze der Natur so einfach außer Kraft gesetzt werden? Mit Marias Worten: „Wie soll das zugehen?“

Zunächst einmal sei gesagt, dass Maria wusste, wie Babys entstehen. Heutzutage wird manchmal behauptet, dass die Menschen im Altertum an Wunder glauben mussten, weil sie in einem vorwissenschaftlichen Zeitalter lebten. Allerdings spricht die Bibel ja gerade von „Zeichen und Wundern“, weil die Menschen die Gesetze der Natur hinreichend kannten, um erstaunt zu sein, wenn diese Gesetze außer Kraft gesetzt wurden. Zweitausend Jahre wissenschaftlicher Fortschritt haben die Wunder der Bibel also nicht mehr oder weniger wunderbar gemacht, als sie es damals für Maria waren.

Dass Maria dem Eintreten der Weissagungen Glauben schenkte, ist dabei kein geringeres Wunder als das Eintreten dieser Ereignisse.

Auf manche Gesetze der menschlichen Natur ist genauso Verlass wie auf Gesetze der Wissenschaft. Es liegt anscheinend in unserer Natur, nicht an die Dinge zu glauben, die von Gott kommen. Wir widersetzen uns ihm mit schöner Regelmäßigkeit, immer wieder und in jeder Hinsicht. Dieses Verhalten ist so vorhersehbar wie die Schwerkraft. Die eigentliche Frage dabei ist, ob die Gesetze meiner eigenen Natur auf übernatürliche Weise außer Kraft gesetzt werden können. Kann Gott mit dem Wunder seines Lichts in meine Dunkelheit eindringen? Kann er in den natürlichen Lauf der Dinge eingreifen und ihn durchbrechen ... auch in mir?

Achte darauf, was Maria sagte: „Mir geschehe, wie du gesagt hast [...], mein Geist freut sich Gottes, meines Heilandes."
(Bibelstelle zum Nachlesen: Lukas 1,26-56)

Lass mich kurz von meinen beiden Lieblingsfilmen erzählen: Der
eine Film heißt *Stunde des Siegers* und handelt von einem Läufer
bei den Olympischen Spielen in Paris 1924. Der andere Film heißt
Ist das Leben nicht schön? und darin sieht ein Mann, wie die Welt
aussehen würde, wenn er nie geboren worden wäre. Nun stellt sich
mir die Frage: Wie fände ich es wohl, wenn in *Stunde des Siegers*
ein Wunder geschähe, wenn also Eric Liddel bei seinem 400-Me-
ter-Lauf zum Beispiel von einem Engel über die Ziellinie getragen
werden würde? Ich würde das Kino mit dem Gedanken verlassen:
„Wie plump!" In meinen Augen wäre das ein billiger Trick des Autors, damit es auch ganz sicher ein Happyend gibt. Das Wunder
passt hier nicht.
      Es ist nicht diese Art Film.
      Ganz anders ist es bei *Ist das Leben nicht schön?*:Dort erscheint
ein Engel und es geschieht ein Wunder, um George Bailey zu zeigen, wie das Leben ohne seine Existenz aussehen würde. In diesem
Fall würde ich nicht kritisieren: „Das ist jetzt aber ziemlich unsin-
nig." Denn dieses Mal ist das Wunder der Kern der Handlung, das,
worum es in dem Film überhaupt geht. Das Wunder passt, weil ...
Wie soll ich es erklären?
      Es ist diese Art Film.
      Ich versuche, zu verstehen, wie manche Menschen auf bibli-
sche Wunder reagieren. Sind Wunder peinlich? Beleidigen sie den
menschlichen Verstand? Alle in Verbindung mit Wundern stehen-
den Fragen haben – wenn man so will – mit der Frage zu tun, in
welcher Art von „Film" wir leben. Passen Wunder in diese Welt?
Welche Art von Welt ist es denn?
      Die Frage, um die es sich dreht, ist: Leben wir in der Welt der
Materialisten oder nicht? Ist das für uns Sichtbare alles, was es
gibt, oder ist da noch mehr? Wenn die Materialisten recht haben,
sind Wunder natürlich Unfug. Wenn wir jedoch nur glauben, dass
es da draußen mehr gibt als das, was wir mit unserem Verstand

29

und unseren Sinnen erfassen können, dann fällt es uns auch nicht mehr so schwer, an Wunder zu glauben. Wir können uns zwar daran festhalten, dass die Wissenschaft Wunder widerlegt hat. Dabei darf aber nicht übersehen werden, dass ein einziges, glaubwürdiges Wunder ausreicht, um den Mythos des Materialismus zu Fall zu bringen. Wunder sind Zeichen, die darauf hinweisen, dass da noch mehr ist. Und vertrauenswürdige Zeugen haben von Zehntausenden von Wundern berichtet.

Ob Menschen Wunder und damit die tieferliegenden Wirklichkeiten, die durch sie offenbar werden, anerkennen, hängt von ihrer Grundeinstellung gegenüber dieser Frage ab. (Im Übrigen lässt sich mit den klassischen Tests des Skeptikers David Hume[41], mit denen er zeigen wollte, dass es niemals Wunder gegeben hat, auch zeigen, dass Napoleon nie gelebt hat.) Würden diejenigen, in deren Weltanschauung Wunder ausgeschlossen sind, doch einmal Zeugen eines Wunders werden, würden sie wohl eher an ihren Sinnen als an ihrem Unglauben zweifeln. So hat ein Beweis für dieses Wunder von vornherein keine Chance.

Aber mit den Worten „Am Anfang schuf Gott …"[42] wird deutlich, in was für einer Welt wir leben. Uns wurde von Anfang an eine vollkommen schlüssige Erklärung für dieses geheimnisvolle Universum gegeben. Wir, die wir Christus kennen, der „alle Dinge mit seinem kräftigen Wort [trägt]"[43], können verstehen, dass Wasser einfach Wasser bleibt, wenn es sein Wille ist. Doch wenn er es so will, ist es keineswegs unmöglich, dass Wasser zu Wein wird. In seinen Wundern hat Jesus nur getan, „was er den Vater tun sieht"[44], wie er selbst gesagt hat. Der Vater hat seit Anbeginn der Zeit Körper geheilt und aus wenigen Fischen viele hervorgebracht.

Du kannst an all dem zweifeln, aber deine Zweifel lassen sich nicht mit der etablierten Wissenschaft begründen. Die Wissenschaft kann nichts über Wunder sagen. Sie ist nicht einmal in der Lage, dazu auch nur eine Meinung zu äußern. Die Wissenschaft

---

41   David Hume (1711–1776), schottischer Philosoph, Ökonom und Historiker, bedeutender Vertreter der schottischen Aufklärung.
42   1. Mose 1,1.
43   Hebräer 1,3.
44   Johannes 5,19.

kann die Naturgesetze durch wiederholbare Beobachtungen zwar genau beschreiben, aber das befähigt sie nicht zu Antworten auf die Frage, ob ihre Gesetzmäßigkeit von etwas oder jemandem, das oder der sich außerhalb davon befindet, außer Kraft gesetzt werden kann. Und die Wissenschaft sollte sich nicht zu laut darüber beschweren, noch nie ein „Wunder" gesehen zu haben. Denn bisher konnte sie auch noch keinen „Urknall" oder die Entstehung des kleinsten Hauchs von Leben aus lebloser Materie beobachten. Bislang gibt es keinen wissenschaftlichen Sichtbeweis für irgendeinen der entscheidenden Prozesse, auf denen die Evolutionstheorie basiert.

Zwar habe ich die Freiheit, die Behauptung einer Person, sie habe ein Wunder erlebt, kritisch zu beurteilen und sie für richtig oder falsch zu halten – Atheisten besitzen diese Freiheit jedoch nicht. Ihre Weltanschauung ist vorgefertigt und in sich geschlossen. Sie können den Berg an Beweisen für Wunder nicht objektiv betrachten, denn ihr Denken wird von einem Vorurteil gegenüber Wundern beherrscht.

In diesem Fall wird also nicht der Christ, sondern der Materialist durch ein Glaubensbekenntnis in seiner Freiheit eingeschränkt.

Wenn man ohne Beweise davon ausgeht, dass nur das materielle Universum existiert, gibt es keine intellektuelle Freiheit. Stattdessen ist man gezwungen, die wildesten, unwahrscheinlichsten Erklärungen zu akzeptieren, die sich aus der Natur herleiten lassen. Denk nur einmal an das ultimative Wunder, mit dem das gesamte Christentum steht und fällt: Wurde Christus von den Toten auferweckt? Der materialistische Geist ist dazu gezwungen, an Geschichten von Massenhypnose zu glauben, an Geschichten von vielen tausend Menschen, die eine Lüge erzählten, weil sie sich auf eine brutale Verfolgungsjagd freuten. Dieser Geist besitzt nicht die Freiheit, um eine einfache Erklärung, die mit allen historischen Beweisen übereinstimmt, auch nur in Betracht zu ziehen – ein Wunder namens Jesus.

Es gibt Bestrebungen, die Bibel von Mythen zu befreien. Doch ein Christentum ohne Wunder ist nicht möglich. Im Gegensatz dazu wurden Persönlichkeiten wie Buddha und Mohammed erst Jahrhunderte nach ihrem Tod Geschichten von Wundertaten nachgesagt. Streicht man diese Wundergeschichten aus jenen Erzählungen heraus, werden die religiösen Überzeugungen daher nicht angegriffen. Nicht so beim Christentum. Der christliche Glaube hat Wunder nicht als schmückendes Beiwerk. Er *ist* ein Wunder. Wie C. S. Lewis sagte, geht es in der christlichen Geschichte von Anfang an um ein großes Wunder, das Wunder der Menschwerdung.[45] Gott nahm die Hülle von Fleisch und Blut an. Wenn dieses Wunder eine Lüge ist, dann ist der christliche Glaube wertlos. Weil dieses Wunder jedoch wahr ist, kann nichts in der gesamten Menschheitsgeschichte von größerer Bedeutung sein als das Kind mit dem Namen Jesus. Mit dieser Geburt kam der Eine in diese Welt, der alles, was wir sehen, überhaupt erst erschaffen hat. Um dieses zentrale Ereignis dreht sich die gesamte Menschheitsgeschichte. Alles andere, was das Christentum behauptet, erklärt sich dann von selbst: dass sein Tod uns alle mit Gott versöhnt hat, dass ihn kein Grab festhalten konnte, dass die himmlische Welt der Ewigkeit weit offensteht. Wir müssen nur die richtige Antwort auf diese eine Frage finden: Wer war dieses Kind?

„Darum wird auch das Heilige, das geboren wird, Gottes Sohn genannt werden."[46]

Noch ein letzter Punkt, bevor du abwinkend urteilst, die Wunder Jesu würden sich nicht oder nur geringfügig von denjenigen unterscheiden, die auch andere Religionen für sich proklamieren: *Seine* Wunder wurden in aller Öffentlichkeit vollbracht. Die Wunder Jesu wurden von tausenden Menschen, Gläubigen wie Ungläubigen, gleichermaßen bezeugt und sogar von seinen erbittertsten Feinden als Tatsache anerkannt. Hör auf die Worte der beunruhigten Pharisäer und Priester, die ihn am meisten hassten: „Dieser Mensch tut viele Zeichen. Lassen wir ihn so, dann werden sie alle an ihn glauben."[47]

Allerdings.

Das Beste an der ganzen Sache ist, wie herrlich die Wunder passen. Hier gibt es keine willkürlichen Darstellungen, wie sie Jesu unkultivierter Trupp von Fischern erfunden haben könnte, um Eindruck zu schinden. Schauen wir auf die Harmonie zwischen der

---

45   Vgl. Lewis: *Gott auf der Anklagebank*, S. 67f.
46   Lukas 1,35.
47   Johannes 11,47f.

Tat und dem Mann, als Jesus den Rücken einer Frau aufrichtete, die vierzehn Jahre lang gebeugt gewesen war, oder als er einer Witwe zuflüsterte, „Weine nicht!", und dann ihren einzigen Sohn vom Tod auferweckte. Seine Wunder dienten dazu, den Fluch der Sünde umzukehren. Sie waren das Versprechen für die endgültige Wiederherstellung all dessen, was auf dieser Welt falsch gelaufen war, ein Versprechen, das in seinen starken, durchbohrten Händen ruht. In den Wundern Jesu kannst du etwas erkennen, was man als „Naturgesetze des Himmels" bezeichnen könnte: Niemand stirbt und niemand trauert hier, niemand weint und niemand wird jemals leiden. Durch das wunderbare Leben Christi kam die himmlische Lebensweise in unsere Welt hinein, in der wir eine Zeit lang weinen und seufzen und jammern. Durch das Wunder der von Gott eingegebenen Schriften können wir noch immer seine Zeichen sehen. Und noch immer weisen sie auf die lebendige Wirklichkeit Christi hin.

Nun kannst du weiterhin nach empirischen Beweisen verlangen, wo es doch in der Natur der Wunder liegt, dass sie sich nicht beweisen lassen. Du kannst mehr Beweise fordern, ohne genau zu erklären, welche Art von Beweis dich denn überzeugen würde, um zu vermeiden, dass deine Ablehnung genauer hinterfragt wird. Schließlich willst du ja auf keinen Fall vorschnell nach dem Wunderbaren greifen und Gefahr laufen, hinters Licht geführt zu werden.

Aber gibt es in der anderen Richtung nicht genauso die Möglichkeit, sich zu täuschen?

Viele Menschen übersehen die großen Fakten[48] bei einer jeden menschlichen Geburt, nicht nur bei der von Jesus. Sie sind blind für die Wunder um sie herum, weil sie das Leben nur als „eigenartige Wiederholungen"[49] des Immergleichen begreifen. Doch dann verpassen sie das größte Wunder überhaupt, das still im Körper von Maria heranwuchs. Wie steht es mit dir? Was sagst du dazu? Ist bei Gott irgendetwas unmöglich?

---

48   Vgl. Chesterton: *As I was saying*, S. 267.
49   Chesterton: *Orthodoxie*, S. 105.

Stell dir vor, du stehst in einer langsam vorrückenden Warte-schlange kranker und sterbender Menschen. Jeder Jubelruf „Ich kann sehen! Ich kann gehen! Ich lebe!", der von vorn nach hinten dringt, würde doch ein Freudenfeuer in dir entfachen. So freue ich mich über die Wunder Christi... wie einer, der in einer langen Schlange steht, die zu ihm führt. Meine Zeit wird kommen.

In so einer Welt leben wir.

Und ich bin froh zu wissen, wie die Geschichte dieser Welt enden wird. Die Herrlichkeit der Wiederkunft Christi ist kein bil-liger Schriftstellertrick, der nicht in unser reales Leben passt. Nein, alles läuft von Beginn an darauf hinaus: die Erneuerung aller Dinge durch ihn und in ihm. Sie nahm ihren Anfang, als er vom Tod auferstand. Sie wird enden mit der Freude in Chris-tus – für immer und bis in alle Ewigkeit.

So ein Gott ist er.

„Ich bin aber für das Recht auf Abtreibung."

Was ist das, was da in Marias Mutterleib heranwächst? Ist es ungeborenes Material oder ist es ein ungeborenes Kind? Ein Fötus oder ein Baby? Eine befruchtete Eizelle oder ein Wunder Gottes? Welches Wort verwendest du dafür?

Wie nennst du es, wenn der Heilige Geist über eine Jungfrau mit Namen Maria kommt und die Kraft des Höchsten sie überschattet? Wenn er ihre unbefruchtete, für das menschliche Auge fast unsichtbare Eizelle nimmt und im Verborgenen den Leib Christi zu formen beginnt?

Wie nennst du es, wenn die ganze Allmacht Gottes in einer einzigen Zelle enthalten ist?

Verstehst du, dass er nicht einfach nur *aus* dieser Zelle entstehen wird? Dass er nicht einfach irgendwie *hervor*kommen wird? Dieser heilige Embryo ist Jesus selbst. Ausgehend von diesem bescheidenen Ursprung wird er alle Abschnitte und Entwicklungsstadien des menschlichen Lebens durchlaufen und dabei jedem Menschen Erlösung, jedem Menschen Heilung bringen.

Der Engel nannte ihn den Sohn Gottes.

Dieser Tag war ein Tag der Gnade.

(Bibelstelle zum Nachlesen: Lukas 1,26-38)

Um das Jahr 1.000 vor Christus kam König David zu der Erkenntnis, dass er „wunderbar gemacht"[50] ist. Dabei dürfen wir Folgendes nicht vergessen: Damals war die äußere Hautschicht, die sich nach einem Schnitt wie auf magische Weise von selbst wieder zusammenfügte, alles, was David von sich selbst sehen konnte. Das brachte ihn zum Staunen und er blickte hoch zum Himmel. Seine ursprünglichen hebräischen Worte könnte man vielleicht einfach

---

50   Psalm 139,14.

mit „Wow!" übersetzen. Seitdem ist es gelungen, den menschlichen Körper viel eingehender zu betrachten. Das Ergebnis? Das Geheimnis steigert sich nur noch mehr. Und zwar exponentiell.

Hast du schon einmal gesehen, wie zwei Zellen eines menschlichen Herzens auf die jeweils gegenüberliegende Seite einer Petrischale getropft werden und, als würde ein unsichtbarer Dirigent den Takt angeben, anfangen, im gemeinsamen Rhythmus zu schlagen? Hast du schon einmal gesehen, wie Gehirnzellen mit winzigen Armen nacheinander greifen und sich in einem menschlichen Gedanken miteinander verbinden? Fügst du deiner Haut einen Schnitt zu, marschieren am anderen Ende deines Körpers sofort weiße Blutkörperchen los: Sie machen sich lang, um sich durchs Gewebe zu schlängeln, und verwenden das winzige Bisschen, das sie an Lebenskraft besitzen, um jeden Eindringling, der ihnen begegnet, unschädlich zu machen.

Wir können noch näher hinsehen. Hast du schon einmal durch ein Elektronenmikroskop geblickt und diese winzigen, sich drehenden Maschinen gesehen? Diese kleinen Energiebündel, die mit unglaublicher Geschwindigkeit andere Energiebündel umkreisen und alle bekannten Gesetze des Universums in den Schatten stellen?

Und noch eine Frage: Hast du schon einmal dein eigenes ungeborenes Kind im Ultraschall gesehen? Erinnerst du dich, wie dein Herz klopfte und deine Liebe erwachte? Ich frage dich, sind das die Gefühle, die man für eine zufällige Ansammlung von Molekülen verspürt?

Nein.

Es ist wunderbar. Es ist beängstigend. Und wissenschaftliche Beschreibungen ändern überhaupt nichts daran. Wissenschaft ist nur Beobachtung. Den darin liegenden Zauber vermag sie nicht zu erklären. Du kannst nicht hinter den Vorhang treten und sagen: „Ach so, jetzt sehe ich, wie es funktioniert."

Es ist ein Wunder.

Und König David ist vielleicht auf das passendste Wort überhaupt gestoßen, um das ungeborene Leben im Mutterleib zu beschreiben. Seine Bezeichnung dafür war „(m)ich". Irgendwann schrieb er Gott: „Du [...] hast *mich* gebildet im Mutterleibe. [...] Es war dir mein Gebein nicht verborgen, als *ich* im Verborgenen gemacht wurde."[51] Ich bin nicht einfach *aus* einer befruchteten Eizelle entstanden, genauso wenig wie ich einfach aus einem Jugendlichen oder einem Kleinkind entstanden bin. Ich *war* ein Junge, davor ein Baby und davor ein Embryo. Dieser Embryo war aus medizinischer Sicht vielleicht noch nicht lebensfähig, aber er war, um es mit einem Wort zu sagen, trotzdem *ich*.

Alles, also ich, fing mit einer winzigen Zelle an. Lewis Thomas[52] hat über diesen Anfang jeder menschlichen Geschichte, diese Vereinigung von Samen und Eizelle in einer einzelnen Zelle geschrieben: „Dass es eine solche Zelle gibt, ist ein Weltwunder. Die Leute sollten den ganzen Tag herumgehen und sich darüber wundern, Ausrufe der Bewunderung tauschen und von nichts anderem sprechen als dieser Zelle."[53] Es ist Leben und wir haben nicht das Recht, es zu zerstören.

Wenn es Gottes Wort nicht gäbe, um uns zum Thema Abtreibung eine Richtung vorzugeben, könnten wir stattdessen der Wissenschaft drei triftige Fragen über das wachsende Gewebe im Mutterleib stellen:

Ist es lebendig?

Ist es menschlich?

Ist es ein Wesen, das sich von seiner Mutter unterscheidet?

Ganz egal, auf welche Definition des Lebens deine Wahl fällt – weil das Menschsein in die DNA eingeschrieben ist und sich der genetische Code des Kindes von dem Code einer jeden anderen Zelle im Körper seiner Mutter unterscheidet, kann die Wissenschaft hierauf nur mit Ja, Ja und Ja antworten. Diese Tatsachen sind nicht verhandelbar.

Doch wir müssen noch tiefergehende Fragen beantworten. Dazu müssen wir die karge Welt der Materialisten, die Spielereien über Wortbedeutungen und die Streitereien über Rechte hinter uns lassen. Wir müssen in die wirkliche, von Gott geschaffene Welt zurückkehren und fragen: Was ist das Leben wert? Worauf gründet sich sein Wert? In christlichen Kreisen sprechen wir nicht von

---

51   Psalm 139,13+15.
52   Lewis Thomas (1913-1993), US-amerikanischer Mediziner und Essayist.
53   Thomas: *Die Meduse und die Schnecke*, S. 149.

„Lebensqualität", die sich nach dem Grad des Vergnügens oder der Leistungsfähigkeit bemisst, um den Wert des Lebens zu bestimmen. Bill Gates und ein Kind mit Down-Syndrom, das Ergebnis einer Vergewaltigung und das Ergebnis der Liebe eines Paares haben alle denselben Wert. Sie sind lebendig. Ihr Wert besteht darin, was sie für Gott sind – kein Abfall, kein Unfall, kein Tier, sondern besondere Schöpfungen und Entwürfe Gottes. Er blickte lange und gründlich auf die leere Leinwand, bevor er begann. Er gedachte eines jeden einzelnen Tages ihres Daseins, bevor sie ins Sein gerufen wurden. Er denkt an nichts in der Weise, wie er es bei seinen Geschöpfen tut.

Wir und unser Gewissen müssen nur von den winzigen Körperteilen in Plastiktüten wachgerüttelt werden. Haben wir denn den Verstand verloren? Der Bann soll gebrochen sein! Die wirkliche Welt ist ein tobendes Schlachtfeld zwischen dem Bösen und dem Guten und dies sind seine Todesopfer. Haben wir gehört, wie der Satan der verängstigten schwangeren Frau zuflüsterte: „Beende es, zerstöre es … dann wird alles gut."? Haben Männer nicht lange genug in dem entsetzlichen Schweigen Adams hinter der Frau im Garten gestanden und … nichts gesagt?

Das sind harte Worte, dessen bin ich mir bewusst, und es geht mir nicht darum, dich zu verletzen. Doch wenn ich mir zu viel Mühe gebe, dich nicht zu verletzen, verletze ich stattdessen Gott. Deshalb muss ich dir sagen, was ich so lebhaft schlagen hörte, als der Herzmonitor angestellt wurde: Ich hörte Leben – und ich muss fragen, warum du es nicht auch hörst. Vielleicht gibt es einen Grund dafür. Ich kenne Frauen, die ihre Kinder abgetrieben und mit den Babys auch einen Teil von sich selbst zerstört haben. Sie haben sich lange Zeit in das Lager der Abtreibungsbefürworter eingeschlossen, sich hinter der Propaganda verschanzt, die nur deshalb Sinn ergab, weil sie sich das wünschten. Von ihrer Position aus war die Wahrheit einfach zu schrecklich, um ihr ins Gesicht zu sehen. Bis zu dem Zeitpunkt, als sich ihnen *das* Leben zu erkennen gab und sie erfuhren, dass es auch für solche Dinge Gnade gibt.

Es gibt Gnade und zwar wegen eines heiligen Embryos, der still in Maria heranwuchs.

Die Menschen sollten sich den ganzen Tag lang in endloser Verwunderung zurufen, von nichts anderem als von dieser Zelle sprechen: „Immanuel", was „Gott kommt, um bei uns zu sein" bedeutet. Das Kind wuchs heran und der erwachsene Mann vergoss über unseren Tod nicht einfach nur Tränen, sondern starb deshalb und kehrte wieder ins Leben zurück. All das hat er getan, um uns zu sagen: „Zweimal mein! Einmal, weil ich dich gemacht habe. Zweimal, weil ich dich, als ich dich verloren hatte, mit meinem eigenen Blut erkaufte."[54] Ganz egal, was du getan hast. Ganz egal, was du getan hast.

Ganz egal, was du getan hast.

Und so fügen wir zu all den Diskussionen über das Leben, die in wissenschaftlichen Laboren und Vortragssälen geführt werden, unsere drei kleinen Worte hinzu. Diese drei Worte sagen aus, was das Leben wirklich ist und bringen seinen wahren Wert auf den Punkt. Das Leben ist eine Zeit der Gnade. Dieser Zeitraum zwischen der Empfängnis und dem Tod ist unsere Zeit, damit der Heilige Geist über uns kommen und die Kraft des Höchsten uns überschatten kann, unsere Zeit, um durch den Glauben an Jesus das immerwährende Leben zu erhalten.

Ich habe einen Freund, der Pastor in der ukrainischen Stadt Ternopil ist. Er hat mir davon geschrieben, wie es immer wieder vorkommt, dass die kleinen Babys die Abtreibungsversuche überleben. Er tauft sie und lässt dabei Wasser und das Wort Gottes über ihre vernarbten Stirnen rinnen.

Wo Sünde im Überfluss vorhanden ist, da ist noch viel mehr Gnade.

Sie war allein und nicht in der Lage, ihrem neugeborenen Sohn das Beste zu bieten. Sie hatte schon genug Probleme als alleinerziehende Mutter. Sie würde ihr Baby einem liebevollen kinderlosen Paar geben und es zu einer Familie machen. Es war das Schwerste, was sie je tun würde.

Es war eine wunderbare Entscheidung.

---

54   Vgl. Jesaja 43,1.

Ich war bei ihr im Krankenhaus, als sie ihn zum letzten Mal in ihren Armen hielt. Ich erinnere mich an all die Fragen, die sie über meinen christlichen Glauben stellte: „Wie kann ein Gott der Liebe …?" „Was ist mit all den Menschen, die nie hören, dass …?" „Wo war er, als ich ihn brauchte?" Ich erinnere mich an all ihre Zweifel.

Doch dann, während sie sanft das Gesicht ihres Babys streichelte, blickte sie zu mir auf und fragte: „Ob Gott mir dieses Kind gegeben hat, um mich zu sich zu ziehen? Gott weiß ja, wie es ist, einen Sohn wegzugeben, stimmt's?"

Es ist eine Zeit der Gnade.

„Die Geschichten über Jesus sind doch nur Legenden."

Kaiser Augustus schreitet vor den versammelten Junggesellen Roms auf und ab. Dann bricht es aus ihm heraus: „Ihr zerstört unsere Zukunft!" Seiner Ansicht nach sorgen sie nicht für Nachkommen, weshalb er Gesetze zur Unterstützung derer erlässt, die sich niederlassen und Kinder bekommen. Um zu erfahren, ob seine Gesetze Wirkung zeigen, ruft er einige Zeit später ein Vorhaben ins Leben, das er als Nummer 8 unter seinen Lebensleistungen aufführen wird.

Er initiiert eine Volkszählung der gesamten römischen Welt.

Römische Soldaten reiten zu einer weit entfernten Stadt in Galiläa, in der einer jungen Frau die Schwangerschaft bereits anzusehen ist. Einer der Soldaten ordnet an, dass alle in ihrer Geburtsstadt gezählt werden müssen. Maria stockt der Atem. Denn ein letztes Detail hatte sie bis zu diesem Zeitpunkt irritiert. Sie lebte in Nazareth, während doch geweissagt worden war, dass der Messias im fernen Bethlehem geboren werden würde. Ahnungslos erfüllt nun der Kaiser höchstpersönlich die ihm zugedachte Rolle, indem er Maria befiehlt, in die „Stadt Davids" zu gehen. Sie streichelt ihren Bauch.

„Wir gehen nach Bethlehem."

Wenn ich mir den römischen Kaiser in seinem Palast vorstelle, sehe ich einen der tausend Orte, an denen sich die heilige und die weltliche Geschichte überschneiden. Überall stapeln sich Schriftrollen, darunter auch eine aus Judäa, einer rückständigen Provinz im jüdischen Land. Auf ihr steht ungefähr geschrieben: „Joseph ben-Jakob – Zimmermann, Maria Bath-Lakim – Ehefrau, Jeshua – erstgeborener Sohn".

Wie schockiert wäre der Kaiser, wenn er wüsste, dass niemand mehr „Io Saturnalia"[55] sagt und wir uns nur noch „Frohe

---

55   Etwa „Juchhe, Saturnalien" – Festtag(e) zu Ehren des römischen Gottes Saturn.

Weihnachten" wünschen. Oder dass wir Kalenderjahre nicht mehr ab der Gründung des glorreichen Roms, sondern ab der Geburt dieses jüdischen Kindes zählen. Oder dass diese Geburt die gesamte Geschichte teilt, in ein Vorher und ein Nachher als den Zeitpunkt, da Gott zu den Menschen kam.[56] (Bibelstelle zum Nachlesen: Lukas 2,1–7)

Ob wohl diejenigen, die die von Augenzeugen verfassten Aufzeichnungen über Christi Leben als Legenden bezeichnen, tatsächlich jemals eine Legende gelesen haben? Denn glaub mir, Legenden klingen nicht so:

„Im fünfzehnten Jahr der Herrschaft des Kaisers Tiberius, als Pontius Pilatus Statthalter in Judäa war und Herodes Landesfürst von Galiläa und sein Bruder Philippus Landesfürst von Ituräa und der Landschaft Trachonitis und Lysanias Landesfürst von Abilene, als Hannas und Kaiphas Hohepriester waren, da geschah das Wort Gottes…"[57]

Dieser letzte Satz klingt zwar wie eine Legende, er ist aber in die unumstößlichen Tatsachen der historischen Vergangenheit eingebettet. Der Historiker Lukas nennt Namen und Orte und macht konkrete Datumsangaben. Er verankert seine Darstellung in der Geschichte anhand nachprüfbarer Fakten. Auf diese Weise lädt er Gelehrte, Historiker und Archäologen zu einer genauen Überprüfung ein, der kein anderer Glaube und keine andere Philosophie standhalten würde. Ist dir das bewusst?

Andere Weltreligionen haben diesbezüglich wenig zu bieten. Im islamischen Glauben zum Beispiel muss man sich auf das Zeugnis eines einzigen Mannes, Mohammed, und die Worte, die er angeblich erhalten hat, verlassen. Trotz der vielen eklatanten Fehler soll man ihn als glaubwürdig erachten. (So berichtet der Koran fälschlicherweise, dass Christen Maria als Teil der Dreieinigkeit ansehen.) Im Gegensatz dazu ist das, was Paul Maier als den „histo-

---

56   Für die historischen Details in diesem Abschnitt bin ich dem Historiker Paul Maier und seinem Buch *In the fullness of time* zu Dank verpflichtet.
57   Lukas 3,1f.

rischen Vorteil"[58] des Christentums bezeichnet, ganz erstaunlich
– die geschichtsträchtige Heilsgeschichte überschneidet sich an
buchstäblich Tausenden von Stellen mit der weltlichen Geschichte. Reale Orte. Reale Menschen. Reale Ereignisse. Jeder ist zu einer
genauen Überprüfung eingeladen. Das ist der Preis, den wir für
diese kostbaren Worte von Lukas bezahlen:
„Sicherer Grund" – Gewissheit.

„[So] habe auch ich's für gut gehalten, nachdem ich alles von Anfang an sorgfältig erkundet habe, es für dich, hochgeehrter Theo-
philus, in guter Ordnung aufzuschreiben, auf dass du den sicheren
Grund der Lehre erfährst, in der du unterrichtet bist."[59] Es ist kein
Mythos. Es ist Geschichte. Es ist Gewissheit.

Es ist geschehen: an einem bestimmten Ort, zu einer bestimmten Zeit, einem bestimmten Mädchen ...

So hat Lukas bei seinen Nachforschungen wahrscheinlich Maria
direkt zu den Dingen befragt, über die sie nachgedacht hatte, seitdem sie ungefähr 15 Jahre alt war. Auf diese Weise konnte er das
Geheimnis und die Überraschung lüften, die im ersten und zweiten Kapitel des Lukasevangeliums zu finden sind. Hast du diese
Kapitel schon einmal gelesen?

Ich glaube, die beste Verteidigung für die Augenzeugenberichte
über das Leben Jesu, die Matthäus, Markus, Lukas und Johannes
verfasst haben, besteht darin, dich davon zu überzeugen, sie tatsächlich zu lesen. Entdecke selbst die überraschend ehrlichen und
realistischen Berichte, die mit journalistischer Genauigkeit verfasst sind: die zwölf Körbe mit Essensresten, als Jesus die Fünftau-
send speiste; die exakte Menge an Wasser, die er in Wein verwan-
delte; sogar all die unwichtigen Äußerungen von Petrus werden
genannt. Wie C. S. Lewis einmal sagte: Wenn das erfundene Geschichten wären, dann haben einige recht gewöhnliche Männer
ein literarisches Genre erfunden, das erst ungefähr 1.800 Jahre
später wieder auf den Plan treten würde – „die moderne, roman-
hafte, realistische Erzählung"[60].

---

58   Maier: *In the fullness of time*, S. XVI.
59   Lukas 1,3f.
60   Lewis: „Modern theology and biblical criticism". S. 36 [eigene Übersetzung].

Die Wahrheit steckt im Detail. Die Evangelien strahlen jene anziehende Authentizität aus, für die es den Begriff der „Wahrhaftigkeit" gibt. Nur ein Beispiel: Sagen wir, du würdest Geschichten über Jesus erfinden, um ihn zu etwas zu machen, das er nie war. Warum um alles in der Welt solltest du dann diese Worte von Johannes dem Täufer in deine Erzählung aufnehmen: „Bist du, der da kommen soll, oder sollen wir auf einen andern warten?"[61] Mir kommt kein einziger Grund dafür in den Sinn, aber mir fallen hundert weitere solcher Beispiele ein.

Wir können die Stellen verstehen, in denen Jesus den Grenzen menschlichen Daseins unterworfen zu sein schien, etwa wenn er sagte, er wüsste den Tag seiner Wiederkunft nicht oder er könnte nur einige Wunder in Nazareth tun. Wir können etwas mit der Andeutung Jesu anfangen, dass die Menschen, mit denen er von Angesicht zu Angesicht sprach, das Kommen seines Reiches erleben würden. Aber wir müssen uns im Klaren darüber sein, dass nur Autoren, die sich der Dokumentation der tatsächlichen Geschichte verpflichtet fühlen, solche Dinge in ihre Aufzeichnungen einbeziehen. Ganz offensichtlich fühlten sich diese Zeugen nicht dazu befugt, störende Details einfach zu verschweigen.

Wenn sie völlig frei das hätten schreiben können, was sie wollten, wären dann zu jener Zeit wirklich Frauen als Hauptzeugen für die Auferstehung Jesu benannt worden? Wäre dann ein hinterhältiger Steuereintreiber dazu ausgewählt worden, das Evangelium für das jüdische Publikum zu schreiben? Würden sich dann all die peinlichen Momente und andauernden Missverständnisse in den Aufzeichnungen finden, mit denen diejenigen Männer Jesus begegneten, die als apostolische Grundsäulen der entstehenden Gemeinde etablieren werden sollten? Ich wüsste nicht, warum sie das hätten tun sollen. In seinem Buch *Der Fall Jesus* untersucht Lee Strobel[62] die Augenzeugenberichte der Evangelisten anhand von acht Kriterien, die heute bei Gericht üblicherweise zur Überprüfung der Glaubwürdigkeit von Zeugen angewendet werden.[63]

---

61   Matthäus 11,3.
62   Lee Patrick Strobel (*1952), US-amerikanischer Journalist, evangelikaler Pastor und Autor mit dem Schwerpunkt der christlichen Apologetik.
63   Vgl. Strobel: *Der Fall Jesus*, S. 20.

Die Jünger bestehen mit Bravour. Die damaligen Apostel erweisen sich als Männer, die keine Informationen vertuschten, auch wenn sie für sie furchtbar peinlich waren. Sie erweisen sich als Männer, deren Berichte schon damals als Tatsachen akzeptiert wurden, als es noch Tausende von Menschen gab, die sie als Lügner hätten überführen können. Sie erweisen sich als Zeugen, deren Aussagen sogar von ihren Feinden bestätigt wurden. Und sie erweisen sich als Autoren, die für Lügen nichts als einen grausamen Tod auf sich genommen hätten. In ihrer Funktion als Zeugen ist ihr Leumund tadellos.

Sogar die erkennbaren Unterschiede zwischen den vier Berichten sind überzeugende, innerhalb der Berichte aufzufindende Beweise ihrer Authentizität. Es geht nicht nur darum, dass diese Fragen erklärt und gelöst werden können, wie etwa die scheinbar widersprüchlichen Berichte vom Ostersonntag. Das Wunderbare an diesen Unterschieden ist, dass sich hieran die Integrität dieser Zeugen feststellen lässt. Sie haben nicht versucht, ihre Geschichten zu vereinheitlichen oder Diskrepanzen zu verdecken. Jeder schrieb das auf, was er sah und hörte, und erstellte ein Dokument, das seinem jeweiligen Publikum und dem Schreibzweck entsprach. Die daraus hervorgehenden Berichte sind genau das, was man von ehrlichen Zeugen erwarten würde. Davon einmal abgesehen, würdest du, wenn die Aussagen vieler Zeugen eines Autounfalls auf den ersten Blick nicht vollkommen übereinstimmen, daraus den Schluss ziehen, dass gar kein Unfall passiert war? Wohl kaum. Das erstaunliche Wunder, das Maria Magdalena widerfahren ist, kann nicht so leicht abgetan werden.

„Ich habe den Herrn gesehen!"[64]

Die gleichen Argumente für Integrität gelten auch für all jene in der frühen Kirche, die diese Berichte tausende Male gewissenhaft abgeschrieben haben, mitsamt der scheinbaren Widersprüche und unbequemen Details. Wenn du all das als einen frommen Schwindel abtust, begreifst du weder, welche Genialität du diesen gewöhnlichen Männern zuschreibst, noch in welcher Größenordnung du eine Verschwörung unterstellst. Du kannst den neu-

---

64   Johannes 20,18.

testamentlichen Berichten das Recht aberkennen, für bare Münze genommen zu werden, aber dafür musst du zuerst praktisch die gesamte klassische Altertumswissenschaft über Bord werfen und jeden akzeptierten Maßstab für historische Quellen aufgeben. Denn wenn nach diesen Maßstäben auch nur eine antike Schrift als historisch zuverlässig angesehen werden kann, dann ist es das Neue Testament.

Tatsache ist, dass mit jeder weiteren Sichtung der dokumentarischen Quellen immer mehr Historiker auf dem Gebiet der antiken Kirchengeschichte widerwillig akzeptieren, was jedes Kind im Kindergottesdienst bereits weiß. Damit meine ich die völlig verblüffende Tatsache, dass das Johannesevangelium tatsächlich von ... Johannes geschrieben wurde! (Einige Menschen haben angenommen, dass dieses Evangelium, das so klar von der Göttlichkeit Christi spricht, einige Jahrhunderte nach Johannes' Tod geschrieben worden sein muss... bis zur Entdeckung eines Fragments des 18. Kapitels, das es bereits ins ferne Ägypten geschafft hatte, und zwar etwa 125 nach Christus.) Das ist mein neuestes Lieblingsbeispiel einer unverrückbaren Tatsache, der sich die früheren Theorien ungläubiger Wissenschaftler beugen müssen.

„Niemand hat Gott je gesehen; der Eingeborene, der Gott ist und in des Vaters Schoß ist, der hat ihn uns verkündigt."[65]

Natürlich gibt es auch andere sogenannte Wissenschaftler, die alle bröckelnden Quellen, die das historische Christentum zu diskreditieren scheinen, auf ein Podest stellen und ihre „Entdeckungen" auf einer Ebene mit Matthäus, Markus, Lukas und Johannes einordnen. Ungeachtet dessen, dass ihre Quellen tatsächlich wie Mythen klingen oder mehrere Jahrhunderte später entstanden sind und von radikalen Sekten einhundertfünfzig Kilometer davon entfernt verfasst wurden. Ungeachtet dessen, dass sie ohne ein Fünkchen glaubwürdiger Beweise das Recht der Evangelien aberkennen, für bare Münze genommen zu werden. Und das Ergebnis ist dann ein weiteres Buch über die Suche nach dem wahren Jesus.

Vorurteile und blinde Flecken.

Eigeninteressen und Hintergedanken.

---

65   Johannes 1,18.

Sie wollen nicht, dass Christus Christus ist.

Mir gefällt die Feststellung von G. K. Chesterton[66]: Wenn es in einem Gerichtsprozess um Leben und Tod geht, hören wir zwar „Experten" an, überlassen ihnen aber nicht die komplette Rechtsprechung.[67] Stattdessen werden zum Beispiel in Großbritannien und auch in den USA zwölf gewöhnliche Menschen beauftragt, um das endgültige Urteil zu fällen, so wie es unser Herr Jesus selbst einst tat. Deshalb hör auf diejenigen, die sagen können: „Wir waren dabei." Hör auf Petrus, der uns allen verspricht: „Denn wir sind nicht ausgeklügelten Fabeln gefolgt, als wir euch kundgetan haben die Kraft und das Kommen unseres Herrn Jesus Christus; sondern wir haben seine Herrlichkeit selber gesehen."[68] Nur ein Mythos? Petrus schrieb über jemanden, den er kannte. Eine ähnliche Aussage findet sich bei Johannes: „Was von Anfang an war, was wir gehört haben, was wir gesehen haben mit unseren Augen, was wir betrachtet haben und unsre Hände betastet haben, vom Wort des Lebens [...], das verkündigen wir auch euch."[69]

Mit Worten wie diesen werde ich in das Leuchten dieses apostolischen Kreises hineingezogen. Wir sehen etwas gemeinsam. Wenn ich neben Menschen wie Petrus, Jakobus und Johannes stehe und den wahren Jesus betrachte, ist die Suche zu Ende. Er hat mich gefunden. Auf ihren vom Heiligen Geist inspirierten Zeugnissen beruht meine Gewissheit.

Ich könnte dich jetzt dazu auffordern, alle 760 Seiten von Josh McDowells[70] Werk *New evidence that demands a verdict* („Neue Beweise, die ein Urteil erfordern") zu lesen. Dort sind unter anderem viele archäologische Daten und antike historische Quellen aufgeführt, die in überwältigender Weise den christlichen Glauben untermauern.[71] Auch wenn solche Untersuchungen durchaus ihren

---

66 Gilbert Keith Chesterton (1874-1936), englischer Schriftsteller und Journalist, Verfasser der Pater-Brown-Kriminalromane.

67 Vgl. Chesterton: *Vom Wind und den Bäumen*, S. 54.

68 2. Petrus 1,16.

69 1. Johannes 1,1+3.

70 Joslin „Josh" McDowell (*1939), US-amerikanischer evangelikaler Apologet, Erweckungsprediger und Autor.

71 McDowell: *The new evidence that demands a verdict*.

Sinn haben, haftet ihnen ein seltsamer Hauch von Irrelevanz an. Zumindest aus meiner Sicht. Denn wenn du dir einer Sache bereits sicher, wirklich sicher bist, erscheint dir jeder Beweis dafür genauso belanglos wie der scheinbare Beweis dagegen.

So ist es mit meinem himmlischen Vater und der Liebe Christi, seinem Sohn.

Es ist schon aufregend, wie die Geschichte immer wieder die Aussagen der Bibel bestätigt, wie beispielsweise die antike Volkszählung von Kaiser Augustus. Doch in einer tieferen, wahreren, grundlegenderen Weise wusste ich das schon. Wie?

„Da geschah das Wort Gottes."[72]

———

Wer waren Romulus und Remus, die legendären Gründer des alten Roms? Die Kinder des Kriegsgottes Mars und der Vestalin Rhea Silvia. Das ist mit Mythos gemeint und das Wesentliche daran ist leicht zu erkennen.

Wann trat Gott durch eine menschliche Geburt in die Menschheitsgeschichte ein?

„Und diese Schätzung war die allererste und geschah zur Zeit, da Quirinius Statthalter in Syrien war. [...] Und sie gebar ihren ersten Sohn und wickelte ihn in Windeln und legte ihn in eine Krippe; denn sie hatten sonst keinen Raum in der Herberge."[73]

Das ist mit sicherem Grund, mit Gewissheit gemeint.

———

72   Lukas 3,2.
73   Lukas 2,2+7.

„Wie ist denn dein Gott?"

Seit es Sünde gibt, spekulieren die Menschen über eine Frage: „Wenn es einen Gott gibt, wie mag er wohl sein?" Menschliche Antworten auf diese Frage gibt es zuhauf.

Da gibt es die Vorstellung, Gott sei eine unpersönliche Macht, so gefühlvoll wie ein Stromschlag. Ein toleranter Großvater, der möchte, dass alle auf ihre eigene Art und Weise glücklich und zufrieden sind. Ein kosmischer Buchhalter, der nur dafür lebt, uns bei Fehlern zu ertappen. Eine Art höhere Macht, die alle Hände voll zu tun hat und sich wünscht, mehr tun zu können. Eine Krücke, die sich die Schwachen ausgedacht haben. Ein Mythos, ein bedeutungsloses Hirngespinst oder eine nicht ganz so ungefährliche Erfindung derer, die nach Kontrolle gieren.

Vielleicht gibt es viele Götter. Vielleicht ist alles um uns herum Gott. Vielleicht sind wir alle Gott. Vielleicht trifft – auf irgendeine seltsame Art und Weise – sogar alles gleichzeitig zu. Vielleicht meinen alle denselben Gott, egal, wie sie ihn nennen.

Das ist alles nur Gerede.

Durch die Jahrhunderte hindurch haben die Menschen immer Spekulationen über Gott angestellt, aber es gibt einen Augenblick, der absolut einzigartig ist.

„Und sie gebar ihren ersten Sohn."[74]

Ich sehe seine Hand, die sich an Josefs Daumen festhält ..., die sich einem unberührbaren Aussätzigen entgegenstreckt ..., die sich im Garten Gethsemane in die Erde krallt ..., die ans Kreuz geschlagen wird. Ich sehe eine vernarbte Hand, erhoben zum Segen.

Und ich weiß, wer Gott ist.

C. S. Lewis bezeichnete Jesus als den ultimativen „Ikonoklasten", also als den Einen, der kam, um jedes falsche Abbild

---

74   Lukas 2,7.

von Gott in Stücke zu schlagen, um jede menschliche Darstellung des Göttlichen zu zerstören, um jede unzulängliche Spekulation über Gott ein für alle Mal zu zertrümmern.[75] Stell dir vor, wie von Menschen geschaffene Statuen einstürzen und auf einem Marmorboden zersplittern, wie sich Feuerzungen durch Gemälde fressen, wie sich Lichtstrahlen einen Weg in das große dunkle Heiligtum bahnen und sich in den Glasscherben der Kirchenfenster spiegeln. Und inmitten des Schutthaufens … steht die Liebe selbst … steht Jesus.

Gott, der sich uns offenbart hat – real, lebendig, in Fleisch und Blut. [76]

„Er ist der Abglanz [von Gottes] Herrlichkeit und das Ebenbild seines Wesens."[77]

„Niemand hat Gott je gesehen; der Eingeborene, der Gott ist und in des Vaters Schoß ist, der hat ihn uns verkündigt."

(Bibelstelle zum Nachlesen: Johannes 1, 1-18)

Meine Gemeinde hatte auf einem College-Campus einen Raum für den Gottesdienst gemietet. Als ich in der Kapelle ankam, um alles vorzubereiten, saß dort im Dunkeln eine Frau. Sie sagte: „Hoffentlich stört es Sie nicht, dass ich hier bin. Ich glaube nicht an Gott."

Ich borgte mir eine entwaffnende Entgegnung des Schriftstellers Bill Hybels[78]: „Warum erzählen Sie mir nicht von dem Gott, an den Sie nicht glauben? Vielleicht glaube ich auch nicht an ihn."[79]

Und tatsächlich – der Gott, den sie ablehnte, saß einfach nur da, unternahm nichts gegen das Leid in der Welt, sah einfach nur zu wie bei einem Spiel, dachte sich willkürliche Regeln aus, damit sich die Menschen schlecht fühlten und ängstigten, und erfreute sich daran, Todesurteile zu verkünden. Ich freute mich, ihr sagen

---

75   Vgl. Paustian: „The iconoclast", S. 18.
76   Vgl. ebd.
77   Hebräer 1,3.
78   Bill Hybels (*1951), US-amerikanischer Gründer und Pastor der Willow Creek Community Church, einer evangelikal-protestantischen Megakirche.
79   Vgl. Hybels, Mittelberg: *Bekehre nicht – lebe!*, S. 195.

zu können: „Wissen Sie was? An diesen Gott glaube ich auch nicht. Es gibt ihn gar nicht."

„Wie ist denn dann Ihr Gott?"

Ich dachte schon, sie würde nie fragen.

Mein Gott ist der Gott der Musik und des Lachens, der Wissenschaft und der Schönheit, der geduldigen Gerechtigkeit und der sanften Gnade, all dessen, was lebt und gut ist. Er ist nicht weit weg von dir, wenn du zu wissen glaubst, was Liebe oder Vergebung oder Sinn oder Hoffnung ist. Mein Gott ist der Erfinder der Glühwürmchen und er hat sich auch die kühlen Sommernächte ausgedacht, in denen sie umherschwirren können. Mein Gott ist der Gott, dem du für deine Schuhe und auch für die Füße, die du in sie hineinsteckst, danken kannst. Er ist der Heiler gebrochener Herzen und der Gott der zweiten Chancen. Mein Gott ist ...

Du verstehst, was ich meine, oder? Um in dieser Frage etwas systematischer vorzugehen, könnte man darüber nachdenken, welche Eigenschaften Gottes in seinem eigenen Wort, der Bibel offengelegt werden. (Das Vorgehen, sich auf die zuverlässige Quelle des Originaltextes zu stützen, werde ich im Übrigen für das gesamte Buch anwenden. Am Ende wird dann hoffentlich deutlich geworden sein, wie viel sinnvoller das ist, als den Ted Turners[80] und Shirley MacLaines[81] dieser Welt Glauben zu schenken, nur weil sie es sagen.) Nun ... los geht's.

Gott ist allmächtig. Er kann durch die unglaubliche Kraft seines Willens alles ohne jegliche Anstrengung erreichen. Hierzu gehört die Erschaffung von Materie, Energie, Raum und Zeit aus dem Nichts ebenso wie die Erschaffung unserer Welt mit allem, was sie enthält, und das ganz entspannt innerhalb einer einzigen Woche. Natürlich könnten gewisse Ansprüche an Gottes Macht vorgebracht werden, die sich gegenseitig widersprechen: „Kann Gott einen so großen Stein erschaffen, dass er ihn nicht hochheben kann?" „Kann er einen quadratischen Kreis erschaffen?" C. S. Le-

---

80   Robert Edward „Ted" Turner (*1938), US-amerikanischer Medienunternehmer, Gründer des Nachrichtensenders CNN.
81   Shirley MacLaine (*1934), US-amerikanische Schauspielerin, Tänzerin und Autorin esoterischer Werke.

wis machte diesbezüglich die Anmerkung, dass Unsinn nicht aufhört, Unsinn zu sein, nur weil wir über Gott sprechen.[82]
Gott ist allwissend. Er weiß nicht nur alles, was man überhaupt nur wissen kann, er kennt auch die Zukunft und die Vergangenheit, die Gedanken jedes einzelnen Menschen, die Anzahl der Moleküle in deinem Körper und er besitzt all dieses Wissen zudem ohne jegliche Anstrengung. Er muss nicht innehalten, muss sich solche Dinge nicht ins Gedächtnis rufen. Er benötigt keine Sekunde, um die Haare auf deinem Kopf zu zählen. All diese Dinge sind ihm bereits bekannt. Er weiß es einfach. Er sieht zu allen Zeiten das Wesentliche aller Dinge und unser Innerstes.

Gott ist allgegenwärtig. Das bedeutet nicht nur, dass er die unglaubliche Weite des Universums mit seiner Gegenwart ausfüllt. Jetzt könnte man vielleicht denken, ein kleiner Teil von ihm ist auch in der stillen Ecke, wo du sitzt und liest. Doch Gott ist nicht teilbar. Das Geheimnis der Allgegenwart Gottes besteht darin, dass er überall in seiner Gesamtheit zu finden ist. Das ganze Universum ist in ihm enthalten, der in einem einzelnen Samen enthalten ist. Gelobt sei sein Name.

Gott ist ewig. Das heißt nicht nur, dass er schon seit einer sehr, sehr langen Zeit lebt. Als Schöpfer der Zeit existiert er außerhalb der Zeit. Für ihn gibt es keine Abfolge von Ereignissen, kein Gestern und kein Morgen. Er lebt in ewiger Gegenwart ohne Anfang oder Ende. „Ein Tag vor dem Herrn [ist] wie tausend Jahre."[83] Meine Geburt, mein Leben, mein Tod und meine Verherrlichung finden für ihn alle genau jetzt statt. So wie ein Schriftsteller unabhängig von der vergehenden Zeit in seinem Roman lebt, so lebt Gott ewig in einem einzigen Augenblick unseres Daseins.

Es gibt noch viel mehr Eigenschaften. Gott ist unveränderlich, gerecht und heilig, er verachtet, verdammt und kämpft unerbittlich gegen alles Böse und Gottlose, auch gegen das Böse in unserer eigenen gefallenen Natur. Er ist grenzenlose Güte. Er ist Liebe. Unser Verstand erfasst diese Eigenschaften Gottes, indem er sie einzeln und getrennt voneinander betrachtet. Um aber zu begrei-

---

82   Vgl. Lewis: *Über den Schmerz*, S. 25.
83   2. Petrus 3,8.

fen, dass all seine Eigenschaften eine fundamentale Einheit bilden, hilft es, sie in jeder erdenklichen Kombination zusammenzubringen. Seine Allmacht ist allgegenwärtig. Seine Allwissenheit ist ewig. Seine Liebe ist heilig.

Dann gibt es da noch weitere Eigenschaften, die mit Gott zu tun haben, nämlich dass er nicht von dieser Welt und unbeschreiblich ist. Gott ist „vollkommen anders", er unterscheidet sich grundsätzlich von allem, was geschaffen ist. Er existiert in erhabener Unabhängigkeit und braucht absolut nichts von uns. „So viel der Himmel höher ist als die Erde"[84], so weit ist Gott von unserem begrenzten menschlichen Verstandesvermögen entfernt. Es stimmt schon, wie Luther sagt, „dass wir [von Gott] stammeln und lallen"[85], was aber nicht heißt, dass wir nicht über ihn reden sollen. Es heißt einfach, dass Gott sich uns zeigen will, damit wir ihn so erkennen, wie er erkannt werden möchte – indem wir in eine persönliche Beziehung zu ihm treten. Er will uns von sich erzählen. Wichtig sind also seine Worte, die Worte, die wir in der Bibel finden.

Nicht unsere.

Die Kernbotschaft der Bibel besteht darin, dass sich Gott in Christus, seinem Sohn – dem fleischgewordenen Wort[86] – offenbart hat. Das eine, was Gott der Welt unbedingt mitteilen wollte, ist ... Jesus. Deshalb ist meine beste Antwort für jemanden, der im Dunkeln sitzt und wissen möchte, „Wie ist Gott denn? Lacht er oder weint er oder macht er überhaupt irgendetwas?" –, dass ich ihn zu dem „Gott mit Haut und Haaren" ziehe, also zu Jesus Christus, wie er wahrheitsgetreu in der Bibel beschrieben wird. Er ist die vollkommene Offenbarung Gottes in menschlicher Gestalt.

Ich antworte, indem ich auf den Einen verweise, in dessen menschlicher Natur alle Eigenschaften Gottes verborgen lagen, der „alles wusste, was ihm" einst in einer dunklen Nacht „begegnen sollte"[87]. Ich antworte mit dem Einen, der genau den Holzbalken geschaffen hat, der für ihn zu schwer war, um ihn den Todeshügel hinaufzutragen. Dort oben würde er leiden – im Donnerschlag des

---

84   Jesaja 55,9.
85   Luther: *Sämmtliche Schriften* (Walch²): Band 12, S. 628.
86   Vgl. Johannes 1,14.
87   Johannes 18,4.

Aufeinandertreffens von Gottes unendlicher Heiligkeit und unendlicher Liebe, des Aufeinandertreffens von Gott als Richter und seinem unergründlichen Verlangen, die Menschen zu erlösen. Ich antworte mit dem Einen, in dessen Macht es stand, alles zu tun, der aber dort am Kreuz hing und nichts tat. Nichts, außer zu sterben. Für mich. Ich antworte mit der zu Fleisch und Blut gewordenen und wieder zum Leben erwachten Liebe. „Ich bin bei euch alle Tage bis an der Welt Ende."[88]

So ist mein Gott.

Allmächtig. Allwissend. Allgegenwärtig. Alles, was ich brauche.

Ich liebe seine Eigenschaften. Ich denke an meine Cousine, die bei einem Autounfall ums Leben kam. Ich kann mir gut vorstellen, dass sie „Jesus!" rief, als der LKW über die Mittellinie fuhr, wenn vielleicht auch nur in Gedanken. Ich denke an Gott, der diesem Gebet schon immer Gehör geschenkt hat. Ich lasse meinen Verstand los, befreie Gott von allen menschlichen Einschränkungen und weiß, dass zwar gerade Millionen von Menschen zu ihm beten, mir aber trotzdem seine ungeteilte Aufmerksamkeit zuteilwird, während er näherkommt, um mein Seufzen zu verstehen. Ich erbebe bei dem Gedanken, dass Gott durch diesen wunderbaren Glauben tatsächlich in mir lebt. Nicht nur ein Stück Gottes. Gott. Ich freue mich darauf, ihn mit meinen eigenen Augen zu sehen, und dass der Tod dabei kein Wort mitzureden hat.

Eines Tages werden die Fragen, die ich in diesem Buch stelle, nicht einfach nur beantwortet sein, sondern sich in angemessener Demut und Ehrfurcht auflösen. Sie werden von der Güte, der Herrlichkeit und vor allem von der vollkommenen Liebe überwältigt werden. Wenn ich ihn mit meinen eigenen Augen sehe, werde ich erkennen, dass ich nach Dingen gefragt habe, die „mir zu hoch [sind] und ich nicht verstehe".[89]

Gelobt sei sein Name.

---

88   Matthäus 28,20.
89   Hiob 42,3.

Manche glauben, dass es möglich sein sollte, Gott mit ihrem begrenzten Verstand zu erfassen, und ihre Bemühungen enden in Frustration. Wir, die wir in Christus leben, sehen das Geheimnis Gottes als heilige, anbetungswürdige Freude. Wir erleben die demütige Faszination für Gott als wundervoll und befreiend. Der Unterschied besteht darin, ein Boot mit großer Anstrengung über einen schier unendlichen Ozean zu rudern oder sich einfach nur treiben zu lassen.

Der Ozean in diesem Vergleich ist Gott.

Der Wind ist sein Geist.

Wir leben in Ehrfurcht und Sicherheit durch Christus – das Wort Gottes.

„Ich glaube nur, was ich sehe."

Gott hatte Simeon ein Versprechen gegeben: Vor seinem Tod würde er den Messias sehen. Als er eines Tages seine Augen wie gewohnt über die Gesichter der Menschen im Tempelvorhof gleiten ließ, begegnete ihm Christus auf wundersame Weise – wie ein heiliger Lufthauch. Simeon sah *sie*.

Er ging hinüber zu den beiden einfachen Leuten und ihrem winzigen Kind. Er nahm den kleinen Jeschua auf den Arm. Als Simeon dann sprach, sagte er nicht: „Was für ein kräftiges kleines Kerlchen!", sondern: „Großer Herr!" Seine ersten Worte waren keine Erklärung an verwunderte Eltern, sondern ein Lob an den lebendigen Gott.

Mit diesen Worten brachte Simeon zum Ausdruck, dass sein Leben jetzt vollendet war, dass er nun in Frieden sterben konnte, dass Gott sein Versprechen gehalten hatte. Er gab damit zu verstehen, dass er in das Antlitz der Erlösung blickte und das warme Licht der Herrlichkeit auf seinem Gesicht spürte.

Und darin besteht das Wunder: Als Simeon diese Worte sprach, blickte er auf ein kleines Kind.

Das war Simeons Gabe – einen Säugling zu bestaunen und so viel mehr zu erkennen.

Der Heilige Geist half Simeon, den Konflikt zwischen Glauben und Sehen, vor den uns die Bibel stellt, zu bewältigen. Wir alle sollen auf etwas vertrauen, was wir nie gesehen haben, und zwar allein auf der Grundlage eines Versprechens von jemandem, dem wir nie begegnet sind. Es wird nicht ausreichen, einfach nur abzuwarten und zu sehen, was passiert. Dann würden wir alles, was überhaupt von Bedeutung ist, verpassen.

Manche Dinge muss man glauben, um sie zu sehen.

(Bibelstelle zum Nachlesen: Lukas 2,21-35)

Für einen Materialisten lässt sich alles aus der Natur ableiten, ganz egal, wie dicht die Wolke des Mysteriums, die darüber hängt, auch sein mag. Das Gefühl des Verliebtseins ist eine chemische Reaktion, die im Gehirn abläuft und das Ergebnis eines langsamen und lang andauernden Evolutionsprozesses. Wenn etwas genau so geschieht, wie es gut und richtig ist, ist das keine Vorsehung, sondern Zufall. Das Versprechen, dass Gott mir um Jesu willen gnädig ist, ist ein Produkt meiner seltsamen Psychologie und Konditionierung. Es ist ganz einfach. Man erkennt die Wahrheit, wenn man nur alles in seine einzelnen Bestandteile zerlegt.

Der Begriff dafür lautet „Reduktionismus" oder auch „Einzelbetrachtung". Alles Wunderbare lässt sich auf ein Kleinstes herunterbrechen. Kunst zerfällt in Farbkleckse auf einer Leinwand. Musik ist schlicht und einfach eine Kombination aus Schallwellen, die uns auf merkwürdige Weise Freude bereitet. Wenn ich Gott anbete und meine Seele davon erfüllt wird, sind das nur chemische Stoffe, die in meinem Gehirn verrücktspielen. Allein die Dinge, die wir sehen, anfassen, sezieren und analysieren können, sind echt. Sinnhaftigkeit, Hoffnung, Moral und Wahrheit sind nur Gedanken in unseren Köpfen, seltsame Krücken, auf die sich unser Denken immer wieder stützt.

Mein kostbarer Glaube ist eine leichte Form der Neurose. Das ist alles.

Und doch bemerke ich, wie diejenigen, die so denken, trotzdem von einem eindringlichen und tiefgreifenden Gefühl – einer Art Dankbarkeit – ergriffen werden, wenn sie den ersten Schrei ihres Kindes hören. Sie blicken auf dieselben Sterne wie ich und auf die unwägbaren Weiten dazwischen. Sie erleben Vergnügungen und Freuden, die sie nicht annähernd erklären können. Trotzdem sagen sie: „Mehr ist da nicht."

Der Apostel Jakobus sah es anders: „Alle gute Gabe und alle vollkommene Gabe kommt von oben herab, von dem Vater des Lichts."[90]

Versuch einmal, einen köstlichen Duft, der aus der Küche strömt, zu genießen, ohne in Gedanken seinen Ursprung zu benennen:

---

90   Jakobus 1,17.

„Ah … frisch gebackenes Brot!" Die Freude am Geruch ist vor allem wegen der Vorfreude auf die Sache selbst so groß. So ist auch alles Gute in dieser Welt schon wie ein Hauch des Himmels. Kannst du die unglaublichen Farben eines Sonnenaufgangs betrachten, ohne zu denken: „Ah … Gott!" Kannst du wirklich einen Sonnenuntergang genießen, ohne jemandem dafür danken zu wollen … oder wenn dir dann klar wird, dass du so viel Schönheit nicht verdient hast?

Eigentlich ist es unmöglich, nicht die leuchtende Spur des Geschenks hin zum Schenkenden zurückzuverfolgen.

In Anbetracht dieser kunstfertigen Herrlichkeit auf der großen Leinwand scheinen diejenigen, die nur Kleckse sehen, kaum kompetent genug, um ein Urteil dazu abzugeben.

Schenk ihnen dennoch Gehör. Auch wenn Bertrand Russell[91] sich beim Verfassen seines Essays *Warum ich kein Christ bin* wohl nicht die Mühe gemacht hat, das Neue Testament aufzuschlagen,[92] kann es sich lohnen, Humanisten, die wie er voller Aufrichtigkeit schreiben, Gehör zu schenken: „Mitten in mir [...] ist immer und ewig ein schrecklicher Schmerz, ein seltsamer wilder Schmerz – ein Suchen nach etwas über das hinaus, was die Welt enthält."[93] Seine Aufrichtigkeit ist bewundernswert. In Wahrheit leben und denken nur wenige Atheisten in Einklang mit ihrer Überzeugung. Es wäre einfach zu schrecklich.

Das lässt sich zum Beispiel an den Konzepten „Sinn" und „Hoffnung" veranschaulichen. Ein konsequenter Atheist müsste solche Ideen verwerfen. Damit es Sinn überhaupt geben kann, muss es jemanden geben, der es *im Sinn hat*, der darauf sinnt.[94] Wenn das Universum kalt und tot ist, hatte es von Anfang an keine wirkliche Bestimmung. Und wenn das Leben an sich keinen höheren Zweck erfüllt, dann erfüllt auch nichts, was darin enthalten ist, einen

---

91 Bertrand Arthur William Russell (1872-1970), britischer Philosoph, Mathematiker, Religionskritiker und Logiker, Nobelpreis für Literatur 1950.
92 Vgl. McDowell: *Bibel im Test*, S. 40.
93 Yancey: *Von Gott enttäuscht*, S. 253. Dafür und für andere Gedanken in diesem Buch bin ich Philip Yancey sehr zu Dank verpflichtet.
94 Für einige Gedanken in diesem Kapitel bin ich Ravi Zacharias und seinem Buch *Kann man ohne Gott leben?* sehr zu Dank verpflichtet.

Zweck. Wenn der Atheismus die Wahrheit ist, müssen wir uns von aller Hoffnung und jedem wertvollen Grund für das Leben verabschieden. Denn dann ist der Tod, der am Ende wartet, auch der Tod jeglichen Antriebs, abgesehen von der Befriedigung animalischer Instinkte.

Doch der Mensch braucht Sinn und Hoffnung, Gedanken, die sich nicht so leicht abschütteln lassen. Der junge Mann, der in einer Debatte behauptete: „Nichts hat einen Sinn", dachte ganz offenbar, dass sein eigener Satz aber schon sinnvoll war ... und verriet sich damit selbst. Genauso wenig können wir ohne Hoffnung überleben. Nichts hat eine so verheerende Wirkung auf die menschliche Seele wie dieser eine Satz: „Ich habe nichts, worauf ich mich freuen kann."

Das alles macht den Atheismus zu einer Philosophie, mit der sich nicht leben lässt. Auch wenn du nicht glaubst, dass es Sinn und Hoffnung gibt, weißt du, dass du nur überlebst, wenn du so tust, als ob.

Friedrich Nietzsche[95] war ein konsequenter Atheist. Im Geiste folgte er diesem gottlosen Weg bis zu seinem unausweichlichen Ende: völlige Leere, unaufhörliche Verzweiflung und gesellschaftlicher Zusammenbruch. Schau auf diesen schwermütigen Mann, der in einer düsteren Kammer gekrümmt am Schreibtisch sitzt und im Stillen dem Wahnsinn anheimfällt – der Mann, der sagte: „Gott ist tot."[96] Nun tritt hinaus in die Sonne. Stell dieses bemitleidenswerte Leben neben den Mann der Freude – das weltbewegende, moralisch untadelige, sich selbst opfernde Leben Christi. Irenäus von Lyon[97] hat gesagt: „Gottes Ruhm ist der lebendige Mensch."[98] Und das ist Jesus. Jesus kam und sprach: „Gott ist", und er lebte in vollkommenem Einklang mit diesem Glauben. Nietz-

---

95 Friedrich Wilhelm Nietzsche (1844-1900), deutscher klassischer Philologe und Philosoph, gilt als Wegbereiter der Moderne und Postmoderne, bekannt u. a. für die Schriften *Über Wahrheit und Lüge im außermoralischen Sinne* oder *Also sprach Zarathustra*.
96 Vgl. Nietzsche: *Die fröhliche Wissenschaft*, S. 155. Die Gott-ist-tot-Theologie ist nach einem Nietzsche-Zitat benannt.
97 Ireänus von Lyon (um 135 – um 200), Kirchenvater, Bischof in der römischen Provinz Gallien, Vertreter der systematischen Theologie.
98 Vgl. Irenäus von Lyon: *Fünf Bücher gegen die Häresien*, S. 317.

sche und Christus waren beide konsequent in ihrem Leben. Aber sie können nicht beide recht haben.

Ich präsentiere dir den Tod und das Leben.

Mit Atheismus lässt sich nicht nur nicht leben, es gibt für ihn auch keine logische Rechtfertigung. Eine Verneinung – Es gibt keinen Gott. – lässt sich nicht beweisen. Das ist auch vielen Menschen bewusst, weshalb sie sich auf einen agnostischen Standpunkt zurückziehen, eine Position, die sich ihrer Meinung nach besser verteidigen lässt. Sie sagen: „Ich weiß nicht, ob es einen Gott gibt." Diese Philosophie bahnt sich nach und nach ihren Weg in das reale Leben und es wird deutlich, was sie damit meinen: „Bis die Existenz Gottes über jeden Zweifel erhaben ist, bis es keine Fragen mehr gibt, werde ich mein Leben so führen, als gäbe es ihn nicht."

Aber wie sinnvoll ist eine solche „Standardeinstellung"? Was, wenn du auch nur mit einer Wahrscheinlichkeit von 1:100 annehmen müsstest, dass deine Familie in großer Gefahr schwebt? Würdest du wirklich davon ausgehen, dass alles in Ordnung ist?

Gegen Gott zu wetten und deine Seele darauf zu verwetten, dass man nach dem Tod einfach nur unter die Erde kommt, bedeutet nicht nur, Sinn und Hoffnung aufzugeben. Es bedeutet auch, die furchtbarste Wette einzugehen, die man sich überhaupt vorstellen kann, und zu riskieren, dass es keine Rückkehr gibt, wenn man verliert. Und es bedeutet, jede Möglichkeit, das wieder rückgängig zu machen, aufs Spiel zu setzen, falls man falschliegt. Aber warum?

Hast du vielleicht verstandesmäßig Probleme damit, an Dinge zu glauben, die du nicht siehst? Mit diesem Problem kam auch ein junger Mann zu dem Apologeten Josh McDowell. McDowell sagte: „Wenn ich Ihnen beweise, dass das Neue Testament zur zuverlässigsten Literatur des Altertums gehört, würden Sie dann glauben?"[99]

„Nein."

Das, meine lieben Freunde, ist überhaupt kein intellektuelles Problem. Das Problem hat nichts mit dem Verstand, sondern mit dem Willen zu tun. Wenn du trotz all meiner Erklärungsversuche

---

99   McDowell: *Bibel im Test*, S. 39.

nicht fähig dazu bist, deine Ohren auch nur für die Möglichkeit der Existenz Christi zu öffnen, liegt es meines Erachtens daran, dass du nicht willst. Es gibt keinen anderen Grund. Gott hat es nicht versäumt, uns überzeugende Beweise zu geben, um seine Existenz anzuerkennen. Der menschliche Wille hat seine eigenen Motive. Um seiner schäbigen Eigeninteressen willen entscheidet er sich gewohnheitsmäßig gegen Gott und gegen die vollkommenen Formen seiner Offenbarung: sein Wort, seinen Sohn und den Geist, den er sendet. Willst du dich dieser Wirklichkeit, auf die alles Verlässliche hinweist, tatsächlich entziehen? ... Bis es vor deinen Augen bewiesen ist? ... Bis es zu spät ist? Ist das in deinen Augen sinnvoll?

Auf einer seiner Reisen begegnete der Apostel Paulus Menschen, die nur mit den Schultern zuckten, während sie ein Fragezeichen anbeteten. Sie hatten „dem unbekannten Gott" einen leeren Altar errichtet. Er sagte zu ihnen: „Zwar hat Gott über die Zeit der Unwissenheit hinweggesehen; nun aber gebietet er den Menschen, dass alle an allen Enden Buße tun."[100]

Was, wenn Christus doch die Wahrheit ist? Was, wenn Gott sich selbst zu einem hilflosen Kind machen musste? Was, wenn Gott weniger strahlend und eher leise erscheinen musste, damit wir ihn ausnahmsweise hören und ansehen können, ohne dabei zu vergehen? Was, wenn am Christentum mehr dran ist als Wasserspritzer und etwas Tinte auf altem Papier? „Ich habe dich bei deinem Namen gerufen; du bist mein!"[101] Was, wenn mehr dahintersteckt als das, was unsere Augen in dem Stückchen Brot und dem Schluck Wein erkennen können? „Mein Leib ... mein Blut ... für dich", hat Jesus gesagt.

Was, wenn der Mann am Kreuz nicht nur ein Mensch war? Was, wenn die Bibel nichts Geringeres ist als die Stimme des allmächtigen Gottes, die deiner Seele begegnet, deinen Widerstand überwindet, und „Nimm hin, es ist für dich." ruft? Tatsächlich hüllt sich Gott in diese Gnadenmittel. Der verborgene Gott offenbart sich im

---

100 Apostelgeschichte 17,30.
101 Jesaja 43,1.

Wort und im Wasser, im Brot und im Wein ... und vor allem in der Krippe in Bethlehem.
Selig, wirklich „selig sind, die nicht sehen und doch glauben".[102]

Wir Sünder müssen nicht wissen, wie der unsichtbare Gott aussieht. Wir müssen sein Herz kennen, seinen Willen und sein Urteil über uns. Dafür muss es Worte geben. Was wir wirklich brauchen, war und ist, dass er so mit uns spricht, dass wir es einigermaßen ertragen können, seine Worte zu hören.

Gott sei Dank, dass es Gott gibt. Er hat mit einer „leisen, ruhigen Stimme"[103] gesprochen. Durch seinen eingeborenen Sohn hat er dieser Welt etwas gesagt, das nie wieder ungesagt sein wird. Mit Wort und Wasser, Brot und Wein kommt Gott den ganzen Weg zu uns herab und nennt uns „vergeben" und nennt uns „sein eigen".

Und wir folgen den gleißenden Strahlen des Tages zurück zu dem Vater des himmlischen Lichts.

---

102 Johannes 20,29.
103 Vgl. 1. Könige 19,12.

„Was soll das für ein Gott sein, der Anbetung verlangt?"

Ihre Suche nach dem Stern findet ein gutes Ende. Weise Männer aus dem Osten gehen auf die Knie, beugen sich hinunter zu einem Kind und bringen ihre Schätze dar.

Gold.

Weihrauch.

Myrrhe.

Das Hinunterbeugen, die Darreichung von Schätzen – diese äußerlichen Handlungen sind Hinweise auf eine zugrundeliegende Wirklichkeit. Zu Füßen eines kleinen Jungen vollziehen sie die Anbetung, die eine Verheißung der zukünftigen Ereignisse ist.

Eines Tages werden stürmische Winde allein auf den Befehl Christi hin augenblicklich verstummen. Etwas Neues wird in einem Boot voller Jünger entstehen. Auf dem ruhigen glatten Meer treibend werden auch sie ihn anbeten.

Jesus wird auf einem Esel reitend in Jerusalem einziehen und die Kinder werden laut „Hosianna! Herr, rette uns!" singen. Der Gesang wird die Erwachsenen in Unruhe versetzen. „Jesus, die Kinder gehen zu weit. Sie sagen zu viel. Mach, dass sie aufhören!" Das könnte er wohl tun. Aber selbst die Steine auf dem Boden werden sich auf die Lippen beißen müssen, während sie auf den Zeitpunkt warten, da es endlich an ihnen ist, den Mund aufzutun.

Zwischen all den Gräbern werden die Frauen völlig verloren wirken bei ihrer Suche nach Christus an dem allerletzten Ort, wo er sein kann. Er wird nicht hier sein, denn er wird ... lebendig sein! Sie werden sich tief hinunterbeugen, seine Füße umfassen und sich in der Freude der Anbetung verlieren – in dieser heiligen Freude, in der man sich so wunderbar geborgen und so herrlich klein neben dem Höchsten fühlt.

Die Gläubigen werden ihren Verabredungen auf einem heiligen Berg nachkommen. Auch als er aus ihrem Blickfeld verschwindet und in den Himmel hinauffährt – gerade dann –, werden sie ihn anbeten. Auf dieser Seite beugt sich jedes Knie, auf der anderen Seite heißen ihn die Rufe aus der Herrlichkeit zu Hause willkommen.

Was haben all diese Szenen gemeinsam?

In keiner gibt jemand den Befehl zur Anbetung. Dass diese Menschen anbeten, geschieht nicht, weil es ihnen jemand befielt. Niemand ist dazu verpflichtet. Sie beten Jesus an ..., weil sie ihn sehen.

Das Gold wird vorbehaltlos überreicht.

Der Weihrauch verströmt seinen lieblichen Duft.

Die Myrrhe lässt ihr Harz überfließen.

Und genau das ist das Schöne daran: Diese Anbetung ist weniger ihr Geschenk für Gott. Viel eher ist es sein Geschenk für sie.

(Bibelstelle zum Nachlesen: Matthäus 2,1-12)

Gott verlangt unseren Lobpreis.

Für manche ist das ein Stolperstein: Was für eine primitive Vorstellung von Gott ist das? Ist Gott der Herr wie ein eitler Mann, der nach Bewunderung verlangt und darauf angewiesen ist? Ist er wie eine Frau ohne Selbstwertgefühl, die ständig Komplimente hören will und doch nie genug davon bekommt?

Nein. Er ist nichts dergleichen.

Mein Gott ist der Gott der Musik und des Gesangs. Wir schrecken vor seinem Aufruf zur Anbetung nur so lange zurück, bis wir verstehen, was Anbetung eigentlich ist.

Während meiner Zeit am College besuchte ich in New York das beeindruckende Metropolitan Museum of Art, das sich an der Ecke des Central Parks befindet. Ich legte einen absurden Stolz an den Tag, weil ich das Ganze in etwa zwei Stunden besichtigt hatte ... als ob die Kunstwerke nichts Besonderes wären. Inzwischen bin ich nicht mehr so stolz auf meine schnelle Tour durch eine der erlesensten Kunstsammlungen der Welt. Inzwischen denke ich, dass mein Verhalten von damals zeigt, wie dumm ich doch war, gleichgültig gegenüber solcher Schönheit, ein Trottel, der eine solch großartige Gelegenheit ungenutzt ließ und mit leeren Händen davonging!

Ich würde die Zeit gern zurückdrehen. Ich stelle mir vor, es würde mich jemand, der ganz anders ist als ich, weniger halbherzig, durch ein großes Kunstmuseum führen. Sagen wir, wir kommen zu Van Goghs Gemälde *Sternennacht*. Während ich mit einem verwirrten Stirnrunzeln dastehe und bereit bin, weiterzugehen, stockt meinem Führer der Atem.

„Was ist?", frage ich.

„So viel Schmerz", flüstert er und Tränen treten ihm in die Augen.

Als nächstes käme vielleicht Manets Bild *Berthe Morisot und ihre Tochter Julie Manet*. Ich kratze mich am Kopf, während mein Führer ein Seufzen kaum zurückhalten kann. „Was denn jetzt?", frage ich.

„Er hat sie geliebt", sagt er leise und kann sich nicht davon losreißen.

Er singt ein Loblied auf die Werke und die Künstler, die sie geschaffen haben. Er versucht, seine Begeisterung mit mir zu teilen, mich in seine stille Andacht mit hineinzunehmen. Er fordert mich dazu auf, seine Wertschätzung zu teilen, möchte meine Augen für seine bewegende Erfahrung öffnen und auch mir einen kleinen Seufzer, ein leises Stöhnen entlocken.

So ist es, wenn du etwas rühmst, wenn du etwas liebst, wenn du dankbar für etwas bist, das dich aus dir selbst emporhebt. Deine Freude ist erst dann vollkommen, wenn du ihr Ausdruck verleihen kannst ... und das auch tust. Die Freude verschafft sich unbewusst und unaufhaltsam Zutritt zu deinen Lippen.

Ich habe weit ausgeholt, nur um zu erklären, was Anbetung bedeutet. Es gibt bestimmte Dinge in dieser Welt, die Lob verdienen. Es gibt bestimmte Dinge, die Ehrfurcht verdienen, Dinge, auf die es nur eine angemessene menschliche Reaktion gibt: „Wow." Wer nicht „Wow" ausruft, gibt sich als Dummkopf zu erkennen, der mit leeren Händen weggeht.

Es ist schlicht und einfach so: Gott ist der ultimative Künstler, den wir bewundern und an dem wir uns erfreuen können. Dafür wurden wir geschaffen. Wenn du dich über Gottes Gebot, ihn zu verehren, beschwerst, kannst du dich ebenso gut darüber beschweren, dass Gott uns Erfüllung geben, unser Dasein lebenswert machen und die eigentümliche leere Stelle in unserer Seele mit dem einen, der dort hineinpasst, ausfüllen will: mit sich selbst. Es ist die angemessene menschliche Antwort auf Gottes Werk, voller Lobpreis und Anbetung zu Boden zu sinken. Die biblischen Propheten und Psalmensänger stimmen ihre Loblieder – „Wenn ich nur dich habe, so frage ich nichts nach Himmel und Erde."[104] – nicht in dieser Weise an, weil das genau auf diese Art von ihnen erwartet wird. Sie lobpreisen, weil sie sehen. Sie beten an, weil Gott einen Teil seiner selbst offenbart hat. Nicht zu loben bedeutet, die großartigste Erfahrung zu versäumen, den Sinn des Lebens zu verfehlen und dem Einzigen zu entsagen, das überhaupt einen Sinn hat. Ja, Gott sagt uns durch den Propheten Jesaja, dass er derjenige ist, der „denen, die da Leid tragen, [...] Frucht der Lippen schaffen [...] und sie heilen [will]".[105]

Was ist nur los mit uns, dass wir so kaltherzig fragen, ob wir Gott anbeten müssen? Keine Leidenschaft für das zu haben, wofür wir geschaffen wurden, bedeutet, irgendwie von uns selbst abgeschnitten zu sein. Wir haben in dieser ichbezogenen Kultur keinen Blick dafür, dass Anbetung all das enthält, was das Selbstwertgefühl nie bieten kann. Der Ruf dieser Welt nach der begeisterten Beschäftigung mit uns selbst ist nur ein dürftiger Ersatz. Unsere selbstsüchtigen Sorgen machen uns unglücklich. Wir beten Gott nicht an, weil wir Gott nicht sehen. Wir sehen nicht, dass er unser Leben ist. Ihn nicht zu sehen, bedeutet, alles zu versäumen, was von Bedeutung ist. Es bedeutet, zu verlieren und verloren zu sein. Es bedeutet, einen grundlegenden Groll in deine Sichtweise einzubauen und dazu verdammt zu sein, bis in alle Ewigkeit zu grollen.

Diese Verdammnis haben wir verdient.

Und doch gab es einen, dessen Herz voller Lobpreis war, der auf ein ganzes Leben zurückblicken und sagen konnte: „[Vater,] ich habe dich verherrlicht auf Erden."[106] Jesus allein konnte auf sein

---

104 Psalm 73,25
105 Jesaja 57,18f.
106 Johannes 17,4.

Leben auf dieser Erde zurückblicken und sagen: „Vater, ich habe dich in allen Dingen verherrlicht. Wozu ich geboren wurde, das habe ich getan." Selbst sein Tod war trotz der schrecklichen Umstände ein Akt endgültiger, ruhiger Hingabe. Wie kostbarer Wein, der auf einen heiligen Altar gegossen wird, übergab Jesus seine Seele seinem himmlischen Vater: „Vater, ich befehle meinen Geist in deine Hände!"[107]

Allerdings stelle ich die Anbetung, die Jesus aus tiefstem Herzen vor Gott brachte, hier nicht dar, um dich aufzufordern: So solltest du sein! Die Wahrheit liegt viel tiefer. Er führte das Leben, zu dem du bestimmt warst, das du aber nicht führen konntest. Du und ich, wir besitzen vor Gott keine eigene Gerechtigkeit. Aber wir können auf jeder Seite der Evangelien sehen, wie Jesus aus den zahllosen Augenblicken seines eigenen makellosen Lebens diesen herrlichen „Mantel der Gerechtigkeit"[108] schneidert, mit dem er uns durch den Glauben vor unserem Gott einkleidet. Wenn du stirbst, kann es dann sein Leben, nicht deins, sein, das vor deinen Augen vorüberzieht. Denn durch den Glauben an Jesus ist es das geweihte Leben Jesu, auf das Gott blickt, wenn er zu dir sagen wird: „Gut gemacht! Willkommen zu Hause!"

Eine Rocksängerin trägt ein Kruzifix, denn, so ihre Erklärung: „Das ist sexy!" Nur zu. Lass dich von ihren Worten verletzen. Sie sieht den Mann am Kreuz.

So viel Schmerz.

So viel Liebe.

Sie bekommt allerdings nichts mit von alledem. Ganz anders der römische Hauptmann unter dem Kreuz. Etwas schlich sich auf seine Lippen und war seither von Millionen von Lippen zu hören. Nach einem kurzen schweren Atemzug brach es aus ihm heraus: „Wahrlich, dieser ist Gottes Sohn gewesen!"[109]

Die ersten Regungen von Anbetung in mir zeigen mir, dass ich nicht mit leeren Händen fortgegangen bin. Das ist das Unterpfand des Heiligen Geistes und es garantiert, dass ich ihn für immer in einem Himmel preisen werde, den sich nur Christen wirklich

---

107   Lukas 23,46.
108   Jesaja 61,10.
109   Matthäus 27,54.

wünschen. Wir werden die Ewigkeit damit verbringen, unseren Erlöser auf angemessene Weise zu beschreiben. Wir, die wir an die falsche Stelle gesetzte Adjektive sind, werden auf unser passendes Substantiv treffen.

Wie viel Spaß kann es machen, Gott anzubeten – auf ewig? Wer diese Frage stellt, ist blind und phantasielos. Stell dir vor, du würdest Gott vollkommen lieben. Endlich werden wir dazu in der Lage sein, den einen, der dessen würdig ist, in vollendeter Form zu bewundern, und ihm in vollem Überschwang Anbetung und Freude darzubringen. Wir werden betrunken von, überflutet mit, aufgelöst in und mitgerissen von Freude an ihn sein. Wir werden ihm „Wow!" zurufen und „Gloria!" singen. Und denen zu unserer Rechten und zu unserer Linken werden wir zurufen: „Seht ihn an. Seht ihn einfach an. Seht ihr ihn?"

Ja, sie sehen ihn auch.

───────

„Ich bin in ihnen verherrlicht."[110] So spricht Jesus mit seinem Vater über seine Jünger. Wenn du auch nur ein bisschen über sie weißt, fragst du dich, „in ihnen verherrlicht"!?

Ja, richtig, „in ihnen".

Obwohl wir immer noch mit uns selbst kämpfen und davon bedrückt sind, was wir in uns selbst vorfinden, können wir dennoch auf Gott schauen und sagen: „Er liebt mich, ja er liebt mich. Ich habe ihn wie ein Nichts behandelt und er wurde ein Nichts, um mich zu retten."

Mit meinem herzlichen Dank, meinem stammelnden Lobpreis, hat Jesus seinem Vater in mir Ehre gebracht. Ja, in mir und auch in dir.

---

110   Johannes 17,10.

„Es gibt keine absolut gültige Moral."

Ein Kind „in Windeln gewickelt". [111]

Der Himmel öffnet sich über einem Hügel, auf dem Schafe grasen.

Wettergegerbte Schäfer flüstern mit heiserer Stimme: „Dürfen wir ihn sehen?"

Weise Männer auf Kamelen, deren Silhouetten sich gegen das Licht eines strahlenden Sternenhimmels abzeichnen.

Eine malerische Idylle. Aber es gibt ein Detail in der Weihnachtsgeschichte, das es nicht auf die Weihnachtskarten geschafft hat: Joseph reißt die Augen auf. Er hat schlecht geträumt. „Maria, steh auf! Nimm Jesus! Wir müssen weg von hier! Er will unseren Sohn töten!"

„Er" ist König Herodes, ein Mann, der für seine Grausamkeit bekannt war. Der Typ Mann, der einen Massenmord zum Zeitpunkt seines Todes plant, damit irgendjemand irgendwo weinen wird. Dieses Mal treiben ihn Gerüchte um, Gerüchte von der Geburt eines kleinen Königs, eines Rivalen, der in unmittelbarer Nähe auf die Welt gekommen sein soll. Er folgt der Schatzkarte der Weissagung in das kleine Kaff Bethlehem. Hier lässt er völlig skrupellos einige Dutzend kleine Jungen in der grausigen Hoffnung ermorden, diesen einen miterwischt zu haben.

So kommt es, dass die Heilige Familie um ihr Leben flieht und das Wehklagen hinter sich zurücklässt – fürs Erste.

Die Jungen von Bethlehem – das waren doch nur kleine Kinder! Die Szene der weinenden, untröstlichen Mütter kommt kaum in Aufführungen des Krippenspiels vor. Doch lass dich davon nicht täuschen. Dieser Bericht vom Kindsmord sollte einen zentralen Platz in der Weihnachtsgeschichte einneh-

---

111   Lukas 2,12.

men. Denn in solch eine Welt wurde Christus hineingeboren. Für solch eine Welt.

Sieh genau hin, wie es um die Menschen bestellt ist, wenn sie fernab von Gott leben. Schau dir König Herodes genau an. Es gibt nichts, was er nicht tun würde. Ohne die von Gott kommende zügelnde Moral und Gerechtigkeit gibt es für die Menschen keinen nennenswerten Grund, nicht nach den hässlichsten Trieben ihres Herzens zu handeln. Dostojewski[112] schrieb sinngemäß: „Wenn Gott nicht existiert, ist alles erlaubt."[113] Die Menschen könnten sogar versuchen, Gott zu töten, wenn es ihnen gerade in den Sinn kommt.

Das gab es schon einmal.

(Bibelstelle zum Nachlesen: Matthäus 2,1-18)

Gibt es denn keinen unveränderlichen moralischen Gesetzgeber und damit auch keine feststehende und immerwährende Moral?

Es ist bekanntlich schwierig, mit Menschen zu diskutieren, die abstreiten, was jeder weiß. Nichts anderes bedeutet das Wort „Bewusstsein" – es ist das, was uns „bewusst ist", was wir „alle gemeinsam wissen". Auch wenn du die Existenz einer absolut gültigen Moral in Frage stellst, weißt du es vermutlich besser. Du musst nur still werden und in dich gehen, um zu erkennen, dass dein angeborener Sinn für Gut und Böse, für Richtig und Falsch, für das, was sein sollte, und das, was nicht sein sollte, aus diesem Einen entspringt, von dem auch die Sonnenuntergänge und die Füchse stammen. Wie kannst du überhaupt davon ausgehen, dass Gott sich dir nicht offenbart hat? Wenn Gott dir mit seiner eindringlichsten Stimme unüberhörbar zuflüstert: „Ich bin", dann ist das der Schmerz, den du fühlst, wenn du andere verletzt hast. Und umgekehrt ist es die Freude, die du verspürst, wenn du jemandem ein Lächeln geschenkt hast. Jeder weiß das.

Die Bibel spricht davon, selbst im Hinblick auf diejenigen Menschen, die der Bibel keine Beachtung schenken. „Sie beweisen da-

---

112   Fjodor Michailowitsch Dostojewski (1821-1881), russischer Schriftsteller, verfasste u. a. *Schuld und Sühne, Der Idiot, Die Brüder Karamasow*.
113   Vgl. Dostojewskij: *Die Brüder Karamasow*, S. 781.

mit, dass in ihr Herz geschrieben ist, was das Gesetz fordert, zumal ihr Gewissen es ihnen bezeugt, dazu auch die Gedanken, die einander anklagen oder auch entschuldigen."[114]

Ich höre dich widersprechen: „Ich muss an keinen Gott glauben, um ein gutes und moralisch anständiges Leben zu führen." Bitte verlier nicht aus den Augen, worum es mir geht. Ich weiß, dass du eine sympathische Person bist und dein Bestes gibst. Mir geht es um die Frage, woher dein Gespür für Moral eigentlich kommt, und ob dir überhaupt klar ist, was du mit „gut" meinst.

Ist es wirklich möglich, dass hinter so etwas Universellem und Unverrückbarem wie unserem menschlichen Gespür für Richtig und Falsch keine objektive Instanz steht? Es ist einfach zu zuverlässig. Unsere innere Stimme ist viel zu laut, als dass wir sie überhören könnten. „Das hättest du nicht tun sollen", schreit sie, wenn wir es besser gewusst haben. Es gibt ein Gespür für das moralisch Gute und Böse, das jedem Menschen in seiner grundlegenden Form von Geburt an zuteilwird. Dieser innere Befehl, der uns zu bestimmten Handlungsweisen anleiten will, ist nicht nur eine soziale Konvention. Er existiert in jeder Kultur, genauso wie überall auf der Welt zwei plus zwei vier ist. So fehlerhaft wir auch sind, so hat Gott doch seinen Willen, wie wir eigentlich sein und leben sollten, tief in unserem Wesen verankert, sodass in uns ein schwacher Abglanz seiner selbst liegt. Dieser Wille ändert sich nicht, weil Gott sich nicht ändert. Es ist ein Phänomen, für das kein Anthropologe eine hinreichende Erklärung zu finden vermag. Eine Evolutionstheorie, die vom Recht des Stärkeren ausgeht, kann nicht erklären, warum Menschen ein Gespür dafür haben, dass sie nicht nur um ihrer selbst willen leben sollten.

Oder warum wir ein Schuldbewusstsein haben.

Hierin liegt ein Hinweis auf die Bedeutung des Universums, wie C. S. Lewis feststellte. Wir wissen beide, dass wir uns einmal vor jemandem dafür verantworten müssen, wie wir leben und was wir sind ... und dass wir das nicht können. Das erklärt die Tatsache, wie Chesterton gesagt hat, „dass es zu den allgemeinen Sitten der Menschen [gehört], einen Altar zu haben".[115]

---

114   Römer 2,15.
115   Chesterton: *Orthodoxie*, S. 173.

Einen Altar? Ich kann dich an dieser Stelle fragen hören: „Töten denn nicht manche sogar im Namen Gottes? Sind in New York nicht fast 3.000 Menschen durch die Hand militanter Muslime umgekommen?" Ich gebe offen zu, dass das menschliche Gewissen aufgrund von Glaubenslehren fast bis zur Unkenntlichkeit verzerrt und verdreht werden kann. Der Journalist Malcolm Muggeridge[116] bemerkte hierzu, dass die Seite der menschlichen Erfahrung, die sich empirisch am besten verifizieren lässt, in der menschlichen Verderbtheit besteht.[117] (Mehr zur Lehre von der Erbsünde an anderer Stelle.) Und ja, das menschliche Gewissen kann abstumpfen. Vielleicht schmerzen Lügen und Gier dich oder mich nicht mehr so, wie sie es früher taten. An dieser Stelle ist es wichtig, zu verstehen, dass man sein eigenes Gewissen nicht ignorieren kann. Das Gewissen oder das Gespür dafür, dass gewisse Dinge einfach falsch sind – falsch aus einem tieferen Grund und nicht nur, weil du das denkst oder die Gesellschaft gerade dieser Meinung ist. Jedes Mal, wenn du zu jemandem sagst: „Du sollst, du musst ...", beziehst du dich eigentlich unbewusst auf einen Standard, der sich außerhalb von dir und dieser Person befindet, und bei dem du davon ausgehst, dass diese Person ihn kennt und ihm zustimmt. Deine Worte verraten dich.

Denk für eine unangenehme Sekunde lang einmal an ein Kind, das missbraucht, oder an eine Frau, die vergewaltigt wird. Ich frage dich: Sollte so etwas passieren oder sollte so etwas nicht passieren? Und wenn nicht, warum nicht? Möglicherweise bist du entsetzt über die Feststellung, wie schwer sich klare Begründungen aus philosophischer Sicht finden lassen. Wenn du Gott aus dem Gesamtbild entfernst, dann sind Richtig und Falsch letztlich nur Ideen in unserem eigenen Kopf. Diese Ideen wären dann, wie es so schön heißt, einfach nur Vorlieben von uns, wie etwa eine Vorliebe für Schokoladen- anstatt für Vanilleeis. (Sind wir bereit, uns einzugestehen, dass wir Kriminelle nur aufgrund unserer Ansicht von Richtig und Falsch lebenslang wegsperren?)

Sag mir, dass wir zum Wohle der Gesellschaft auf diese oder jene Weise leben sollten, und ich frage dich, warum mich das um alles

---

116   Malcolm Muggeridge (1903-1990), britischer Journalist, gilt als journalistischer Entdecker Mutter Teresas.
117   Vgl. Zacharias: *Kann man ohne Gott leben?*, S. 64.

in der Welt kümmern sollte, wenn es tatsächlich keinen Gott gibt? Auch wenn du mir sagen willst, dass ich es einfach *soll*, wirst du vermutlich feststellen, dass dir die Worte fehlen, um mir zu erklären, warum.

Die Atheisten, die am besten Bescheid wissen, sind diejenigen, die mit den Schultern zucken und zugeben, dass der Atheismus keinen plausiblen Grund dafür nennen kann, Gutes zu tun, wenn es keinen Gott gibt. Sind solche Dinge wie Mord und Missbrauch nur deshalb falsch, weil wir es behaupten? Das bedeutet: Wenn sich unsere Vorlieben ändern und wir als Spezies morgen begeistert beschließen, dass etwas Bestimmtes für „gut" befunden wird, wird es das dann auch sein!

Hört sich das in deinen Ohren richtig an?

Gibt es in diesem Universum denn nichts Beständiges, das unabänderlich sagt, „Das sollte nicht sein"? Steht da nicht jemand an unserer Seite, der Richtig und Falsch in Großbuchstaben schreibt? Eigentlich denkst du doch, dass diejenigen, die solche Dinge tun, wirklich im Unrecht sind, und nicht einfach nur andere Vorlieben haben als du.

Du hast doch eigentlich immer schon gespürt, wie hohl die Phrasen ethischer Diskussionen sind, die es ablehnen, das beharrliche Flüstern des Gewissens bis zu seinem Ursprung hin zu verfolgen? Der Begriff des „Bösen" ist in den Medien wieder in Mode gekommen, vor allem seit dem infamen Angriff auf das World Trade Center im Jahr 2001. Wenn du aber die Leitartikel genauer untersuchst, wirst du feststellen, dass das Böse dort noch immer als eine soziale Konstruktion angesehen wird – als etwas also, das die Kulturen im Laufe der Zeit nur erfunden haben, das aber jeglicher Realität entbehrt. Ein Mann, der gedrängt wurde, seine Meinung abzugeben, sagte einmal, es gebe keinen objektiven Unterschied zwischen Grausamkeit und Nicht-Grausamkeit. Ein anderer Mann hielt ihm einen Kessel mit kochendem Wasser über den Kopf und stellte ihm die Frage noch einmal.

Wie leer sind doch die klagenden Worte der Gesellschaft inmitten der Qualen dieser unruhigen Zeiten … bis jemand die eine Erklärung anführt, gegen die sich die Menschen seltsamerweise so beharrlich wehren.

Warum sollte es Dinge wie Grausamkeit und Terror nicht geben dürfen? Warum ist „böse" das richtige Wort für das, was Menschen tun? Weil es Gott gibt. Darum.

Womöglich leugnen wir den Heiligen nur deshalb so vehement, weil die Auswirkungen seiner Existenz für die Unheiligen zu schwer zu ertragen sind. Wir sind diejenigen, die sexuelle Unmoral befürworten. Wir klammern uns an unser Recht auf Selbstbefriedigung. Wir finden Getratsche wundervoll, selbst wenn wir dabei den Ruf eines anderen zerstören. Wir lieben wissentlich das Falsche. Wir kannten die Unschuld und fühlten ihre Anmut ... aber wir konnten nicht anders, als sie mutwillig zu zerstören. Uns wird bewusst, dass unsere Herzen zum Schlechten neigen.

Während Ehrlichkeit, Liebe und Reinheit so offensichtlich gut sind, erkennen wir insgeheim, dass wir in der Geschichte des Universums irgendwie die Bösen sind. Wir wissen nicht, wie das passiert ist, wir wissen nur, *dass* es passiert ist. Wir denken, die Lösung bestünde darin, das zu leugnen, was jeder weiß.

Vor einiger Zeit gab es ein modernes Gleichnis in Form eines erschütternden Zeitungsberichts. Ein 14-Jähriger hatte seinen Vater getötet. Die Polizei nahm ihn in Gewahrsam und fragte ihn, warum er das getan hatte. Er sagte: „Ständig hat er mich beobachtet. Ständig hat er mir gesagt, was ich zu tun hätte. Ich konnte ihn nicht ausstehen." In dem Bericht stand weiter, dass ein Wärter den Jungen in der Nacht schluchzen hörte: „Ich will meinen Vater, ich will meinen Vater."[118]

In einer Gesellschaft, die dazu bestimmt ist, ihren eigenen Weg zu gehen, sich loszureißen und den Sinn des Lebens weit weg von unserem Vater zu suchen, ist der Schmerz mitten in der Nacht trotzdem noch da. Denn wenn es keine absolute Moral gäbe, dann gäbe es auch keine absolute Liebe.

Aber es gibt sie. In so eine Welt wurde Christus hineingeboren. Für so eine Welt.

---

118 Vgl. Yancey: *Von Gott enttäuscht*, S. 252.

Moral existiert, weil Gott existiert. Ich bin dazu geschaffen, wie Jesus zu sein, ein Leben in ständiger Anbetung Gottes und Liebe zu führen. Aber ich spüre mehr als nur Liebe und Anbetung in mir. In gewisser Weise falle ich zu jeder Stunde eines jeden Tages.

Das ist der wahre Grund, warum ich über Moral schreibe: Um dir diese eine weiche Stelle aufzuzeigen, auf der du landen kannst.

Einen Stall.

Einen Futtertrog.

Einen Heuhaufen.

Ein lieblicher Ort, an dem uns gemeinsam Gnade zuteilwird.

„Denn euch ist heute der Heiland geboren, welcher ist Christus, der Herr, in der Stadt Davids."[119]

---

119   Lukas 2,11.

„Ein dreieiniger Gott – wie soll das möglich sein?"

Der Junge wuchs zu einem Mann voller Weisheit und geistiger Größe, voller Anmut und sanfter Stärke heran.

Als Sohn eines Zimmermanns arbeitete er jeden Tag mit seinen Händen, bis eines Tages der Moment gekommen war. Die Werkzeuge wurden sorgsam ins Regal gelegt.

Ein bestimmter Platz für alles. Alles an seinem Platz.

Die Schürze wurde an einen Pflock neben der Tür gehängt, die er leise hinter sich schloss.

„Der Herr segne unseren Eingang und Ausgang ...", flüsterte jeder Hebräer, wenn er das Haus verließ, ob er sich nun zum Markt oder zur Synagoge aufmachte.

Oder zur Rettung der Welt.

Jesus zeigte sich in der Menschenmenge, die sich am Ufer des Jordans drängte. Er bat darum, von Johannes getauft zu werden. Der Täufer konnte es nicht fassen. Er konnte nur den Blick senken und auf ein Paar Sandalen starren, nicht einmal würdig, sich niederzubeugen und die Riemen zu öffnen.

„Du kommst zu mir?", stammelte er.

Jesus bestand darauf und so taufte Johannes ihn.

Als Gott der Sohn aus dem wunderbaren Wasser stieg, riss der Himmel auf und Gott der Heilige Geist flog wie eine Taube auf ihn herab. Und aus diesem geöffneten Himmel erklang die Stimme von Gott dem Vater wie mächtiges Donnern, so als könnten die Worte nicht länger zurückgehalten werden:

„Dies ist mein lieber Sohn."

Eine weitere Prophezeiung fand ihre unausweichliche Erfüllung. Der Vater hatte gesagt: „Siehe, das ist mein Knecht [...] und mein Auserwählter [...]. Ich habe ihm meinen Geist gegeben [...], [um] die Augen der Blinden [zu] öffnen [...] und die

Gefangenen aus dem Gefängnis [zu] führen und die, die da sitzen in der Finsternis, aus dem Kerker."[120]

Anders gesagt: „Die Zeit ist gekommen."[121] So sprach der einzigartige und einzige Gott, gesegnet sei sein Name. So sprach die Stimme, das Lamm, die Taube. Die Zeit war gekommen. (Bibelstelle zum Nachlesen: Matthäus 3,13–17)

Ich wusste, dass ein paar Leute in meiner Gemeinde dachten, sie hätten das mit dem dreieinigen Gott wirklich verstanden. Ganz einfach, oder? „Er ist wie ein Ei – Schale, Dotter und Eiweiß – drei Teile, aber nur ein Ding." „Nein, er ist wie Wasser – das kann als Flüssigkeit, Eis oder Dampf auftreten. Was ist denn daran so schwer zu verstehen?" Ich wollte sichergehen, dass sie eine Sache verstanden. Sie hatten ihn nicht verstanden.

Ich hielt eine große Kugel hoch, die Gott symbolisierte.

Punkt 1: Es gibt nur einen Gott. Sein Name ist der Herr. Ich strich mit den Händen über die Kugel und erklärte, dass Gott ein einziges unteilbares Wesen ist. Gott kann nicht in verschiedene Teile geteilt werden. „Höre, Israel, der Herr ist unser Gott ist ein einiger Herr."[122]

Punkt 2: Wer ist Gott der Vater? Wieder strich ich darüber, um die Ganzheit der Kugel zu verdeutlichen, und sagte: „Der Vater ist Gott." Der Vater ist nicht der dritte Teil Gottes. Er ist voll und ganz Gott. Wer ist Gott der Sohn? Die gleiche Handbewegung. Die gleiche Definition. In Christus „wohnt die ganze Fülle der Gottheit leibhaftig"[123]. Wer ist Gott der Heilige Geist? Die gleiche Erklärung. Hast du ihn belogen, heißt es in der Heiligen Schrift, so hast du Gott belogen ...[124], der so gar nicht wie ein Ei ist.

Punkt 3: Vater, Sohn und Heiliger Geist sind nicht einfach verschiedene Formen, die dieser eine, unteilbare Gott annimmt,

---

120 Jesaja 42,1–7.
121 Johannes 12,23.
122   5. Mose 6,4 [Diese ursprüngliche Lutherübersetzung entspricht dem hebräischen Grundtext].
123   Kolosser 2,9.
124   Vgl. Apostelgeschichte 5,3f.

so als wäre er einmal der Vater und ein anderes Mal der Heilige Geist oder der Sohn. Der Vergleich mit dem Wasser und seinen verschiedenen Aggregatzuständen – es tut mir leid – fällt leider komplett ins Wasser. Alle drei sind ganz Gott und doch sind sie, wie uns die Schrift offenbart, zugleich voneinander verschiedene Personen und stehen in wechselseitiger Beziehung zueinander. Der Vater sendet seinen Geist. Der Geist kommt auf den Sohn herab. Der Sohn betet zum Vater. Sie sprechen miteinander, ehren einander, lieben einander.

Es gibt einen unteilbaren Gott, der sich in drei voneinander verschiedenen Personen offenbart, eine jede von ihnen ganz Gott ... Und auf die fragenden Wir-begreifen-es-nicht-Blicke in meiner Gemeinde verkündete ich fröhlich: „Jetzt begreift ihr es."

Wir können es nicht einfach wie ein Rätsel lösen. Es gibt nichts auf Erden, was wir neben Gott stellen könnten, um einen einfachen Vergleich anzustellen. Im Glauben wahren wir Gott in seiner Rätselhaftigkeit und Ehrfurcht – Vater, Sohn und Heiliger Geist lieben und durchdringen einander in einer so tiefen Einheit, dass es den Verstand übersteigt und Vergleiche unmöglich sind.

So ist es auch mit der Liebe. „Gott ist die Liebe"[125], hat der Apostel Johannes geschrieben. Und das bleibt die Wahrheit, auch wenn wir sie überhaupt nicht begreifen. Gott ist die Liebe in sich selbst, eine unergründliche Vereinigung, ein bis in alle Ewigkeit ununterbrochener Kreis. Du könntest genauso gut versuchen, den Ozean auf einem Teelöffel unterzubringen, wie diesen unbeschreiblichen dreieinigen Gott mit deinem begrenzten Verstand zu fassen.

Besser, du fällst einfach auf die Knie.

Einen Vergleich werde ich wagen, wenn du versprichst, mir genau zuzuhören. Ich bin nicht der erste, der diesen Vergleich benutzt. Stell dir vor, wir würden innerhalb von nur zwei physischen Dimensionen existieren, also bisher nur Höhe und Breite kennen und keine Ahnung von Tiefe haben. Und jetzt stell dir vor, dass jemand, der innerhalb von drei Dimensionen existiert, versucht, uns das geheimnisvolle Konzept eines Festkörpers nahezubringen. Stellen wir uns vor, diese Person versucht, uns einen Würfel zu be-

---

125   1. Johannes 4,8+16.

schreiben. „Sechs quadratische Seiten" würde überhaupt keinen Sinn ergeben. Sie könnte einen Würfel auf unsere flache Oberfläche zeichnen, so wie du einen Würfel auf einem Blatt Papier zeichnen kannst, doch wir würden nur die Linien, die Quadrate und die Winkel sehen. „Ja, das alles kennen wir", würden wir da sagen. Aber wir könnten den Würfel nicht erfassen, könnten nicht wirklich verstehen. Wenn wir behaupten, dass die Person mit ihrer Beschreibung falschliegt ... nun ... dann liegen wir falsch.

Ich will damit nicht sagen, dass Gott wie ein Würfel ist. Der Punkt ist: Jemand, der an Orten existiert, zu denen unser Denken gar keinen Zugang hat, an Orten jenseits unserer Dimensionen von Raum und Zeit, wird mit ziemlicher Sicherheit Dinge über sich selbst sagen, die für uns keinen Sinn ergeben. Es ist keineswegs unvernünftig, die Grenzen unseres Verstandes anzuerkennen, besonders dann, wenn Gott über Gott spricht. Versuchen wir zu verstehen, ist es das einzig Sinnvolle, wenn wir zu unserer beleidigten Logik sagen: „Pssst, der Herr spricht."

Wie oft haben die klügsten Menschen im Laufe wissenschaftlicher Untersuchungen schon angenommen, dass die Wahrheit, wenn wir sie gefunden haben, ganz einfach und vorhersehbar sein wird? Unsere besten und klügsten Köpfe dachten, dass kleine, unzerbrechliche Kugeln die Grundlage aller Dinge seien. Stattdessen stießen wir auf wilde, wirbelnde Universen, die unfassbar klein sind. Warum sollte es also keinen wilden, unvorhersehbaren Jemand unterhalb dieser Universen geben?

Es gibt schließlich einige phänomenale Beweise dafür, dass die Dreieinigkeit wahr ist.

Stell dir zunächst vor, dass sich drei Philosophen treffen, gern auch aus derselben Epoche und Region. Gib ihnen irgendein Thema und hör ihnen dann beim Diskutieren zu. Als nächstes stell dir die vielen Möglichkeiten vor, ganz leicht etwas Falsches zum Thema Dreieinigkeit zu sagen, weil sie sich – obwohl ihre Definition ganz eindeutig ist – unserem Verstand entzieht. Und jetzt denk einmal an die etwa vierzig Schreiber der Bibel, die über einen Zeitraum von fünfzehn Jahrhunderten über Gottes dreieinige Natur mit vollkommener Konsistenz, mit ganz erstaunlicher und deutlich erkennbarer Einstimmigkeit geschrieben haben. Erkenne das Wunder der biblischen Offenbarung.

Gott zog den Vorhang auf, während Jesaja dastand und auf sechsflügelige Engel starrte. Mit zweien flogen sie. Mit zweien bedeckten sie ihr Gesicht. Mit zweien bedeckten sie ihre Füße. Und einer um den anderen rief, bis alles zu Erschütternde erschüttert war. Was sie in der Gegenwart des Herrn, gesegnet sei sein Name, riefen, war nicht: „So ähnlich wie Wasser!" oder: „Ein bisschen wie ein Ei!", sondern: „Heilig, heilig, heilig!"[126]

Der dreieinige Gott der Bibel wurde uns nicht offenbart, um unseren Verstand zu verdrießen, sondern um uns sehen zu lassen, was er für uns zu tun bereit war. Den Bemühungen der Menschheit, Gott zu finden, stehen die Bemühungen Gottes gegenüber, uns zu finden. Unsere aufrichtigste Anbetung wird von der Tatsache verlangt, dass unsretwegen so jemand auf einen derartigen Weg kommen würde. Auf einem elenden Hügel vor den Toren Jerusalems würde der Sohn Gottes ans Holz geschlagen sein und rufen: „Mein Gott, mein Gott, warum hast du mich verlassen?"[127] Jesus Christus identifizierte sich selbst so vollständig mit dieser Welt, dass Gott ihn „für uns zur Sünde gemacht"[128] hat. Unser aller Schuld wurde in die Dreieinigkeit selbst aufgenommen, um dort gesühnt zu werden. Die schreckliche Macht der Sünde, zu trennen – und diese Macht haben wir alle in unseren menschlichen Beziehungen unser ganzes Leben lang erlebt –, war zwischen dem Vater und dem Sohn spürbar, als sich der Vater abwandte und der Sohn zur Hölle hinabfuhr. Jesus hatte von seinem Vater in aller Ewigkeit immer nur gehört: „Dies ist mein lieber Sohn, an dem ich Wohlgefallen habe."[129] Doch an diesem Tag wurde der ewig ungebrochene Kreis durchbrochen.

Um dich hineinzulassen.

In der Nacht, bevor all das geschah, betete Jesus: „Vater, zeige der Welt, dass du sie liebst, wie du auch mich geliebt hast ... Lass

---

126   Vgl. Jesaja 6,1-4.
127   Matthäus 27,46.
128   2. Korinther 5,21.
129   Matthäus 3,17.

sie eins sein, Vater, wie du in mir bist und ich in dir ... Wir sind eins, ich in ihnen und du in mir."[130]

Mit anderen Worten: „Sie sind von uns getrennte Seelen, Vater, lass sie uns aufnehmen, lass sie uns lebendig machen, koste es, was es wolle. Lassen wir sie all das haben, was du und ich in Ewigkeit haben."

Ein Platz für alle.

Alle an ihrem Platz.

Und so öffnete sich am Tag meiner Taufe gleichsam der Himmel. Ich wurde „lieber Sohn" genannt, als das Wasser mich berührte und die Worte gesprochen wurden:

„Ich taufe dich im Namen des Vaters und des Sohnes und des Heiligen Geistes."

---

130   Vgl. Johannes 17.

„Es ist egal, was ich glaube, solange mein Glaube aufrichtig ist."

Das, was zu ihm gesagt wurde, war ihm eigentlich zu hoch. Nikodemus hatte Mühe, Schritt zu halten. „Jesus, ich verstehe das nicht." Und so war Nikodemus der erste Mensch, der den Satz hörte.

Ragt dieser eine Satz nicht aus der Masse des menschlichen Geredes heraus? Sind das nicht die wichtigsten Worte, die je gesprochen wurden? Und was sollten wir anderes tun, als diese Worte aufmerksam im Geiste aufzunehmen?

„Also hat Gott ..."

Halt! Du kannst den unendlichen Herrn gedanklich nicht fassen. Dafür sind wir zu klein. Also versuchen wir, so gut es geht, ihn in seinen wunderbaren Werken zu erfassen. Halte Ausschau nach seinen Fingerabdrücken. Ruf dir bestimmte Bilder und Situationen ins Gedächtnis – den schönsten Sonnenuntergang über deinem Lieblingssee, deine zauberhafteste Erinnerung an einen Moment, den du nicht beabsichtigt hattest, deine kleine Tochter. Erinnerst du dich an Gott?

„... die Welt ..."

Denk an die Welt, aber denk dabei nicht nur an das strahlende Blau des Himmels und an die Erhabenheit der Berge. Denk auch an die Menschen, an die Milliarden von Menschen und nicht nur an die netten. Denk an plündernde Banden und schäbige Nachtclubs. Denk an Auschwitz. Stell dir eine Menschenmenge vor, die sich um das Kreuz schart. Die Menschen lachen. Auch das ist die Welt.

„... geliebt, ..."

Denk an Liebe. Hast du in dir schon einmal den Ausbruch einer fast unerträglich süßen Liebe verspürt, während du deine kleine schlafende Tochter angesehen hast? Außer ihren anstrengenden Wutanfällen und ihrem ohrenbetäubenden Geschrei mitten in der Nacht trägt sie scheinbar nichts zum Familienleben bei. Ihre eigenen Bedürfnisse sind alles, was sie zu bieten hat.

Das genügt. Sie ist alles. Würdest du sie verlieren, was würdest du dafür geben, ihre Arme wieder um deinen Hals zu spüren? Diese Liebe, diese Liebe Gottes ist die einzige Antwort auf das Warum, die sich uns in Bezug auf das folgende Geheimnis erschließt.

„... dass er ... gab ...“

Was heißt es, einfach zu geben? Ohne Bedingungen. Ohne Forderungen. Ohne es sich erarbeitet zu haben. Ohne es verdient zu haben. Erst gehört es rechtmäßig ihm und im nächsten Moment dir. Ein Schatz wird in leere Hände gelegt. „Ich möchte, dass du das bekommst.“

„... seinen eingeborenen Sohn ...“

Jetzt denk an Jesus. Denk an ihn, wie er den Eltern ihr Töchterchen zurückgab ... und wie groß seine Freude dabei war. Denk an den Schmerz, den er erleiden musste, um Jerusalem zu seinem Vater zurückzubringen ... und wie viele Tränen er vergoss. Stell dir denjenigen vor, der alles tun würde, um in den Arm genommen zu werden.

„... damit alle, die an ihn glauben, ...“

Hier springt dir vielleicht das Wort „glauben“ ins Auge, aber schau auch auf die beiden Wörter davor – „an ihn“. Der Grund dafür ist einfach. Ist es denn egal, woran sich ein ertrinkender Mann klammert, wenn er sich nur fest genug daran klammert? Ist es egal, was eine verhungernde Frau zu essen bekommt? Ist es egal, an welchem Bein eines Erwachsenen sich ein Kind festhält, das im Kaufhaus verloren gegangen ist? Kannst du wirklich einfach glauben, „was du willst, solange dein Glaube aufrichtig ist“? Nein. Dieser besondere Satz verspricht, dass alle, die „an ihn“ glauben ...

„... nicht verloren werden, sondern das ewige Leben haben.“

Wenn das nicht die wichtigsten Worte der Welt sind, liegt es daran, dass es noch andere Worte gibt, in denen dasselbe Wunder enthalten ist. „Sei getrost, mein Sohn, deine Sünden sind dir vergeben.“[131]

---

131   Matthäus 9,2.

„Aus Gnade seid ihr selig geworden durch den Glauben."[132]
„Es ist vollbracht."[133]
(Bibelstelle zum Nachlesen: Johannes 3,14-21)

Auch unter weniger interessierten Beobachtern hat es sich inzwischen herumgesprochen, dass wir Christen davon ausgehen, dass „Glaube rettet". Manche schalten sich in die Diskussion ein und geben zu verstehen, dass sie mit der gleichen Überzeugung an ihr Weltbild glauben wie wir an unseres. Worin liegt also der Unterschied?

„Ist es nicht egal, was ich glaube, solange mein Glaube aufrichtig ist?"

Ich muss zugeben, dass ich mit beiden Bestandteilen dieser Frage nicht so richtig etwas anfangen kann. Wenn es um Glauben geht, scheint doch gerade die Einstellung, „Ich glaube, was ich will", das Einzige zu sein, was ich nicht tun kann. Wenn ich behaupte, ich habe eine Million Dollar auf dein Konto überwiesen, glaubst du mir das vielleicht. Sehr viel wahrscheinlicher aber ist, dass du mir nicht glaubst. Menschen sind zwar dazu fähig, sich alles Mögliche einzureden, aber wir suchen uns nicht aus, was wir tief in unserem Inneren wirklich glauben, worauf wir wirklich zählen oder vertrauen.

Nun zum zweiten Teil der Frage: Die Betonung der Aufrichtigkeit bringt mich zu der Schlussfolgerung, dass du die Worte „glauben" und „Glaube" anders verwendest, als meine Bibel es tut. Wenn du denkst, dass jeder aufrichtige Glaube Gottes Zustimmung erhalten sollte, dann ist Glaube in deinen Augen vermutlich eine Art heldenhafte Tugend des Menschen. Die Handlung des Glaubens ist für dich vielleicht die größte gute Tat, die wir Menschen tun können, um Gott zu zeigen, dass wir doch wertvolle Geschöpfe sind. Biblischer Glaube hat jedoch in keiner Weise etwas mit dem zu tun, was wir „Verdienst" nennen. Wir können uns durch ihn vor Gott in keiner Weise verdient machen. Es ist nicht diese Art von Glau-

---

132   Epheser 2,8.
133   Johannes 19,30.

ben. Um es dir ganz deutlich vor Augen zu führen: Denk an einen ertrinkenden Mann, der nach Luft schnappt, denk an eine verhungernde Frau, die Essen zu sich nimmt, denk an ein Kind, das sich an das Bein eines Vaters oder einer Mutter klammert – Glaube ist nur so viel wert wie das, woran du glaubst. Da Glaube nur ein Schnappen, Greifen, Klammern ist, hängt alles davon ab, worauf sich das Schnappen, Greifen und Klammern des Glaubens richtet.

Aufrichtigkeit spielt eine Rolle. Vorgetäuschter Glaube ist kein Glaube. Mir geht es darum, dass das, *woran* wir uns mit unserem Glauben festhalten, eindeutig an erster Stelle steht. Erst nachdem das geklärt ist, kommt die Frage, mit welcher Überzeugung wir daran festhalten, überhaupt auf. Folgender Grundsatz stammt aus den freundlichen Kreisen, in denen ich mich bewege: „Glaube rettet nicht aus sich selbst heraus, sondern durch Christus, an dem sich der Glaube festhält."

Das funktioniert folgendermaßen: Durch seinen Tod hat der Sohn Gottes vollständig für die gesamte Menschheit gesühnt. Die vollendete Erfüllung wurde durch seinen eigenen Schrei am Kreuz bestätigt, als sein Leiden vollendet war: „Es ist vollbracht." Damit war alles getan. Das beweist seine Auferstehung am dritten Tag: Alles hängt von diesem einen Sonntagmorgen ab, als die Welt erlöst erwachte, gerettet durch Gott in Christus. „Ich vergebe dir." Das sind die Worte, die Gott nun zu jedem Menschen spricht. Diese Worte der frohen Botschaft sind das Versprechen Gottes, dass er wirklich alles für uns getan hat. Das Versprechen wurde in die Welt entlassen ..., was mich zum nächsten Grundsatz führt: „Glaube braucht ein Versprechen." Du glaubst nicht einfach nur, Punkt. Du glaubst nicht einfach nur irgendetwas. Du glaubst Gott, wenn er sagt, dass er dich durch Christus, seinen Sohn, mit sich selbst versöhnt hat. Rettender Glaube heißt, dass Gottes Botschaft dein Ohr erreicht und dein Herz durch den Heiligen Geist, der deine festen, aber gleichzeitig bröckelnden Verteidigungsmauern durchbrochen hat, ausruft: „Ich bin gesegnet!"

Das heißt, dass du ihm vertraust.

Weder vervollständigt Glaube das Werk der Erlösung noch fügt er auch nur den kleinsten Teil Verdienst hinzu. Er nimmt einfach an, was Gott ganz und gar ohne deine Hilfe getan hat. Genau ge-

nommen wirst du auch gar nicht dazu aufgefordert, etwas zu glauben – dass Gott uns in Christus liebt –, was erst wahr wird, nachdem wir daran glauben. Seine Liebe für dich ist eine Tatsache, ob
du nun schon daran glaubst oder noch nicht. Wer auch immer du
bist, du bist Teil der „Welt", die Gott „so geliebt hat". Diejenigen, die
genau diese Erlösung ausschlagen, ihre eigene Erlösung, indem
sie den Glauben verweigern, werden niemals sagen können, dass
ihnen das Geschenk nicht gereicht wurde. Es wurde ihnen angeboten, aber sie wollten es nicht annehmen.

Wenn du genau verstehst, was auf diesem Berg außerhalb von
Jerusalem vollbracht wurde, erkennst du, dass die Worte, „Dir ist
vergeben", wirklich für jeden Menschen gelten. Dann verstehst du
auch, dass „Glaube" den Menschen gegenüber nicht unbedingt als
Wort ausgesprochen werden muss, damit sie ihn auch wirklich besitzen. Ihre Augen sind auf ein Kreuz gerichtet. Sie hören, dass es
ihr Kreuz ist. In einem düsteren Moment – oder in vielen – haben
sie ihre Not erkannt. Jetzt aber zeigt ihr Gesicht ein Lächeln, das
sie bis dahin nicht kannten.

Ich betrachte meine Tochter Abigail – „die Freude ihres Vaters"
– beim Schlafen. Ich spüre, wie Liebe mich durchströmt, und
möchte sie mit der Liebe Gottes vergleichen. Doch das ist eine An-
maßung. In Wahrheit habe ich selbst in Momenten wie diesen nur
einen Zeh in den großen wogenden Ozean getaucht, der Gott ist.
Was ist das für eine Liebe, die einen unschuldigen Sohn für eine
schuldige Welt hergibt? Erkennst du die Wahrheit und Schönheit
Christi? Möchtest du dieses Geschenk haben? Dann sage ich dir,
dass es dir, wenn auch in abgeschwächter Form, bereits gehört.
Der gekreuzigte Christus ist vom Standpunkt der menschlichen
Natur gesehen eine absolute Unsinnigkeit, aber nicht für dich …
nicht mehr. Du musst nur erkennen, dass dieser aufkeimende
Glaube nicht dein Geschenk an Gott ist. Er ist sein Geschenk an
dich. Um es mit Christi Worten zu sagen: „Nicht ihr habt mich erwählt, sondern ich habe euch erwählt."[134] Jetzt zählt nur noch, dass
deine Augen auf ihn gerichtet bleiben, nicht auf dich selbst oder
auf deinen Grad der Aufrichtigkeit.

---

134   Johannes 15,16.

Luther sprach vom „Gräuel (monstrum)"[135] der Unsicherheit, wenn arme Sünder, die verzweifelt nach der Zusicherung des Friedens mit Gott suchten, überallhin, nur nicht zum gekreuzigten Christus geleitet wurden. An diesem Punkt sollten wir nicht darüber nachdenken, wie gut oder schlecht wir gedient haben, wie sehr wir verändert wurden, wie wir unsere innersten Gefühle oder unseren eigenen Glauben einschätzen.

Wir glauben nicht an den Glauben. Wir halten uns nicht am Festhalten fest.

Wir schauen weg von uns selbst und hin zu Jesus. Immer. Durch eine Kraft, die nicht unsere eigene ist, sind wir dazu in der Lage, sein Versprechen festzuhalten: „Sei getrost [...], deine Sünden sind dir vergeben."[136]

Wir nehmen es in unsere Hände. Wir halten es. Wir ruhen uns dort aus.

Nur dort.

Wenn er am schönsten ist, hat Glaube in gewisser Weise etwas Unbewusstes an sich. Er richtet sich nicht auf sich selbst, sondern auf das, was er ergriffen hat.

Stell dir einen Vater vor, der seiner kleinen Tochter jeden Tag zeigt, wie sehr er sie liebt. Wenn sie beim Spazierengehen seine Hand festhält, sagt sie nicht: „Schaut mich an. Jetzt halte ich richtig fest."

Sie *denkt* überhaupt nicht darüber *nach*, dass sie sich an seiner Hand festhält.

Sie tut es einfach.

135   Luther: *Sämmtliche Schriften* (Walch²): Band 9, S. 508.
136   Matthäus 9,2.

„Wenn ich nur hart genug arbeite, wird Gott mich annehmen."

Mach dich auf und studiere die Weltreligionen. Lies die renommiertesten Autoren unserer Zeit, die sich mit den ultimativen Fragen des Lebens beschäftigen. Während du dabei bist, frag einen Passanten auf der Straße, wie er über Beziehungen zu Gott denkt. Eines wird dabei offensichtlich werden.

Die folgende Geschichte ist eine Geschichte, die nur Jesus erzählen konnte.

Zwei Männer gehen in die Kirche. Der eine steht aufrecht und mit stolzgeschwellter Brust da: „Ich danke dir, Gott, dass ich nicht bin wie die anderen Leute." Hierauf folgt der eintönige Lebenslauf seiner Frömmigkeit, die detaillierte Auflistung all seiner guten Taten. Das ist nicht schön anzusehen, obwohl er im Grunde nur das sagt, was viele Menschen von sich denken.

„Ich arbeite hart. Ich gebe mein Bestes. Ich mache nichts allzu Schlimmes. Ich kenne schlechtere Menschen. Ich wüsste keinen Grund, warum mich Gott nicht annehmen sollte. Geht es in der Religion nicht genau darum? Natürlich, tue ausreichend Gutes und Gott wird dich annehmen."

Währenddessen sitzt im hinteren Teil der Kirche ein anderer Mann mit einer anderen Einstellung. Er lässt sich von dem Selbstgefälligen zurechtweisen. Es ist wahr, was die Leute über ihn denken. Er sieht sich selbst an und wundert sich darüber, wie er sich so weit von Gott entfernen konnte. Er ballt die Fäuste vor seiner Brust. Er bringt es nicht einmal fertig, sein Gesicht zu Gott zu erheben. Er stellt keine Forderungen. Es gibt nichts mehr zu sagen als: „Gott, sei mir Sünder gnädig."

Das Ende der Geschichte, die Jesus erzählt, ist wesentlich radikaler, als Worte es ausdrücken können. Der Regelbefolger vorn in der Kirche lag falsch. Mächtig falsch. Er ist nicht zu Gott vorgedrungen. Aber der Mann im hinteren Teil der Kirche schon und so nahm Gott ihm die drückende Last ab.

Gott nannte ihn unschuldig und schickte den Mann mit einer Leichtigkeit im Gang nach Hause, wie sie nur wenige in ihrem Leben erfahren – nämlich nur diejenigen, die sich durch den Glauben sicher und frei in Christus bewegen.
Reingewaschen.
Ohne Vergangenheit.
Ein fünf Minuten alter Mann.
(Bibelstelle zum Nachlesen: Lukas 18,9–14)

Eine wilde und mitreißende Bewegung wurde in der Welt losgetreten. Mach doch mit. Nahezu an jedem Ort dieser Welt und durch die gesamte Geschichte hindurch kannst du diese radikalen Menschen, die von der „Religion der Werke" abgefallen sind, antreffen. Millionen von Menschen sind freudig aus dem Hamsterrad ausgestiegen, in dem sie in einem endlosen Kreislauf dazu gezwungen waren, ihren Wert zu beweisen. Es war nie genug. Dann kam Jesus und sagte: „Es ist genug. Ihr seid so müde. Kommt fort von hier."

„Kommt her zu mir, alle, die ihr mühselig und beladen seid; ich will euch erquicken."[137]

Jede andere Religion gründet auf dem alten Zwang – dem todernsten Unterfangen der Menschen, sich selbst retten zu wollen. Es spiegelt sich in dem hinduistischen Begriff „Dharma" oder in Buddhas achtfachen Pfad, in den fünf Säulen des Islams oder in den Zehn Geboten wider. Er spiegelt sich in der pseudochristlichen Idee wider, Jesus in erster Linie als moralisches Vorbild zu sehen. Ich verachte die Menschen nicht, die diesen Religionen anhängen. Aber es bricht mir das Herz. So sollte man nicht leben müssen. Die quälende Idee scheint fest in der menschlichen Seele verankert zu sein. Wir meinen, das Geheimnis des Lebens und der Weg zum Herzen Gottes würden darin bestehen, dass wir etwas tun.

Besonders Menschen, deren Kindheit von Leistungsdruck geprägt war und die nur bei Erfüllung der Forderungen akzeptiert wurden, fühlen sich auch später noch diesem Druck ausgesetzt,

---

137 Matthäus 11,28.

ständig etwas leisten zu müssen. Baumelte auch bei dir die elterliche Liebe wie eine Karotte vor der Nase in unerreichbarer Entfernung, um dich zu besserem Benehmen anzuspornen? „Sei ein guter Junge oder ein braves Mädchen, dann werden Mama und Papa dich lieben." Aber sie belohnten dich nie in dem Maße, wie du es dir gewünscht hättest. Sollte dies zu deiner Religion geworden sein – „Ich verdiene mir die Liebe. Und irgendwie werde ich mir auch Gottes Liebe verdienen." –, dann bist du nicht allein damit.

Während so gut wie alle Religionen auf dieser gemeinsamen Grundlage entstanden sind, hebt sich eine Religion davon ab. Bevor du Jesus, den Freund der Sünder, ablehnst, mach dir einmal bewusst, wie sehr sich der christliche Glaube von den anderen Religionen unterscheidet.

Erstens hat das Christentum eine einzigartige Sicht auf Gottes Gesetz. Die von Gott gegebenen Maßstäbe – wie z. B. „Liebe Gott von ganzem Herzen." oder „Liebe deinen Nächsten wie dich selbst." – sind ein wunderbarer Ausdruck seines heiligen Charakters. Wir schaffen es einfach nicht, uns daran zu halten. Die Menschen nehmen an, die Zehn Gebote seien uns offenbart wurden, damit wir Gott durch unseren Gehorsam erfreuen können. Aus biblischer Sicht könnte nichts weiter weg von der Wahrheit sein als diese Annahme.

„Durch das Gesetz kommt Erkenntnis der Sünde."[138]

Gottes Gesetz soll uns hauptsächlich aufzeigen, dass wir sündigen und wie dringend wir Gnade nötig haben. Das Gesetz ist ein helles und furchtbares Licht, in dessen Schein wir verkümmern, ein schrecklich unvorteilhafter Spiegel, vor dem wir alle nackt dastehen. Gott hat uns mitgeteilt, wie wir leben sollten, damit wir Folgendes unmissverständlich verstehen: Das, was Gott in seiner Rechtschaffenheit von uns verlangt, werden wir niemals erreichen. Wir sind niemals so, wie wir eigentlich sein sollten. Gott hat das Recht, uns zu verdammen. Wir haben ein Problem. Und wir selbst können niemals die Lösung oder auch nur ein Teil der Lösung sein.

---

138 Römer 3,20.

Wir müssen unsere Augen öffnen und die riesengroße Kluft zwischen uns und Gott erkennen.

Das ist der wahre Grund, warum Jesus das Gesetz auf geistliche Weise vertieft hat. Er lehrte, dass wahrer Einklang mit Gottes Willen mit dem Herzen und nicht mit rein äußerlichem Verhalten erreicht werden kann. Wer einen anderen Menschen begehrt, muss sich des Ehebruchs schuldig bekennen. Wer hasst, ist ein Mörder. Solche Sünden machen für ihn, der unser Herz genauso klar und mühelos sieht wie unsere Taten, keinen Unterschied. Jesus hat also die Messlatte so hoch angelegt, dass uns der Anblick dazu bringt, ganz aufzugeben. Wir werfen die Hände in die Luft und fragen uns: „Na gut, wenn das so ist – wer kann dann überhaupt Frieden mit Gott haben?" Ja, wer kann dann Frieden mit Gott haben?

Gott führt uns in diese Verzweiflung, weil er uns liebt. Die Gnade, die wir so dringend brauchen, klingt nur für diejenigen wie eine gute Nachricht, die erkannt haben, dass sie schlecht sind. Sie ist eine Melodie, die nur diejenigen, die an sich selbst verzweifeln, wirklich hören können. Und so lauten die Worte:

„In all dem, worin ihr durch das Gesetz des Mose nicht gerecht werden konntet, ist der gerecht gemacht, der an ihn [Jesus] glaubt."[139]

Gerecht zu sein, heißt, von Gott einen Freispruch zu erhalten, ähnlich wie vor Gericht. Um Jesu willen, und nicht wegen unserer Verdienste, drückt Gott den Stempel „unschuldig" auf unser Leben. Seine Liebe ist keine unerreichbare Karotte an einer Schnur. Die Erlösung ist bedingungslos, weil sie für alle Menschen, wirklich alle, vollbracht ist. Vergebung bekommt jeder kostenlos. Frieden wird jedem in den Schoß gelegt. Wir, die Bettler, hören jemanden, der uns geradezu anfleht, das anzunehmen, was er gibt.

„So bitten wir nun an Christi statt: Lasst euch versöhnen mit Gott!"[140]

Mein Gott kann tausend verdammende Regeln durch einen einzigen lieblichen Befehl von Christus ersetzen: „Fürchte dich nicht." Vertrau nicht auf dich selbst. Halte dich in einfachem Ver-

---

139 Apostelgeschichte 13,38f.
140 2. Korinther 5,20.

trauen an Christus fest, deinem Stellvertreter, an Jesus, deinem Anwalt in der Gegenwart Gottes. Glaube an ihn, der von den Toten auferstanden ist, und ergreife mit deinen leeren Händen die einzig mögliche Erlösung. Jesus ist der Weg zu Gott. Es gibt keinen anderen. In ihm gibt es den Frieden, der nicht davon abhängt, auch nur eine Leistung erbracht zu haben. Stattdessen kannst du dich freuen und endlich Ruhe in ihm finden.

Es steckt noch mehr hinter der Einzigartigkeit des Christentums. Ich habe im Laufe meines Lebens viele religiöse Menschen kennengelernt, von Muslimen bis hin zu Zeugen Jehovas. Sowohl aus meiner Erfahrung als auch aus meinem Studium kann ich sagen, dass in einer christlichen Kirche ein Geist vorherrscht, der weder in einer Moschee noch in einem Königreichssaal, weder in einem Tempel noch in einer Stiftshütte zu finden ist. Ich habe noch nie eine nichtchristliche Person getroffen, die irgendetwas darüber wusste, wie es ist, Gott aus reinem Verlangen heraus zu dienen.

Wir müssen Gott nicht dienen. Wir wollen es.

Das ist ein extrem befremdlicher Gedanke, den die anderen einfach nicht denken können, egal, wie „religiös" sie sind.

Diejenigen, die anderen Göttern nachfolgen, mögen sklavisch danach streben, die Erwartungen zu erfüllen, wenn es sein muss. Nenn diesen erzwungenen Gehorsam aber bitte nicht „Liebe". Dieses Wort ist hier fehl am Platz. Du kannst Dinge, die du aus Angst vor der Verdammnis tust, nicht als Liebe bezeichnen. Denk nicht, Gottes Herz bewegen zu können, indem du versuchst, seine Anerkennung zu erkaufen. Du kannst dir selbst alles Mögliche einreden, was dir daran gefällt, von dem Gedanken „Gutes zu tun, um von Gott angenommen zu werden" getrieben zu werden. Aber solche Werke haben in seinen Augen keinerlei Wert.

Auch wenn ich „meinen Leib dahingäbe" oder „alle meine Habe den Armen gäbe"[141], hätte meine Liebe zu Gott noch nicht einmal begonnen, bevor ich nicht herausgefunden habe, wie frei, wie bereitwillig, wie kostspielig, wie vollkommen die Liebe ist, mit der er mich zuerst geliebt hat. Nur wenn ich in seiner Gnade und Vergebung geborgen bin, besteht überhaupt die Möglichkeit, dass ich

---

141   1. Korinther 13,3.

endlich damit anfangen kann, Gottes Liebe zu erwidern – frei, bereitwillig, schuldlos, furchtlos.

Das wissen und kennen nur Christen. Wir haben Jesu Worte gehört, die er in der Nacht vor seinem Tod sprach: „Wo ich hingehe, kannst du mir jetzt nicht folgen."[142] Er hat uns an einem ruhigen, sicheren Ort zurückgelassen, ging auf diesen Hügel und gab seinen Körper zu einer Kreuzigung hin, wie sie im ersten Jahrhundert üblich war. Wir sitzen immer noch atemlos da. Wir können unseren Blick nicht von ihm abwenden.

Und wir lieben Gott.

Letztlich leben Sünder glücklich bis ans Ende ihrer Tage, weil Gott bereit war, zu sterben. Diese Geschichte konnte nur Jesus erzählen.

„Wir lieben, weil er uns zuerst geliebt hat."[143] Das ist eine wunderbare Wahrheit. Gottes Liebe war immer die erste Liebe und wird immer die erste Liebe sein. Diese Wahrheit steht in Großbuchstaben über dem Leben eines jeden Christen. Schlag die Bibel auf, weil du ihn kennenlernen willst. Ruf jetzt seinen Namen an, auch wenn du es noch nie zuvor getan hast. Entdecke, dass er die ganze Zeit auf dich gewartet hat. Dass er es ist, der dich sanft zu sich zog.

Hast du Gott jemals geliebt? Liebst du ihn jetzt?

Er hat dich zuerst geliebt.

---

142   Johannes 13,36.
143   1. Johannes 4,19.

„Heiraten hat doch heutzutage keinen Sinn mehr."

Sie fragten Jesus: „Ist es erlaubt, dass sich ein Mann aus irgendeinem Grund von seiner Frau scheidet?"

Sie wollten ihm damit eine schwierige Frage stellen, doch Jesus konnte sie leicht beantworten. Er musste nur daran zurückdenken, wie der erste Adam die erste Eva erblickte und wie seine Augen vor Freude strahlten, als er merkte, dass er nicht mehr allein war.

„Das ist doch Bein von meinem Bein und Fleisch von meinem Fleisch"[144], rief Adam, als er wieder atmen konnte.

Der Schöpfer hatte sie so innig miteinander vereint, dass die beiden „ein Fleisch" wurden. „Solange ich lebe, wirst du nie allein sein." Das ist der Kern der Ehe, das ist der heilige Bund, den Gott den Menschen gegeben hat, die besser nicht allein bleiben sollten.

Auf die Frage nach der Ehescheidung antwortete Jesus: „Was nun Gott zusammengefügt hat, das soll der Mensch nicht scheiden."

„Warum hat dann Mose geboten, ihr einen Scheidebrief zu geben und sich von ihr zu scheiden? Ist Scheidung nicht nur ein Stück Papier?"

„Eures Herzens Härte wegen", antwortete Christus.

Die einzige Möglichkeit, Ordnung in das Chaos zu bringen, bestand für Mose damals tatsächlich darin, alles zu Papier zu bringen. „Ich lasse mich von dir scheiden, ich lasse mich von dir scheiden, ich lasse mich von dir scheiden!", sagte ein Mann und unterschrieb mit seinem Namen. So wurde ein Lebewesen in zwei Teile getrennt.

Ein Teil seines eigenen Fleisches wurde abgeschnitten.

Wahrscheinlich können nur Christen begreifen, wie schrecklich das ist.

---

144 1. Mose 2,23.

Wie du siehst, steckt auch heute noch mehr hinter der Ehe. Die unbeugsame, nicht gebrochene „Bis-dass-der-Tod-uns-scheidet"-Verpflichtung zwischen einem Mann und einer Frau ist ein lebendiges, atmendes Abbild der Verbindung zwischen Christus und seiner strahlenden Braut, der christlichen Kirche. Das ist so schön. Kein Wunder also, dass wir auf Hochzeiten weinen. Wenn es der Ehe, auch meiner, gelingt, das widerzuspiegeln ..., was für ein Abbild ist dann die Scheidung? (Bibelstelle zum Nachlesen: Matthäus 19,1-9)

Kürzlich traf ich einen Mann, den ich sofort mochte. Bald vertraute er sich mir an und erzählte von seiner Scheidung und von der Frau, mit der er jetzt zusammenlebte. Er hatte es nicht eilig, sie zu heiraten, weil er „dieses Mal alles richtig machen wollte". Sein Herz kam mir nicht verhärtet vor und es lag keinerlei Ironie in seiner Stimme. So weit ist es mit unserer Kultur gekommen. Mein neuer Freund weiß nicht, was Ehe bedeutet. Aber er weiß einiges mehr über den Schmerz als ich – über das Zerreißen des heiligen Bandes, das er einst zu schließen wagte, und über die blutenden Gefühle, die zu Boden fallen.

Wie steht es um dich? Suchst du nach wenigstens einem guten Grund dafür, dein Eheversprechen zu halten, jetzt, da die Liebe nicht mehr da ist ... oder nach einem Grund dafür, überhaupt ein solches Versprechen zu geben? Die Ehe wurde einmal als eine bedingungslose Verpflichtung gegenüber einer unvollkommenen Person bezeichnet. Diese Beschreibung enthält sowohl das Schöne als auch das Schwierige. Immer mehr verheiratete und unverheiratete Menschen fragen sich: Lohnt es sich?

Ich stelle eine andere Frage: Wie kannst du dir so sicher sein, dass wir ohne die Ehe auskommen können?

Nehmen wir an, du bist Chirurg und beabsichtigst, an mir eine Operation vorzunehmen, um irgendein inneres Körperteil zu entfernen. Ich würde zuerst wissen wollen, dass du weißt, welche Funktion dieses Organ erfüllt und wozu es da ist. Wenn du dir nicht absolut sicher bist, würde ich dafür plädieren, dass du es doch lieber an Ort und Stelle belässt. Was ich damit sagen will: Ich hätte gegenüber all diesen Menschen, die die Ehe mehr und mehr aus unserer Gesellschaft entfernen wollen, ein besseres Gefühl, wenn ich in irgendeiner Weise das Gefühl hätte, dass sie wissen, wozu die Ehe überhaupt da ist.

Worin besteht der Zweck all dieser Hochzeiten, all dieser Familien, deren Anfang du beobachten konntest, als du einer Eheschließung nach der anderen beiwohntest? Hast du dich hinreichend damit beschäftigt, welchen Dienst uns die Ehe seit Tausenden von Jahren leistet und warum sie überhaupt eingesetzt wurde?

„Ich will" ist der bewegende Klang der Grundsteinlegung unserer Gesellschaft. Es ist das Versprechen von Eltern, zusammenzubleiben, sodass jedes Kind genau ein Schlafzimmer und nicht zwei in getrennten Häusern hat und sodass das von Mama und Papa am Ende des Flurs ist. Es ist das Versprechen, dass Kinder in Geborgenheit aufwachsen, eingebettet in die Liebe zwischen Vater und Mutter, und sie von jedem Elternteil genau das bekommen, was nur er oder sie geben kann. Und es ist das Wissen, dass die Kinder, wenn sie erwachsen werden und selbst an der Reihe sind, eine Familie zu gründen, nicht etwas erfinden werden, was sie nie gesehen haben. Das Eheversprechen stellt Ehemann und Ehefrau in Aussicht, jenseits all der Probleme, die sich ihnen in den Weg gestellt haben, Neuland zu entdecken, weil sie sie gemeinsam bewältigt haben. Ich habe gesehen, wie Menschen im Kreis ihrer Familien starben, die zusammenhielten und den Raum damit erfüllten, sich „Ich liebe dich" zu sagen. Und ich habe Menschen allein sterben sehen. Ich weiß, wofür ich mich entscheiden würde.

Ich habe gesehen, wofür die Ehe da ist.

Vor nicht allzu langer Zeit beobachtete ich, wie sich meine Mutter um meinen Vater kümmerte, während er sich in einem Pflegeheim von einem Schlaganfall erholte. Sie sagte noch „gute Nacht" zu ihm, als ich bereits das Zimmer verließ. „Es war ein guter Tag", flüsterte sie ihm zu und meinte damit die zehn Stunden, die sie stillsitzend bei ihm in dem überhitzten Zimmer verbracht hatte. Dann strich sie mit ihrer Hand über sein Herz. Meine Eltern halten zusammen. Es ist gut, dass mein Vater nicht allein ist, ich kann gar nicht in Worte fassen, wie gut. Die Liebe, die meine Mutter ihm entgegenbringt, ist in gewisser Weise wie Gott – auch wenn du sie noch nie gesehen hast, kannst du nicht behaupten: So etwas gibt es nicht.

Dass die Ehe sinnvoll ist, lässt sich mit Statistiken belegen, die besagen, dass sich das Zusammenleben in „wilder Ehe" nicht unbedingt dazu eignet, um in eine Ehe von Dauer überzugehen. Untermauert wird das durch die verheerenden Folgen einer Scheidung in psychischer, emotionaler und auch materieller Hinsicht, unter denen Kinder in besonderem Ausmaß leiden.

Doch ich will auf die Antwort Jesu zurückkommen. Er führte die eine Begründung an, die in unserer krankhaften Kultur nicht mehr legitim ist. Jesus brachte den Schöpfer des Ehebundes ins Spiel, der Mann und Frau geschaffen hat, der Adam und Eva zu einer einzigen lebendigen Einheit geformt hat.

Warum auf diese Weise leben und nicht auf eine andere?

Weil es ihn gibt.

Dass „das Ehebett unbefleckt [gehalten werden soll]"[145], ist das gute Gebot eines gütigen Gottes, der uns zu unserem Besten die Hoffnung auf langfristige Freude in dieser ansonsten einsamen Welt geben möchte. Es stellt eine Herabwürdigung dar, wenn die heiligen Freuden der Ehe – und das ist kein Oxymoron[146] – wie auch unsere Sexualität aus ihrer Verbindung zwischen zwei Menschen gerissen werden, die sich einander versprochen haben. In der Bezeichnung von Scheidung sowohl als Sünde als auch als eine von Gott „verhasste" Sache verbirgt sich mit den Worten von Chesterton „das Kompliment, das Gott dem Durchschnittsmenschen macht, wenn er ihn beim Wort nimmt"[147]. Scheidung als solche, als Sünde gegen Gott stellt ein größeres Problem dar als alle gesellschaftlichen Emotionen zusammengenommen.

Es ist eine Tatsache, dass nichts so sehr unser wahres Gesicht zum Vorschein bringt wie die Ehe. Nichts konfrontiert uns so sehr mit der Gewissensfrage „Weiß ich überhaupt, was Liebe ist?" wie die Weise, auf die wir uns in Gegenwart unserer Ehepartner ge-

---

145   Hebräer 13,4.
146   Oxymoron: rhetorische Figur, bei der zwei sich widersprechende Begriffe miteinander verbunden werden (z. B. bittersüß).
147   Chesterton: *As I was saying*, S. 267 [eigene Übersetzung].

sehen haben und wo die ungezügelte Selbstsucht offensichtlich wurde, die auf die ein oder andere Art Ehen ins Verderben führt.

Mein neuer Freund, du willst dieses Mal alles richtig machen? Bekenne alles, was zuvor falsch war. Erkenne die Wahrheit, auf die dich deine eigene Vergangenheit hinzuweisen versucht. Das müssen wir alle tun. Erinnere dich an die hässlichen Augenblicke deines Lebens. Bereue sie.

Dem Kennenlernen von Gott geht das Wissen voran, dass es niemals richtig sein kann, ihn zu ignorieren oder auszuschließen. Ich wünsche mir für dich nicht einfach nur, dass du „dieses Mal alles richtig machst". Ich möchte, dass du kennenlernst, was Liebe und was Gnade ist. Mit diesem Wissen wird sich alles ändern. Wirf einen genaueren Blick auf Jesus. Schau der Liebe bei dem zu, was die Liebe tut. Jesus hat nicht darauf bestanden, frei zu sein. Er band sich selbst. Er verpflichtete sich selbst. Er nahm die schwere Last unserer Sünden um unseretwillen auf sich. Er hielt das überwältigend furchtlose Versprechen ein, das er vor Anbeginn der Zeit gegeben hatte: um unseretwillen zu kommen. Unser Versagen in der Liebe tötete ihn an diesem Kreuz. Wenn diese Worte deiner Vergebung irgendwie zu dir durchdringen, dann weißt du, was Liebe ist.

Solltest du die Entscheidung treffen, sie zu heiraten, sollte aus meiner Sicht der Grund dafür sein, dass du in dir eine neue und heilige Sehnsucht verspürst, dieser einen Person all deine Liebe zu schenken, den Weg zu Ende zu gehen, alles zu geben. Diese Sehnsucht kommt durch das Wort Christi zu dir. Integriert es in euer gemeinsames Leben und nichts wird mehr so sein wie beim letzten Mal. Ich gebe dir dieses Versprechen, das mein Gott gewiss halten wird. Im täglichen Leben und Vergeben, das von ihm kommt, wirst du einen Platz in der größten Liebesgeschichte bekommen, die je erzählt wurde.

„Wie sich ein Bräutigam freut über die Braut, so wird sich dein Gott über dich freuen."[148]

---

148   Jesaja 62,5.

Nach dem, was wir über Hochzeiten im ersten Jahrhundert wissen, können wir uns den Versuch erlauben, einen Heiratsantrag aus dieser Zeit zu rekonstruieren. Wie mag es sich wohl angehört haben, wenn ein junger Mann um die Hand einer Frau anhielt, auf dass sie bis an ihr Lebensende miteinander verbunden und unzertrennlich sein würden? Was mag er wohl gesagt haben, als er neben ihr kniete, ihr alles, was er zu geben hatte, anbot und versprach, dass seine ganze Person und all seine Habe auch ihr gehören würde? Es könnte in etwa so geklungen haben:

„In meines Vaters Hause sind viele Wohnungen. Wenn's nicht so wäre, hätte ich dann zu euch gesagt: Ich gehe hin, euch die Stätte zu bereiten? Und wenn ich hingehe, euch die Stätte zu bereiten, will ich wiederkommen und euch zu mir nehmen, damit ihr seid, wo ich bin."[149]

---

149   Johannes 14,2f.

„Was soll verkehrt daran sein, Zweifel zu haben?"

Ein Mann in Seenot ruft von seinem Boot aus kleinlaut zum leeren Himmel hinauf: „Herr, hier bin ich!"

Das Universum erwidert: „Das ist mir vollkommen egal."

Die Natur ist *nicht* unsere Mutter. Wenn überhaupt, dann ist sie unsere temperamentvolle Schwester. Sie stammt von demselben Elternteil wie wir und sie ist zu Fall gekommen wie wir. Mit ihren Killerwalen und Skorpionen ist sie genauso außer Kontrolle wie die menschliche Natur mit ihrem unterdrückten Zorn und ihrer lähmenden Angst. Ihr Stöhnen ist so laut wie ein Wirbelsturm und so leise wie ein schleichendes Virus. Und nein, sie interessiert sich nicht für uns.

Wirbelstürme lassen sich nicht anflehen.

Krebs hat kein Mitleid.

Beiden sind wir völlig gleichgültig.

Nicht das Universum antwortet auf unseren Klageschrei mit „Ich denke an dich … und ich komme". Es ist Jesus, der auf den Wellen hin zu einem vom Wind umhergeworfenen Boot geht.

In panischer Angst vor einer Gestalt, die sie mitten in der Nacht von Ferne sehen und die auf der Wasseroberfläche zu schweben scheint, rufen die Jünger: „Es ist ein Gespenst!"

„Ich bin es. Fürchtet euch nicht."

„Herr, bist du es, so befiel mir, zu dir zu kommen auf dem Wasser", sagt Petrus, wie Petrus eben so ist.

„Komm."

Als Petrus aus dem Boot steigt, sehen wir den Kern des Widerstreits: Glaube kontra Skepsis. Es geht nicht darum, dass zwei Weltanschauungen aufeinanderprallen – es geht nicht um eine Kollision von religiösem Glauben und religiöser Skepsis. Es ist eine Angelegenheit zwischen Jesus und Petrus. Es geht um eine Person, die eine andere ruft.

„Du kannst mir vertrauen."

Und das tut Petrus. Aber dann, als er noch einmal prüfend auf das Wasser blickt, das ihn unmöglich halten kann, und den heulenden Wind hört und die tosenden Wellen sieht …

„Aaaahhhh!"

Er beginnt, im Wasser zu versinken. An dieser Stelle sehen wir, was Gott mit demjenigen tut, der glaubt und gleichzeitig zweifelt. Was macht Jesus mit dem unglücklichen Kleingläubigen, der vor ihm untergeht? „Jesus aber streckte sogleich die Hand aus … und ergriff ihn!"

Wenn der Glaube nicht ausreicht, um auf dem Wasser zu gehen, ist er vielleicht gerade noch groß genug, um aufzuschauen und „Herr, hilf mir!" zu rufen. Und das ist genug.

(Bibelstelle zum Nachlesen: Matthäus 14,22-33)

Der Glaube an Jesus Christus ist nicht wie der Glaube, dass ein Ort wie Tallahassee existiert oder dass es einst einen Mann namens Napoleon gab. Es ist mehr dran als nur das Anerkennen bestimmter Fakten auf der Grundlage vertrauensvoller Quellen und stichhaltiger Beweise. Frederick Buechner[150] sagte einmal, dass der Glaube daran, dass dein Haus brennt oder dass dich jemand liebt, dich vielleicht ein wenig besser verstehen lässt, was der Glaube an Jesus bedeutet. Es ist weit mehr als nur eine Kopfsache.[151]

Denk einen Augenblick darüber nach, auf welche Art und Weise du glaubst, dass Tallahassee existiert oder Napoleon gelebt hat. Vergiss dabei nicht, wie begrenzt dein tatsächliches Wissen über die Welt ist und wie viele solcher Tatsachen du als Tatsache anerkennst, obwohl du sie nie in deinem Leben gesehen, angefasst oder gerochen hast. Auf die eine oder andere Weise vertraust du den vielen Menschen, die dir von diesen Dingen erzählt haben. Und es ist keineswegs unvernünftig, das zu tun. Du glaubst ihnen zu Recht. Doch lass dich nicht täuschen …

Du hast es nicht gesehen. Aber du glaubst es.

---

150   Carl Frederick Buechner (1926-2022), US-amerikanischer Autor, presbyterianischer Pastor, Theologe und Dozent für kreatives Schreiben.
151   Vgl. Buechner: *Whistling in the dark*, S. 22.

Dabei wäre es absolut unvernünftig, für alles, was du glauben sollst, unumstößliche Beweise einzufordern. So funktioniert das Leben nicht. Wenn du dich bei jedem belegten Brot fragst, ob es dich krank macht, wirst du dir den Appetit gründlich verderben. Jede Heimfahrt von der Arbeit wird zur Zitterpartie, wenn du ständig überlegst: „Wird mich das umbringen?" Und du ruinierst jedes „Ich liebe dich", wenn du einen Beweis dafür verlangst. Im echten Leben isst du das Brot, startest das Auto und nimmst Liebe an, weil du dir gewiss sein kannst, dass diese Dinge über jeden Zweifel erhaben und sicher sind ... und dass es absolut lähmend wäre, alles infrage zu stellen. Das ist keine Art, zu leben.

Im Hinblick auf den christlichen Glauben kannst du weiterhin und bis zum Umfallen Fragen stellen und den Glauben daran solange verweigern, bis unumstößliche Beweise vorliegen. Das Problem wird jedoch nicht darin bestehen, dass Gott es versäumt hat, zwingende Gründe für den Glauben an ihn zu liefern. Es gibt mehr als genug Gründe, um das über jeden Zweifel erhabene Urteil fällen zu können, dass es Gott gibt – und damit zu leben.

Vergiss nicht, dass es hier um deine Beziehung zu Gott geht, nicht um ein Urteil über irgendein Weltbild. Die wichtigste Frage hat mit einem „Ich liebe dich" zu tun, das auf dich zukommt. Mit deiner Forderung nach einem unwiderlegbaren Beweis verlangst du weit weniger, als Gott dir geben will. Er will dir die unmittelbare Nähe des Geistes Jesu selbst geben, der durch sein Wirken eine Beziehung in dir schafft, die vom Vertrauen auf die blutgetränkten Verheißungen gekennzeichnet ist. Das ist etwas Wunderbares und, glaube mir, die Art von Beweis, die du forderst, lässt keinen Raum dafür.

Keine Sorge, eines Tages wirst du deinen Beweis bekommen. Aber was wird es bedeuten, deine Knie vor Jesus zu beugen, wenn stehenzubleiben nicht mehr möglich ist? Es wird zu spät sein.

Denk stattdessen einmal darüber nach, was G. K. Chesterton über religiöse Skepsis gesagt hat. Gott ist nicht darauf aus, alle Fragen im Keim zu ersticken. Gott und sein Wort können unseren aufrichtigen Fragen standhalten. Du kannst ruhig weiter zweifeln.

Zweifle hieran und zweifle daran ..., bis du eines Tages vielleicht sogar „an dir selbst zweifelst"[152].

Eines Tages hast du hoffentlich ernsthafte Zweifel an ... deinen Zweifeln. Deinem Verstand, der alles infrage stellt, was von Gott kommt, der sich weigert, in seiner absoluten Güte zu ruhen, würde es nicht schaden, auch einmal infrage gestellt zu werden. Denn wie zuverlässig ist deine Skepsis? Ich muss zugeben, dass die Zweifel, die meiner sündigen Natur entstammen, furchtbar eigennützig sind. So zu tun, als sei ich mir nicht sicher, hält mich davon ab, zu viel zu geben, zu viel zu sagen oder in meiner selbstaufopfernden Hingabe an Gott zu weit zu gehen. Während ich schnell zusichere, dass in jedem Christen echter, rettender Glaube Seite an Seite mit der Ungläubigkeit unseres „Fleisches" existiert, kann ich das keineswegs als unschuldige, gesunde Skepsis ansehen. Das ist genauso schlimm wie alle anderen Dinge, die bei mir noch nicht in Ordnung sind. Es ist schrecklich, dass Gott durch sein Wort spricht und etwas in mir antwortet: „Ich bin mir da nicht so sicher."

Aus all diesen Gründen befreie ich mich von meinen Zweifeln grundlegend dadurch, dass ich seufze: „Vater, es tut mir leid.", und meine armselige Halbherzigkeit zu seinem Wort und seinen Sakramenten schleppe. Er lindert meine Zweifel grundlegend dadurch, dass er in mir durch die Kraft seines gnadenvollen Wortes Glauben wirkt.

Das Versprechen „Ich habe deine Sünden durch Christus, meinen Sohn, weggenommen" wird mir einmal mehr angeboten, erscheint mir durch seinen eigenen Heiligen Geist einmal mehr als herrlich und ich bekomme wieder Halt. Mein Glaube scheint wie eine Kerze zu sein, die immer kurz davor ist, auszugehen. Seit Jahren fühlt es sich so an. Doch befeuert von einer aufgeschlagenen Bibel bleibt er bestehen. Diesen glimmenden Docht löscht er nicht aus. er lässt nicht zu, dass ich ihn vergesse. Mein Vertrauen wird durch die Macht Gottes bewahrt[153], und ich glaube an ihn.

Es gibt den Berg Golgatha.

---

152   Chesterton: „Introduction to the Book of Job", S. 6 [eigene Übersetzung].
153   Vgl. 1. Petrus 1,5.

Es gibt den Retter Jesus.

Ich habe dabei das Bild eines Mannes im Kopf, der auf Händen und Knien einen zugefrorenen Fluss überquert und dabei sein Gewicht so gut wie möglich verteilt. Er weiß nicht, wie dick das Eis ist. Plötzlich hört er von der Flussbiegung her ein Poltern. Es ist ein Traktor, der einen großen Heuwagen voll glücklicher, juchzender Kinder an ihm vorbei über das Eis zieht, der flach auf dem Gesicht liegt ..., als ob das einen Meter dicke Eis jeden Augenblick brechen könnte.

Das Schöne an diesem einfachen Bild ist, dass das Eis den Mann trägt. Der Glaube ist die Art und Weise, wie er es überquert, ob nun zaghaft oder kühn – wobei kühn besser ist –, doch getragen wird er dabei immer noch von dem Eis. Und seine törichten Gedanken führen nicht dazu, dass sich das Eis tatsächlich verändert. Ganz und gar nicht. Es wird nicht dünn, nur weil er denkt, dass es dünn ist. Das Eis steht für die Liebe Gottes, die unsere Erlösung durch Christus geplant und ausgeführt hat. Diese Liebe ist einfach da. Unsere jämmerlichen Zweifel an Gott ändern nichts an ihm oder daran, wie er uns allen vergibt. Er liebt uns nicht mehr, wenn wir ihm mehr vertrauen, und nicht weniger, wenn wir ihm weniger vertrauen. Ganz anders als unser Glaube und unser Vertrauen wankt seine Treue nicht.

Wie breit und lang und hoch und tief die Liebe Christi doch ist.[154]

Wer auf Gottes gütige Verheißungen auch nur ein wenig vertraut, selbst auf allen Vieren, ist gerettet, hat das Ufer verlassen und angefangen, über das Wasser zu laufen, das zu unserer Bequemlichkeit ganz festgefroren ist. Eine Million Fußabdrücke bestätigen, dass es sicher ist.

„Interessiert es dich nicht, wenn wir ertrinken?", rief ein Jünger Jesus zu. Die gleiche Frage stand in den Augen der anderen Jünger. „Wir sind in Not. Wir halten kaum noch durch ... Und dich scheint das nicht zu kümmern."

---

154   Vgl. Epheser 3,18f.

Er wandte sich von ihnen ab und dem Sturm zu, der auf dem Meer tobte. „Schweig und verstumme!" Und das Meer wurde ruhig. Die Jünger sahen voller Ehrfurcht, wie sich Schwester Natur plötzlich und vollständig unterwarf. Jesus hatte sie durch die Macht seiner Stimme zum Schweigen gebracht.

Dann drehte er sich um, um in ihnen dasselbe Werk zu wirken, durch dieselbe Kraft.

„Was seid ihr so furchtsam? Habt ihr noch keinen Glauben?"[155]

Ich bete, dass du schlagartig erkennst, dass es auf diese Frage keine einzige sinnvolle Antwort gibt und dass durch die Kraft von Gottes Wort in dir ein Urteil gefällt wird, das du akzeptieren kannst.

„Glaube an den Herrn Jesus, so wirst du und dein Haus selig!"[156]

---

155 Vgl. Markus 4,35–41.
156 Apostelgeschichte 16,31.

„Manche Dinge kann ich einfach nicht vergeben."

Es gab eine Zeit, in der die Menschen direkt vor Gott treten, in sein freundliches Gesicht blicken und ihm einfach alles sagen konnten. Bei Petrus' Frage sollte nun eigentlich diese ganze wütende Welt genau hinhören.

„Wie oft muss ich denn meinem Bruder vergeben? Genügt es siebenmal?"

Eine unbarmherzige Rechnung. Petrus wollte in Erfahrung bringen, in welchem Rahmen ein vernünftiges Ausmaß an Vergebung liegt. Mit seinen „siebenmal" war er ohnehin schon großzügig. Die Rabbiner der damaligen Zeit lehrten, dass dreimal völlig ausreichend war.

Als Jesus die Zahl auf „siebzigmal siebenmal" anhob, wollte er ein so lebendiges Geheimnis, wie es die Vergebung ist, nicht in einer toten Statistik auflösen. Was er meinte, war: „Petrus, bei siebenmal hast du dich gerade erst warm gemacht."

Dann erzählte Jesus eine Geschichte, die in ihrer Schlichtheit brillant ist und die Verweigerung von Vergebung im richtigen Licht erscheinen lässt. Jesus beschrieb einen Mann, der einen berechtigten Groll gegen einen anderen hegte und sein Recht einforderte. Ein elender Bettler schuldete ihm etwa drei Monatslöhne. Wenn wir nur darauf schauen, sagen wir bestimmt: „Es steht ihm zu, sein Geld zurückzubekommen. Das ist nur recht und billig."

Aber der arme Mann hatte das Geld nicht. Wenn du schon einmal versucht hast, jemandem sein Recht, wütend zu sein, auszureden, dann weißt du, womit es der arme Mann zu tun hatte. Was ist schon dabei, wenn der Mann mit dem Schuldschein ihm gegenüber ein wenig handgreiflich wurde? Schulden sind nun einmal Schulden.

Doch das ist nicht die ganze Geschichte. Nur ein paar Augenblicke zuvor war dem Mann, der bereit war, das Leben eines anderen wegen einer Schuld von einigen tausend

Geldstücken zu zerstören, eine Schuld von Milliarden erlassen worden! Eben noch hatte er sich in der Gegenwart einer völlig unerwarteten, unaussprechlichen Gnade befunden.

Wie siehst du ihn jetzt?

Wie siehst du dich selbst, wenn du es nicht übers Herz bringst, zu vergeben?

Hat Gott dir siebenmal vergeben?

Dann reiß die Gefängnistore auf, hinter denen all deine Schuldner festgehalten werden. Lass sie um Christi Willen frei ... und damit auch dich.

„Vergebt [einander von Herzen], ein jeder seinem Bruder." (Bibelstelle zum Nachlesen: Matthäus 18,21-35)

Es war sicher nicht der glorreichste Moment meines Lebens. Jung und töricht berührte ich mit meiner Handfläche einen Drahtzaun, der wahrscheinlich unter Strom stand. Meine Muskeln gehorchten dem unwiderstehlichen Drang und meine Hand schloss sich um den Draht. Zum Glück kamen die Stromstöße in Abständen, sodass ich meinen Griff lösen konnte. Doch genau in diesem Augenblick erlebte ich, wie es ist, sich an etwas festzuhalten, das dich töten könnte, wenn du nicht loslässt. ... Und du wusstest es ..., konntest aber auf Gedeih und Verderb nicht loslassen.

Hältst du an Kränkungen fest? Klammerst du dich daran, wie du verletzt wurdest? Interessanterweise steckt in dem im Neuen Testament verwendeten griechischen Wort für „Vergebung" unter anderem die Bedeutung „loslassen".

Es ist wichtig, darüber zu sprechen, was Vergebung nicht ist. Vielleicht fällt es dir schwer, jemandem zu vergeben, weil in deinem Denken Vergebung bedeutet, dem anderen zuzusprechen, dass das, was er getan hat, schon richtig war... im Grunde nur eine Bagatelle ... keine große Sache. Ich würde nie von dir verlangen, das zu sagen. Allein, dass wir über Vergebung sprechen, bedeutet, die andere Person hat sich dir gegenüber falsch verhalten, furchtbar falsch. Die Person hätte das nicht tun dürfen. Vergebung bedeutet, das Recht auf Vergeltung aufzugeben, anstatt dem anderen so wehzutun, wie er dir wehgetan hat.

Du lässt los.

Vergebung bedeutet, den Reißverschluss der Richterrobe zu öffnen, sie auszuziehen und aufzuhängen und damit die Frage der Gerechtigkeit demjenigen zu überlassen, der eigentlich darüber gebietet, nämlich Gott. Vergebung ist kein Akt der Gefühle, sondern des Willens. Es ist eine Entscheidung, die du auch treffen kannst, wenn du von dem, was dir angetan wurde, immer noch verletzt bist. Selbst wenn dich jemand vollkommen vernichtet hat, selbst wenn es demjenigen nicht leidtut, kannst du doch die ganze Sache deinem Gott übergeben, der gesagt hat: „Die Rache ist mein; ich will vergelten."[157] Überlass es ihm.

Und dennoch, auch im richtigen Verständnis bleibt Vergebung eine unnatürliche Handlung. Wut hingegen kommt auf natürlichem Wege. Sie ist die emotionale Antwort auf Schmerz. Du fühlst Wut aber auch, wenn sich jemand oder etwas deinen ganz persönlichen Wünschen in den Weg stellt. Du kannst darauf wetten, dass eine gefallene Welt, in der nichts so ist, wie es sein sollte, in der immer irgendetwas falsch ist, in der die Menschen in einem Ausmaß, das sie nie erreichen, nach Liebe und Sinn dürsten ... nun ..., dass das in jedem Fall ein Ort voller Wut ist.

Manchmal ist es namenlose Feindseligkeit oder unterdrückte Wut in dir, die nach einem Sündenbock sucht. Ein ausgelassener Hund hinterlässt ein kleines Geschenk auf dem Teppich, ein Säugling will nicht wieder einschlafen ... und du wirst so wütend, dass du Angst vor dir selbst bekommst.

Woher kommt das?

Ein andermal wieder denkst du, dass du genau weißt, warum du wütend bist. Ein geliebter Mensch ist schuld daran. Er ist schuld. Sie ist schuld. Da steht der Grund für deine persönliche Misere.

In geistlichem Sinne wird dieser Hass, dieser Groll, dieses Nicht-Loslassen dich und alle Freude in dir in jedem Fall töten. Deine schlechteste zwischenmenschliche Beziehung zu einem anderen Menschen ist vielleicht genau diejenige, der du am meisten Aufmerksamkeit schenken solltest. Denn sie besitzt zerstörerische Kräfte. Die Beziehung mit Gott, die du trotz all deiner Unversöhn-

---

157   Römer 12,19.

lichkeit zu haben meinst, nun, die hast du nicht. Nicht, wenn du an deiner Wut festhältst.

Eine Technik, um mit Wut umzugehen, heißt „Reframing" – Umdeutung. Ein Beispiel: Eine Frau ist wütend auf ihre Mutter, weil sie bei ihr ohne Liebe aufwachsen musste. Es frisst sie innerlich auf, wie sehr diese Art von Kindheit ihre Fähigkeit zerstört hat, anderen Menschen warmherzig zu begegnen. Wenn es ihr gelingt, die Situation umzudeuten, ihre Sicht zu erweitern, sozusagen ein Weitwinkelobjektiv zu verwenden, was könnte sie dann noch sehen? Vielleicht kann sie sich in ihre Mutter einfühlen, wenn sie sie als verängstigte Fünfjährige sieht, wie sie vor *ihrer* Mutter, die nach einem Gürtel greift, zurückweicht.

„Aber mich hat sie nie geschlagen", ist ein neuer Gedanke, der der Tochter in den Sinn kommt.

Weil also die Mutter missbraucht wurde, war es dann in Ordnung, dass die Tochter auch ohne Zuneigung aufwachsen musste? Nein. Aber die Tochter sollte zumindest die Möglichkeit bekommen, das ganze Bild zu sehen. Nur das will ich damit sagen.

Jesus macht mithilfe der Geschichte, die er über den Mann und den Bettler erzählte, etwas ganz Ähnliches. Er zeigt uns, wie wir den Blickwinkel erweitern können, sodass sich unsere Augen nicht nur darauf konzentrieren, wie uns jemand Unrecht getan hat. Wir sehen dann etwas anderes, das auch wahr ist. Mein Freund, jeder von uns besitzt ein „ganzes Bild", das einen unergründlichen Moment der Befreiung enthält …, ein Geschenk von atemberaubender Gnade.

In einer Welt, in der Wut immer zu Wut führt, so wie Dominosteine immer andere Dominosteine umstoßen, hat Gott sein Kreuz tief in den wütenden Boden eingepflanzt. Die Kreuzigung Christi ist der eine feste, unverrückbare Punkt, an dem die Wut enden kann. Sie war das schlimmste Verbrechen aller Zeiten. Der beste Mensch überhaupt, der unschuldige Sohn Gottes, wurde auf die schlimmstmögliche Weise misshandelt. Er wurde an das Holz genagelt, nachdem er gegeißelt, geschlagen, bespuckt und ausgelacht worden war …, und als die Nägel eingeschlagen wurden, als es geschah, setzte er einen überirdischen Wohlgeruch frei:

„Vater, vergib ihnen; denn sie wissen nicht, was sie tun!"[158]

Gottes Antwort auf den niemals endenden Kreislauf von Verletzung und Vergeltung lautet:

„Ich bin derjenige, für den jede Sünde eine Beleidigung ist. Ich bin die Zielscheibe jeder Auflehnung und Verletzung. Ich bin derjenige, der die Schuld eines jeden von euch trägt. Das Recht auf Gerechtigkeit ist mein. Ich bin derjenige ohne Sünde und kann so viele Steine werfen[159], wie ich will.

Ich gebe euch meinen Sohn.

Du kannst einfach zu ihm hingehen und ihm alles sagen. Und wenn er stirbt, wirst du vielleicht lernen, was es heißt, sich zu schämen. Und wenn du hörst, dass er auferstanden ist und lebt, wirst du vielleicht die Bedeutung dessen verstehen, was ich getan habe. Meine lieben Kinder, meine Welt, *ich vergebe euch allen!*"

Du kannst nicht irgendwo mittendrin in diese Weltgeschichte eintreten, nur dein eigenes Leben und die von dir gespielte Rolle ansehen und darin einen Sinn erkennen. Da muss noch etwas anderes in den Rahmen deines Bildes hineingezeichnet werden. Du darfst nicht nur das Unrecht sehen, das dir angetan wurde, sondern du musst deinen Blickwinkel vergrößern, damit deine Augen auch auf den göttlichen, tobenden Zorn gerichtet sind, der den Leib Christi durchzuckt – für dich. Nur für dich. Solange du deine eigene Vergebung als keine große Sache betrachtest, wird dir die Kraft fehlen, jemand anderem zu vergeben. Aber wenn du erkennst, dass dir deine eigene ewige Schuld erlassen wurde, werden die Türen deines Gefängnisses aufschwingen und neue, bisher ungeahnte Gedanken werden sich in deinem Kopf entfalten.

Vater, vergib ihr. Sie wusste nicht, was sie tat.

Durch die Gnade, die du empfängst, die dich durch das Wort, das „Geist und Leben"[160] ist, reinwäscht, wirst du auch Gnade weitergeben können. Wie Jesus wirst du ein Ort werden, wo die Wut enden kann.

Der Dominostein der Feindseligkeit trifft dich, aber an dieser Stelle endet der Dominoeffekt.

---

158 Lukas 23,34.
159 Vgl. Johannes 8,7.
160 Johannes 6,63.

In Christus sind die Verbitterung, die Wut und der Hass ... vorbei. Du kannst jetzt loslassen.

―――――――――――

Er war ihr untreu ... und sah, wie etwas in ihren Augen starb. Als er sich entschuldigte, wusste er, dass er nicht zu viel sagen sollte. Wahre Entschuldigungen bieten keine Erklärung. Als ob das überhaupt möglich wäre.

Nur: „Ich hatte Unrecht. Das hast du nicht verdient. Es gibt nichts zu meiner Verteidigung zu sagen. Du sollst nur wissen, dass ich mich schäme. Ich möchte dich nicht nur um Entschuldigung bitten, sondern auch und noch mehr bei Gott, der wollte, dass ich dich auf eine so viel bessere Art liebe, als ich es getan habe."

Das ist viele schlaflose Nächte her.

Jetzt steht er am Schlafzimmerfenster, blickt hinaus auf das Grün hinter seinem Haus, dann wieder auf den Zettel in seiner Hand und spürt seinen Einfluss, sucht seine Kraft.

„Ich vergebe dir."

„Meine Kinder sollen selbst entscheiden."

Die Jünger erscheinen dort im schlechtesten Licht, wo sie – vereinnahmt von Erwachsenenproblemen – das Wichtigste übersahen. So meinten die Zwölf, Jesus den Rücken freihalten zu müssen, als Eltern ihre Kinder zu ihm brachten, damit er sie segnete.

„Nun aber, Leute, schafft diese Kinder weg! ... Na, bitte, geht doch. ... Jesus ist ein vielbeschäftigter Mann. ... Er hat keine Zeit für all diese Kinder ..."

„Was macht ihr hier?!"

Wenn Kinder in seiner Nähe waren, bekommen wir noch eine andere Seite von Jesus zu sehen: seine wunderbare Wut, seinen ausgeprägten Beschützerinstinkt – „Lasst die Kinder zu mir kommen." – und die unerwartete Sanftheit, wenn die Hände, die das Universum halten, alles fallen ließen – für die Kinder.

Willst du wissen, wie es aussieht, wenn ein Mensch, irgend-ein Mensch, alles bekommt, was nur der allmächtige Gott geben kann? Hättest du gern ein Bild davon? Wie sieht es aus, wenn jemand auf einmal von all der Liebe umhüllt wird, die es überhaupt nur gibt?

Jesus kniete sich hin. Er winkte die Kinder zu sich her. Sie kamen zu ihm. Pummelige Arme legten sich um seinen Hals. Er nahm jedes Kind einzeln hoch, legte jedem seine heilige Hand auf den Kopf und flüsterte ihm etwas ins Ohr. Ihre Augen wurden groß.

Wir wissen nicht, welche Botschaft er für welches Kind auswählte, was er im Denken und im Leben eines jeden Kindes freisetzte. Wir wissen nur, dass es ein „Segen" war und dass sie das, was er ihnen mitgab, als wahr annahmen. So sind Kinder.

„Solchen gehört das Reich Gottes."

(Bibelstelle zum Nachlesen: Markus 10,13–16)

Ich werde nie vergessen, wie ich meine dreijährige Tochter mitnahm, um den Bauarbeitern auf unserer Kirchenbaustelle etwas Verpflegung zu bringen. Mir war zugegebenermaßen ein wenig mulmig zumute, als ich mit meinem Teller voller Leckereien in den verrauchten Wohnwagen stieg, in dem dicht gedrängt diese wuchtigen Typen saßen. Aber Hanna rettete mich mit einem bezaubernden Lächeln. Wir waren ein Hit. Zumindest sie war es. Als wir gingen, winkten uns kräftige Zimmermannshände nach.

Eine der schönen Erfahrungen, eigene Kinder zu haben, besteht darin, diese andere Seite an Erwachsenen kennenzulernen, wenn Kinder in ihrer Nähe sind. Starke Männer werden sanft. Wie oft habe ich das schon gesehen! Ernste Männer werden verspielt. Ungehobelte Männer werden höflich. Strenge Menschen werden locker. Vielbeschäftigte Menschen finden ein wenig Zeit … für ein Kind. Kinder zu haben, bedeutet, dass man Menschen von ihrer besten Seite zu sehen bekommt. Hin und wieder.

Umgekehrt glänzen wir Erwachsenen nicht immer, wenn es um Kinder geht. Einige der schlimmsten Dinge, die Erwachsene Kindern antun können, sind Dinge, die uns, wenn wir uns eines Tages daran erinnern, am Boden zerstören werden – nämlich als wir sie abgewiesen, gedemütigt, verletzt haben. Noch schlimmer ist aber vielleicht sogar das, was wir nicht getan haben.

Dachten wir wirklich, ihre geistlichen Bedürfnisse könnten warten? Das können sie nicht.

Denkst du, dass dein Kind ohne jeden Glauben aufwächst, wenn du ihm den wunderbaren christlichen Glauben nicht vermittelst? Hast du dir schon einmal die Musik auf MTV und die Songtexte angehört, mit denen die Kindheit deines Sohnes bekritzelt wird? Hast du schon einmal Jugendliche, die in unserer Kultur aufgewachsen sind, gefragt, warum wir ihrer Meinung nach leben und was sie für den Grund und Sinn des Lebens halten? Hat es dir den Atem verschlagen, als sie „Nichts" sagten? Hast du schon einmal jemanden getroffen, der es seinen Eltern übelnahm, dass sie all seine Bedürfnisse stillten, nur die seiner Seele nicht? „Sie ließen mich verhungern", erzählte er mir. Ich versuchte, ihm zu erklären, dass seine Eltern wohl auch Hunger litten.

Hast du schon einmal erlebt, wie ein dreijähriges Kind schreiend aus einem Albtraum aufwacht? Das vergisst man nicht so schnell. Es wurde im Schlaf von Ungeheuern gejagt und instinktiv will man zu ihm hinlaufen und ihm zwei Dinge geben: Liebe und Wahrheit. „Ich bin da und halte dich." „Es gibt keine Monster." Liebe und Wahrheit. Dämmert es dir, dass deine Kinder genau das wollen und brauchen? Sie brauchen uns, Mama und Papa, die sie lieben und ihnen die Wahrheit sagen.

Ich bitte dich, dir die wundervolle Lehre Jesu über Kinder zu Herzen zu nehmen. Für Christus ist die Kindheit etwas Kostbares, das um jeden Preis behütet und beschützt werden muss. Sie ist ein kleines Zeitfenster, das uns die Möglichkeit gibt, Kindern Glauben zu vermitteln. Sie sind es, die uns den Sinn des Wortes vorleben werden. Der Glaube an Jesus, das Geheimnis und Wunder, ist keine menschliche Entscheidung oder Verpflichtung, die nur Erwachsene treffen oder eingehen können. In der Bibel gibt es keine solche Auffassung und auch kein Konzept von einem Alter der Mündigkeit – sagen wir zum Beispiel 13 Jahre –, wo die Fragen der Erlösung angeblich anfangen, für einen Menschen wichtig zu werden. Sie sind genau jetzt von Bedeutung, für deine Kinder genauso wie für dich. Wirf einen genaueren Blick auf die Kleinen. Sie sind keine Rohlinge ohne Bewusstsein, sondern kleine Seelen. Ja, sie werden in Sünde und Finsternis geboren, die wir Eltern weitergegeben haben. (Das glaubst du nicht? Dann setz einmal zwei Kleinkinder mit einem Stofftier in einen Laufstall und zieh dich zurück.) Wenn jedoch der Geist Gottes durch die Kraft der Taufe in die Herzen der Kinder kommt, entsteht rettender Glaube und Menschenkinder werden zu Kindern Gottes. In den kleinsten Kindern kann durch die Kraft des Geistes echter Glaube ebenso sicher leben wie das Erkennen von Papas Stimme und Mamas Gesicht. Der Lobpreis Gottes, der in ihnen wohnt, wird von dem Moment an zum Ausdruck kommen, in dem sie die Worte sagen können. Und die Worte „Jesus liebt mich" auf den Lippen deines Nachwuchses können ein strahlendes Licht in der Finsternis des zynischsten, allzu erwachsenen Erwachsenen sein.

Aber ich kann dich immer noch sagen hören: „Die Religion wurde mir erbarmungslos eingetrichtert, als ich ein Kind war. Das werde ich meinen Kindern nicht antun." Ich kann und will dir nicht widersprechen. Es ist gut möglich, dass dir die Religion wirklich in den Rachen gestopft wurde. Vielleicht war deine gesamte Kindheit von etwas Unbarmherzigem und Schrecklichem geprägt. In diesem Fall kann ich dir nur zustimmen. Tu deinen Kindern das nicht an. Gott sei Dank hast du das erkannt. Außerdem ist mir klar, dass du deinem Kind nicht wissentlich und gezielt das vorenthältst, was sein größtes Bedürfnis ist. Deshalb will ich dich mit meiner Antwort auch nicht an den Pranger stellen – „Lässt du deine Kinder selbst entscheiden, ob sie essen wollen?" Mit meiner Antwort möchte ich dir helfen, dieses herrliche Bild aus dem zehnten Kapitel des Markusevangeliums mit deinem Kind darauf zu malen. Stell dir vor, wie die Hand des Erlösers auf dem Kopf deines Kindes liegt und wie er gegenüber der offenherzigen Seele deines Kindes diese bedingungslose Liebe zum Ausdruck bringt: „Ich liebe dich und ich werde dich immer lieben." Danach sehnt sich jede Seele. Jetzt kann ich nur eine Vermutung anstellen, aber entspricht diese Religion, die du deinem Kind keinesfalls aufdrängen willst, in irgendeiner Weise diesem Bild? Nein? Das dachte ich mir schon.

Darf ich dir von meiner Religion erzählen? Dieser Jesus, der Kinder segnete, ist Gott selbst, der sein Herz offenbart. Aber den tiefsten Ausdruck der Liebe sehen wir, als Christus weitergeht und es ihn hin zu einem ganz bestimmten Hügel zieht. Ihn zieht alles dorthin, was du nicht hättest tun sollen, aber getan hast, und alles, was du hättest tun sollen, aber nicht getan hast. Und diese großherzige Liebe gibt dir die nötige Sicherheit, um endlich zu Gott sagen zu können: „Es tut mir leid." Denn er litt und starb für dich. Er tat dies für die Freude, die es ihm bereiten würde, wenn er auf deine Reue mit den Worten antworten kann, nach denen du dich gesehnt hast: „Ich vergebe dir." Und diese Worte kommen von dem Einen, der wirklich das Recht hat, sie auszusprechen. „Ich vergebe dir", sagt Gott mit der Endgültigkeit des Kreuzes, wo er seinen eigenen Leib und sein eigenes Blut opferte.

Seine einzige Forderung besteht darin, dass du wie ein Kind seine Worte als Wahrheit annimmst.

„Vertrau mir", sagt er. Du vertraust ihm, weil in diesem Wort der Geist Gottes wirkt und dich rettet. Er sagt: „Komm". Wenn du das tust, hast du endlich Frieden. Und auf einmal fällt dir keine Lebenslage mehr ein, die nicht besser wäre, wenn du ihn – wie ein Kind – als Wahrheit annehmen würdest.

Ist das die „Religion", die du keinesfalls eintrichtern …?

Nein? Das dachte ich mir schon.

Du willst die Entscheidung bezüglich der Religion deinen Kindern überlassen, wenn sie älter sind? Wir reden hier nicht davon, eine Voranmeldung der Kinder für bestimmte Aufgaben und Funktionen in der Gemeinde vorzunehmen. Es geht darum, mit ihnen in der Gemeinde Lieder zu singen und ihnen vor dem Schlafengehen Geschichten über Jesus zu erzählen. Wir reden über Glaubenswahrheiten, die sie immer begleiten werden, und über kleine Köpfe, die auf deinen Armen ruhen, während sich das Wort der Gnade in ihre Seelen einprägt.

„Lasst die Kinder zu mir kommen", sagte Jesus.

Hast du jemals in die Augen eines kleinen Kindes gesehen und es einfach geliebt und ihm die Wahrheit gesagt: dass Engel über ihm wachen, dass vernarbte Hände alles für es fallen ließen, dass es ein Gesicht gibt, das immer zu ihm hingewandt ist und lächelt, selbst wenn es sich schlecht benimmt?

Warst du schon einmal mit dem Auto unterwegs, abgetaucht in die Welt der bedeutungsvollen Erwachsenengedanken, als dich vom Rücksitz die Stimme eines dreijährigen Kindes in die Gegenwart zurückholte?

„Ich liebe Gott!"

„Ich auch, mein Schatz."

„Die Kirche ist doch voller Heuchler."

Jesus nennt seine Kirche eine Stadt auf einem Berg, die nicht verborgen bleiben kann. Doch in der Offenbarung des Johannes wird uns gezeigt, dass ein Erdbeben diese Stadt erschüttern wird. Ein Zehntel von ihr wird einstürzen. Damit scheint gemeint zu sein, dass es den Menschen an dem Tag, an dem die Erde bebt, nichts nützen wird, innerhalb der Stadtmauern zu sein.

Jesus erzählte einmal eine Geschichte, in der ein Fischer seinen Fang begutachtet. Im Netz tummeln sich nicht nur gute, sondern auch einige schlechte Fische. Vermischt im Netz lassen sie sich nicht auseinanderhalten. Dann wird das Netz ins Boot hochgezogen und das Sortieren beginnt.

In einem anderen Gleichnis sät ein Bauer guten Samen auf seinem Acker. Als aber die Knechte auf das Feld gehen und nach den Pflanzen sehen, finden sie auch Unkraut vor.

„Herr, wie kann das sein? Hast du nicht guten Samen auf deinen Acker gesät?"

Der Bauer begutachtet seinen Acker. Seine Hände ballen sich zu Fäusten. Tränen des Zorns quellen hervor.

„Das hat ein Feind getan."

„Sollen wir hingehen und es ausjäten?"

„Nein," seufzt er, „tut das nicht. Damit ihr nicht zugleich den Weizen mit ausrauft. Wir werden bis zur Ernte warten. Dann werden wir das Unkraut aussortieren."

(Bibelstelle zum Nachlesen: Matthäus 13,24-30 und 47-52)

Eine bröckelnde Ecke der heiligen Stadt, schlechte Fische unter den guten, Unkraut, das wie Weizen aussieht – verschiedene Arten, um das Gleiche auszudrücken. Es gibt Heuchler, die innerhalb der Mauern der sichtbaren Kirche sitzen. Es gibt diejenigen, die Raum im Gebäude einnehmen, aber nicht Teil des Leibes Christi sind. Denken wir nur an den Kreis der zwölf Jünger, den Jesus selbst um sich versammelte. Unter ihnen befand sich Judas, „einer von den Zwölfen [...], der ihn verriet"[161]. Es gibt Heuchler in der sichtbaren Kirche – diesem speziellen Einwand stimmen wir als einem Element der biblischen Lehre zu.

Deshalb sollte es nicht unter der Würde der Kirche sein, sich bei der Welt zu entschuldigen, wenn sie es versäumt hat, Christus zu repräsentieren. Dabei gibt es dazu nicht viel zu sagen, außer dass es der Kirche leidtut. Es ist beschämend, wenn wir, das Volk der Kirche, nicht voller Überzeugung auf unsere Liebe als unwiderlegbaren Beweis unserer Lehre verweisen können. Es ist eine Schande, wenn wir, der Leib Christi, unempfänglich sind für die Impulse der Demut und Gnade, die von unserem Haupt ausgehen, wenn unsere Zusammenkünfte jene Merkmale verlieren, die uns von Anfang an ausgezeichnet haben. Welche Merkmale? Die Kirche besteht aus verlorenen Söhnen und Töchtern, die sich am Festessen der Gnade erfreuen. Sie besteht aus Sündern mit zerbrochenen Herzen, für die das Wunder der Vergebung durch das Blut des Lammes nie verblasst. Stille Dankbarkeit und Erleichterung überstrahlen bei den Versammelten alle anderen Gefühle. Buße ist das Ein- und Ausatmen dieses Körpers – das immerwährende Ausatmen von aufrichtigen Schuldbekenntnissen und das Einatmen seiner Worte herrlicher Vergebung. Die Atmosphäre ist Anbetung. Was wir bei diesem Zusammensein lernen, ist Liebe.

Traurigerweise wird das nicht jeder in der nächstgelegenen Kirche vorfinden, denn nicht alle Kirchen sind gleich. Eine Kirche, deren Botschaft einzig und allein in der Aussage besteht, „Wenn du dich an diese Regeln hältst und diese Prinzipien befolgst, wird Gott dich segnen", wird tatsächlich zu einer Art „Heuchler-Fabrik". Die Menschen fühlen sich gezwungen, den Erwartungen gerecht zu werden, wohlwissend, dass sie dabei besser glücklich aussehen sollten. Wenn sie das nicht schaffen, haben sie zwei Möglichkeiten: die Kirche verzweifelt verlassen oder bleiben und so tun, als ob. Doch selbst in einer Kirche, die ihre Augen fest auf den gekreuzigten Christus richtet, gibt es Menschen, die Sonntag für Sonntag dort sitzen und nicht ernsthaft an ihn glauben. Der Fehler liegt

---

161   Matthäus 26,14+25.

sicher nicht bei Jesus oder seinem Wort, auch nicht bei der Kirche an sich. Aber wo liegt er dann?

Der Fehler liegt in dem, was wir die sündige Natur nennen. Die sündige Natur bezieht sich darauf, wie wir von Natur aus sind, sowohl diejenigen von uns, die in der Kirche sind, als auch diejenigen, die draußen bleiben. Wir alle teilen eine bestimmte, mit Dornen übersäte Gemeinsamkeit. Schauen wir zurück in den Garten Eden, wo Adam nackt vor Gott stand, nachdem er das Unentschuldbare getan hatte. Es war das erste Mal, dass ein Mensch die Erfahrung machte, die inzwischen ganz alltäglich ist: die Erfahrung, die wir als „Scham" bezeichnen. Es ist das Entsetzen über die Erkenntnis, dass du, mit einem Wort, „unannehmbar" bist. Als Adam sagte: „Ich [...] fürchtete mich; denn ich bin nackt, darum versteckte ich mich."[162], handelte er in gewisser Hinsicht wie jedermann. Er fürchtete sich aus gutem Grund davor, so gesehen zu werden, wie er ist. Seine Strategie bestand darin, sich zu verstecken, und seitdem haben wir uns immer versteckt. Schau auf die Kluft zwischen dem, wer wir wirklich sind, und dem, wie wir uns der Welt präsentieren. Unsere Masken, unsere „Fassaden", das sind die Worte und Verhaltensweisen, die wir einsetzen, um Anerkennung zu erhalten oder wenigstens Ablehnung zu verhindern. Denn wenn irgendjemand sehen würde, wie wir wirklich sind, würde er uns ganz sicher ablehnen.

Der springende Punkt ist, dass wir durch die uns allen gemeinsame sündige Natur unglaublich geschickt im Heucheln werden. Wir sind bemerkenswert berechenbar, wenn es um das größte Talent unserer gefallenen Natur geht – nämlich uns ständig in das bestmögliche Licht zu rücken. Beobachte dich selbst, wenn dich das nächste Mal jemand infragestellt. Wir sind so daran gewöhnt, so zu tun, als seien unsere wahren Absichten edel und gut, dass wir nicht einmal bemerken, dass wir es tun. Wir täuschen sogar uns selbst.

Nur persönliche Voreingenommenheit betrachtet Heuchelei als ein spezielles Problem der Kirche und nicht der Menschen an sich. Ein Element der christlichen Lehre ist, dass jeder Mensch unauf-

---

162   1. Mose 3,10.

richtig sein kann. Wenn du aber erst einmal verstanden hast, dass es da ein Problem gibt, das alle Menschen betrifft, dann bist du nicht mehr weit davon entfernt, unseren Retter zu verstehen.

Anstatt die Kirche wegen ihrer „falschen Kinder" zu verurteilen, solltest du vielmehr bedenken, dass nur in einer treuen und aufrichtigen Kirche, in der Gottes mächtiges Wort widerhallt, die Hoffnung besteht, die Masken abzulegen. Selbst wenn einige innerhalb der kirchlichen Mauern das Wort Gottes nicht beherzigen, ist doch die viel wichtigere Frage: Was ist mit denen, die es tun?

Was geschieht mit denen, die die Botschaft Christi aufrichtig annehmen?

Die raueren Worte der Bibel, die wirklich beängstigenden Worte sind dazu bestimmt, uns den Spiegel vorzuhalten, uns wachzurütteln und uns die Augen für die Krankheit der Sünde, die unkontrolliert in uns wütet, zu öffnen. Sie sollen die Blase unserer eitlen Einbildung und unseres völlig unbegründeten Überlegenheitsgefühls zum Platzen zu bringen – bis wir wie Adam dastehen und uns auf die kalte Flut von Gottes Ablehnung gefasst machen, deren Wellen über uns hinwegrollen müssten.

Was Gott stattdessen schickt, ist ... Jesus.

Das ist die Botschaft, die an unser Ohr dringt und uns umspült: „Ich vergebe dir." Unseren Platz unter Gottes gerechtem Zorn nahm Gottes eigener Sohn ein, so als ob er der Unannehmbare wäre. Er trat unsretwegen an diese Stelle, für uns, anstelle von uns. Punkt. So starb der Sohn Gottes.

Aber sieh, er lebt, und die Tore zum Paradies stehen weit offen.

Durch den Glauben daran werden wir in die gnädige Gegenwart Gottes aufgenommen, allein um Jesu willen. Wir entdecken, wie wir durch und durch erkannt und doch irgendwie genauso durch und durch geliebt werden. Diese Gnade durchdringt die Angst, die wir in uns verstecken. Die Maske fällt. Wenn wir in einer Kirchenbank unter der lebendigen Verkündigung sitzen und Gesetz und Evangelium hören, dann erkennen wir Heuchelei als die erbärmliche Dummheit, die sie ist. Es gibt weder einen Grund noch eine Notwendigkeit, weiterhin so zu tun, als ob. Wir sind, was wir sind. Jeder hier weiß es. Dann ist es zu Recht lächerlich, uns selbst so ernst zu nehmen und uns in ein vorteilhaftes Licht rücken zu wollen, und es ist seltsam befreiend, das Spiel einfach aufzugeben. In Jesus haben wir die bedingungslose Annahme durch Gott selbst. Wir haben die Liebe, die nicht verloren gehen kann, es sei denn, wir entscheiden uns dafür, wegzugehen. Gott hat uns so gesehen, wie wir sind, und sein Gesicht nicht von uns abgewendet. In Christus hat er sein Kleid der Gnade über unsere Nacktheit gebreitet. Hier gibt es Vergebung für dich genauso, wie du bist.

Das ist die Liebe Christi – die Liebe, die uns verändert. Sie allein kann das vollbringen. Ich mache nicht viel her. Aber selbst, wenn ich eine Enttäuschung für mich selbst bin, spüre ich, dass da etwas Neues in mir ruft, etwas, das Christus in mir zum Leben erweckt hat und das sich so sehr danach sehnt, freigelassen zu werden. Und eines Tages wird die Seite, die andere nicht an mir mögen und die ich selbst noch weitaus mehr verachte, einfach abfallen. Ich werde Jesus von Angesicht zu Angesicht sehen und ich werde wie er sein.

Darf ich sachte darauf hinweisen, dass es ziemlich einfach ist, in die alte Leier einzustimmen: „Die Kirche ist voller Heuchler." Ja, es gibt einige, die nur so tun, als ob. Ich kann dieses Thema jedoch nicht hinter mir lassen, ohne zu erwähnen, dass ich ein armer Mann ohne die Menschen wäre, die ich in Christus kennengelernt habe. Ich möchte nicht, dass du sie verpasst. Es lohnt sich, sie zu kennen. Sie sind gütige, christliche Menschen, die nicht meinen, irgendetwas zu sein ..., ihnen wurde einfach nur vergeben.

In einem sehr persönlichen Glaubensgespräch sagte ein Mann über die Gemeinde, die ich als Pastor betreuen durfte: „Diese Kirche ist mein Zufluchtsort." Das war sie auch für mich. Christus ist immer noch in jedem gütigen Wort eines Glaubensbruders oder einer Glaubensschwester zu finden. Wir Gläubigen begegnen einander als Überbringer der Erlösungsbotschaft. Diese herrliche Vergebung ist es, nach der wir verlangen. Wir reden über Nachrichten und Arbeit, Wetter und Sport. Und doch, um es mit den Worten Dietrich Bonhoeffers[163] zu sagen: „Gemeinschaft mit dem Andern habe ich und werde ich haben allein durch Jesus Chris-

---

163   Dietrich Bonhoeffer (1906-1945), evangelischer Pastor, Autor und Mitbegründer der Bekennenden Kirche, am deutschen Widerstand gegen den Nationalsozialismus beteiligt.

tus"[164] – das, was er für mich getan hat und was er für dich getan hat.

Eigentlich will ich damit sagen: Was ich an der christlichen Kirche am meisten liebe, ist Christus.

„Denn wo zwei oder drei versammelt sind in meinem Namen, da bin ich mitten unter ihnen."[165]

„Einer unter euch wird mich verraten", sagt Jesus zu den Zwölfen.

Aber nicht einer von ihnen zeigt auf den anderen und fragt: „Herr, ist er es?" In anderen nach Heuchelei zu suchen, ist ein zweifelhaftes Unterfangen, das wir am besten Gott überlassen. Du würdest wahrscheinlich den Weizen mit dem Unkraut ausreißen.

Die Jünger sind sich Jesu ausreichend sicher und ihrer selbst ausreichend unsicher, dass ein jeder von ihnen fragt: „Herr, bin ich's?"[166]

Sie haben Angst vor sich selbst, vor ihrer eigenen Natur und davor, wozu sie fähig sind. Sie schauen zu Jesus: „Lieber Herr, wenn ich es bin, vergib mir. Hol mich zurück." Bei all den Dingen, die diese Männer falsch verstanden haben, scheint mir, dass sie diese Sache richtig verstanden haben.

164 Bonhoeffer: *Gemeinsames Leben*, S. 22.
165 Matthäus 18,20.
166 Matthäus 26,22.

„Wo bleibt denn da die Toleranz?"

Nachdem er in einem Film Jesus Christus ge-
spielt hatte, beschrieb Bruce Marchiano, wie es
war, in diese Rolle zu schlüpfen. Eine Szene wurde auf einem
überfüllten Markt gedreht. Der Schauplatz hätte irgendeine der Küstenstädte im alten Galiläa sein können, in denen
Jesus einst unzählige Wunder wirkte. Still stand der Schauspieler inmitten einer regen Schar von Statisten, umgeben
von Hunderten anderer Schauspieler, allesamt gekleidet wie
die vielen unbekannten Menschen jener vergessenen Orte –
Betsaida, Chorazin, Kapernaum. Es kostete Marchiano große
Konzentration und Anstrengung, „in der Rolle" zu sein und sich
vorzustellen, was Jesus in einer solchen Menge sah. Jesus sah
keine Menge. Für ihn gab es keine Statisten. Jesus sah jede
Person.

In dem Drehbuch, das wortwörtlich aus dem Matthäus-
evangelium übernommen worden war, gab es einen ziemlich heiklen Abschnitt mit dem Titel „Jesu Weheruf über galiläische Städte". Der Text, den er als Jesus Christus zu sprechen
hatte, ging Marchiano durch den Kopf, während die Aufnah-
me vorbereitet wurde.

„Und du, Kapernaum, wirst du bis zum Himmel erhoben werden? Du wirst bis in die Hölle hinuntergestoßen werden. [...]
Doch ich sage euch: Es wird dem Land der Sodomer erträg-
licher ergehen am Tage des Gerichts als dir."

Auf einmal verlor der Schauspieler die Fassung, als er den
Sinn der Worte begriff. Es war, als würde ihn ein furchtbares
Meer überrollen, ein unvorstellbar großer Kummer, ein außer-
ordentlich tiefer Schmerz.

„Oh, Kapernaum, nein! Nicht du!"

Kennst du den Charakter von Jesus? Hast du das elfte
Kapitel des Matthäusevangeliums gelesen? Als unzählige
Menschen seine Wunder sahen, als sie ihn sahen und trotz-
dem vorgaben, von alldem nichts mitzubekommen, war der

durchdringende Schrei eines aufgewühlten Propheten zu vernehmen:

„Wehe euch!"

Das zeugt nicht gerade von Toleranz, oder?

Ein toleranter Jesus hätte etwas Nettes gesagt und wäre weggegangen. Ein toleranter Christus hätte nicht diese drängenden Fragen aufgeworfen, so wie er es tat. Ein nachsichtiger Herr hätte sich gedacht: „Macht doch, was ihr wollt. Was hat das mit mir zu tun?" Denn ist es nicht so, dass hinter Toleranz eigentlich oft Gleichgültigkeit steckt? Doch das, meine lieben Freunde, ist nicht Jesus.

„Oh nein, Welt! Nicht du!"

(Bibelstelle zum Nachlesen: Matthäus 11,20-24)

Ich war zu einer Diskussionsrunde an einer Hochschule eingeladen worden, um über „Safer Sex" zu sprechen. Die Moderatorin hatte uns versichert, dass alle Ansichten toleriert werden würden. Und da beging ich einen Fehler.

Ich glaubte ihr.

Ich versuchte, das Thema behutsam in einen moralischen Kontext einzubetten. „Ich persönlich glaube, dass Sexualität ein wundervolles Geschenk Gottes ist und für bestimmte Zwecke da ist, die noch nicht erwähnt wurden ..." Und daraufhin fand im Namen der Toleranz der bösartigste verbale Angriff statt, dem ich als sanftmütiger Christ je ausgesetzt war.

Toleranz ist ein schönes Wort, wenn es um Dinge abseits von Moral geht – deine Hautfarbe, den köstlichen und geheimnisvollen Geschmack deiner Kultur und Herkunft, die Art und Weise, wie deine und meine Geschichte uns ganz unterschiedlich beeinflusst und geprägt hat. All diese Dinge sind wertvoll für mich. Dass du anders denkst als ich, fasziniert mich so wie ein offenes Fenster. Ich möchte wissen und sehen, wer du bist. Warum sprechen wir nicht alle geradeheraus, hören einander geduldig zu und kommen miteinander aus?

Es gibt jedoch moralische Themen wie etwa diejenigen rund um den Wert des menschlichen Lebens, die Familie und die menschliche Sexualität. An dieser Stelle ergibt unser Reden über Toleranz keinen Sinn mehr. Du sagst: „Wer bin ich, mir ein Urteil zu erlauben?" Aber hör einmal in dich hinein, wenn du von jemandem betrogen wurdest. Die moralische Uneindeutigkeit löst sich in Rauch auf und du verrätst dich.

„Wie kann er es wagen, mir das anzutun!"

Im echten Leben verspüren wir moralische Empörung, wenn Toleranz durch ehrliche Abscheu ersetzt wird. Wörter wie „sollte nicht" und „falsch" sind nicht so leicht aus unserem Wortschatz zu verbannen. Schließlich verlieren wir, wenn wir gar nichts mehr schlechtheißen, auch die Möglichkeit, etwas gutzuheißen – zum Beispiel Integrität oder Mut – oder zumindest die Möglichkeit, es dann tatsächlich so zu meinen. Solche Tugenden in Ehren zu halten, wirft kein gutes Licht auf Lügner und liebenswürdige Feiglinge.

Aber halt. Bei Jesus dreht sich doch alles um Vergebung und Toleranz?

Vergebung, ja. Toleranz, nein. Diese Worte sind meilenweit voneinander entfernt.

Wenn du dir Jesus als kuscheligen Bilderbuch-Charakter vorstellst, der immer nur Nettes sagt, irrst du dich. Natürlich ist seine Sanftmut Sündern gegenüber legendär. Aber lies die Evangelien und du wirst auch einem Jesus begegnen, dessen Entschiedenheit gegenüber Sündern dich sprachlos zurücklässt. Er ist der reine Ausdruck von Gottes eigenem Charakter. Er verkörpert gleichermaßen Liebe und Heiligkeit und trug beides in gleicher Vollendung und Ausprägung in sich. Er kann nicht sagen, dass wir ihn nicht kümmern, und auch nicht, dass es ihn nicht kümmert, was wir tun, und trotzdem Jesus sein. In Chestertons Metapher ist Jesus ein leuchtendes Purpurrot neben einem blendenden Weiß und kein schlechtgemischtes Rosa.[167]

Wenn wir für jedes nur erdenkliche Verhalten auf Toleranz bestehen, irren wir uns in Bezug auf Gott in beiden Punkten. Hast du erst einmal den Gott erkannt, der unendlich viel heiliger ist, als du begreifen kannst, wirst du verstehen, dass er auch unendlich viel

---

167   Vgl. Chesterton: *Orthodoxie*, S. 189.

mehr Liebe in sich trägt, als dir bewusst war. Er hat einen Weg gefunden, um gleichzeitig sowohl der härteste Richter als auch der sanfteste Erlöser zu sein, und beides davon in einem unvorstellbaren Ausmaß.

Gott ist zuallererst ein loderndes Feuer vollkommener Gerechtigkeit. Ich frage mich, wie viele Einwände gegen das Christentum sich einfach aus dem Versagen ergeben, dem Schrecken, menschlicher Sünde und ihren Folgen ins Auge zu blicken. Wir sehen uns das jüngste Beispiel menschlicher Verderbtheit in den Abendnachrichten mit herzlich wenig Einsicht an: Wir Menschen sind alle aus demselben Holz geschnitzt. Was bei anderen nicht stimmt, stimmt auch bei uns nicht. Wir sind die widerspenstige, immer noch fallende Spezies. Wenn wir das erkennen, verstehen wir, warum die Heiligkeit eines gütigen Gottes einen Aufschrei ausstieß, den er durch die Propheten des Alten Testaments verkündigen ließ. Gott wird die gesamte Menschheit an einem einzigen schrecklichen Ort versammeln, um sie zu verdammen und zu vernichten.

Wo ist die Liebe?

Wer hätte sich vorstellen können, dass dieser „eine schreckliche Ort" der Körper und die Seele seines eingeborenen Sohnes sein würde? Die Kreuzigung Jesu Christi, des Sohnes Gottes, bedeutete einen unvorstellbaren Tausch. „Denn er hat den, der von keiner Sünde wusste, für uns zur Sünde gemacht."[168] Das Kreuz Christi ist der Ort, an dem die Menschheit gleichzeitig gerichtet und gerettet wurde, den Tod und das Leben empfing, absolut verdammt und noch hingebungsvoller geliebt wurde. Strafende Empörung als Gottes einzig mögliche Antwort auf die menschliche Verderbtheit und sein noch tieferer Drang, uns zu vergeben und zu retten, trafen in der Kreuzigung seines eingeborenen Sohnes aufeinander.

Wer kann begreifen, dass es der heilige Gott war, der zugrunde ging und sein Leben ließ, als die sündige Menschheit und ihr heiliger Gott aufeinandertrafen? Doch zuerst rief er: „Es ist vollbracht!"[169] Das ist nicht die kraftlose Stimme der Toleranz – Was interessiert es mich, was du tust oder was du bist? –, sondern der

---

168   2. Korinther 5,21.
169   Johannes 19,30.

atemberaubende Klang der Vergebung, der vollkommenen und frei erhältlichen Vergebung für die ganze Welt.

Wenn ich über Themen entlang der kulturellen Spaltung schreibe – über Scheidung, Abtreibung, außerehelichen Sex, Homosexualität – und sie als böse bezeichne, sagst du: „Ist Gott nicht ein Gott der Vergebung?" Meinst du das ernst? Wünschst du dir Vergebung? Erkennst du solche Dinge als die Sünden an, die du persönlich verabscheust? Wünschst du dir sowohl Gottes Gnade als auch seine Hilfe, um die Sünde zu überwinden? Dann habe ich richtig gute Neuigkeiten für dich. Ich antworte mit einem eindeutigen „Ja, Gott vergibt" und sage: „Lass uns weiter über Jesus sprechen."

Es ist aber Heuchelei, Anspruch auf einen barmherzigen Gott zu erheben, ohne zuzugeben, dass du gerade diese Barmherzigkeit brauchst. Gott ist auch heilig. „Schrecklich ist's, in die Hände des lebendigen Gottes zu fallen."[170] Das ist eine Seite von Gott, auf die du eines Tages treffen wirst, wenn du nicht Buße tust. Eine beängstigende Vorstellung.

Macht es mir Spaß, das zu schreiben? Mein lieber Freund, was soll ich dir sagen? Es macht keine Freude, den Propheten zu spielen und derjenige zu sein, der wache und sehende Augen hat, der der Welt dabei zuschaut, wie sie weiterhin die Welt ist, und dem zum Weinen zumute ist. Ich sehe die Opfer der scheinbar opferlosen Vergehen der Gesellschaft. Immer wieder entstehen aus unverbindlichem Geschlechtsverkehr Kinder, die ihre Väter nie kennenlernen werden. Erwachsene verbreiten weiterhin einvernehmlich tödliche Krankheiten untereinander. Mütter wählen immer wieder den Tod für ihre ungeborenen Kinder, während sich leere Arme nach Kindern sehnen. Menschen, die ihr Leben gelebt haben, werden an der Tür zur Ewigkeit todbringende Medikamente und nicht mein lebendiger Jesus angeboten.

Das sind Szenen der Tragödie entlang des rutschigen Abhangs, an dessen Ende sich eine sehr reale Hölle befindet.

Doch es gibt einen besseren Weg.

---

170   Hebräer 10,31.

„Folge mir nach", sagte der lächelnde Christus „und sein Angesicht leuchtete wie die Sonne".[171]

Christen sind dazu berufen, gemäß seinem inspirierten Wort für ihn zu sprechen. Ich darf nicht die Art Christ sein, die du billigst, der freundliche Feigling, der es nie wagt, dich auf deinem Weg in die Katastrophe zu stoppen.

Ich soll dich dazu bringen, die schwierigeren Inhalte der Heiligen Schrift so zu hören, wie sie gemeint sind. Ich soll Menschen dazu bringen, das Gesetz so zu hören, als ob es kein Evangelium gäbe. Mach dir nur einmal die Heiligkeit Gottes ohne ein gedankenloses „Ja, aber er vergibt" bewusst. Wie ein kleines Mädchen einmal sagte: „Weißt Du, Jesus hätte nicht kommen müssen."

Sie hat Recht. Er hätte nicht kommen müssen.

„Nur wer sündigt, der soll sterben"[172], spricht der Herr. Diese Wahrheit wendet den Blick nicht von dir. Zeig mir bitte wenigstens einen Schimmer von Anerkennung.

Und ich werde dir das Evangelium sagen, als gäbe es kein Gesetz, denn das Gesetz wurde ans Kreuz geschlagen.

Ich werde dir bedingungslose Gnade entgegenstrecken.

Ich werde dir Jesus zeigen.

Ein junges Mädchen erzählte mir: „Meine Eltern interessiert es nicht, was ich mache." Das schien ihr zu gefallen. „Es interessiert sie nicht, wo ich hingehe. Es interessiert sie nicht, wann ich nach Hause komme." Aber sie hatte eine Traurigkeit an sich, als ob ihr die Wahrheit doch schon langsam bewusst wurde.

„Meinen Eltern … ist es egal."

Gott ist nicht so. Kein bisschen.

Ihn interessiert es, was du tust, was du bist und was aus dir wird.

Weil er sich für dich interessiert.

Mehr als du denkst.

---

171 Matthäus 17,2.
172 Hesekiel 18,20.

„Bei all den Auffassungen und Religionen, wer kann da schon wissen, was wirklich wahr ist?"

Unweit der nördlichen Grenze Israels eröffnet der majestätische Gipfel des Bergs Hermon eine grandiose Aussicht auf das Gelobte Land. Jesus und seine engsten Jünger – Petrus, Jakobus und Johannes – stiegen zu dieser Stelle hinauf, die er ausgewählt hatte.

Er wollte ihnen etwas zeigen.

So wie die Sonne plötzlich einen Weg durch die Wolkendecke findet, so brach die Herrlichkeit aus seinem menschlichen Gesicht hervor. Sein Gewand wurde „hell und sehr weiß". Die Schechina-Wolke – das Zeichen der Gegenwart des allmächtigen Gottes während der Wanderschaft des Volkes Israel in das Gelobte Land – umfing sie alle. Zum zweiten Mal offenbarte sich ihnen Gott der Vater.

„Das ist mein lieber Sohn; den sollt ihr hören!"

Jesus zeigte seinen Freunden, wer er ist, und gab ihnen damit etwas, woran sie sich erinnern konnten, wenn sie ihn sterben sahen. Es handelte sich um eine Kombination von Ereignissen – Christus wirklich zu sehen und ihn ebenso wirklich am Kreuz zu sehen –, mit der Petrus nie so ganz fertigwerden sollte.

Es gab allerdings einen interessanten Moment, nachdem sich die Herrlichkeit wieder in der menschlichen Hülle verborgen hatte. Das Gesicht von Jesus sah wieder wie ein gewöhnliches Gesicht und sein Gewand wieder wie ein gewöhnliches Gewand aus. Als sie vom Berg hinabstiegen, „gebot ihnen Jesus, dass sie niemandem sagen sollten", wovon sie gerade Zeugen geworden waren, bis er „auferstünde von den Toten".

An dieser Stelle bekommen wir einen Einblick in die Sichtweise von Petrus, Jakobus und Johannes, die darüber diskutierten, was „von den Toten auferstehen" wohl bedeuten könnte. Sie kratzten sich am Kopf und suchten nach einer Auslegung für diese tiefgründigen, dunklen, geheimnisvollen Worte.

„Ich werde gekreuzigt werden." – Ich frage mich, was er meint.

„Ich werde getötet und begraben werden." – Was denkst du, worauf er hinauswill?

„Am dritten Tag werde ich auferstehen." – Tut mir leid, Jesus, aber ich komme nicht mehr mit.

So ist es gewesen. Das Licht schien in die Dunkelheit, sodass die Nacht wie der Tag war, aber die Dunkelheit konnte es einfach nicht verstehen.

(Bibelstelle zum Nachlesen: Markus 9,2-10)

Ein Gast aus dem Publikum machte den Fehler, seinen Satz mit den Worten „Die Bibel sagt ..." zu beginnen. Oprah Winfrey[173] reagierte ungewöhnlich schroff: „Ich tue nicht so, als ob ich wüsste, was dieses Buch bedeutet." Das ist ein einfaches Mittel, um ein Gespräch über spirituelle Dinge scheitern zu lassen, sollte sich das Gespräch zu sehr an die Substanz heranwagen. „Das ist Ihre Auffassung. Andere Menschen, die genauso sachkundig sind wie Sie, sehen es anders." Das christliche Lager steckt so voller Meinungsverschiedenheiten, dass es nur allzu bequem wird, das Christentum ganz und gar abzulehnen. Wer kann wissen, was davon richtig ist?

Die Diskussion über die Auslegung der Bibel ist wichtig und die Frage „Wie kann ich wissen, dass deine Auffassung auch das ist, was die Bibel aussagt?" ist berechtigt. Tatsächlich bedarf jede menschliche Sprache von Natur aus der Interpretation. Wir sind sehr gut mit dem Denkvorgang vertraut, der an uns gerichteten Kommunikation Bedeutung zuzuweisen. Mehr oder weniger unbewusst fragen wir uns ständig, was der Sprecher oder Autor beabsichtigt. Beschweren wir uns deshalb darüber, dass die menschliche Sprache hoffnungslos unklar und der Mühe nicht wert ist? Wohl kaum.

---

173 Oprah Winfrey (*1954), US-amerikanische Talkshow-Moderatorin, Fernsehproduzentin, Schauspielerin und Unternehmerin.

Hätten wir keine Worte, was bliebe uns dann noch groß, um unseren Hunger danach zu stillen, uns miteinander zu verbinden, und einander das, was wir erleben und empfinden, mitzuteilen? Wir werden weiterhin Worte verwenden und auch weiterhin erwarten, dass andere uns gut genug verstehen.

Es ist keine unsinnige Vorstellung, dass Gott, der uns dazu geschaffen hat, mit Worten zu kommunizieren, auch mit Worten zu uns spricht. Es gibt mit Sicherheit viele Menschen in dieser Welt, „die ihr eigenes Wort führen und sprechen: ‚Er hat's gesagt.'"[174] Sie sollten sich schämen. Aber nur weil es solche Missbräuche gibt, lässt sich noch lange nicht leugnen, dass manche Worte wirklich göttlich sind. Aus Gottes tiefem Wunsch heraus, von uns in seiner großen Gnade erkannt zu werden, sprach er auf eine Weise zu uns Menschen, die wir verstehen können – in Worten. Im Kern geht es darum, dass du die Auslegung der Bibel nicht als eine Art geheimnisvolle Kunst betrachten solltest, die an sich keine Gemeinsamkeiten mit deiner tagtäglichen Praxis der Sprachdeutung hat.

Die Tatsache, dass sich Gott auf die Stufe von uns Menschen herabbegeben hat, um mit uns durch menschliche Sprache zu kommunizieren, ist nicht als Einladung zu der Denkweise „Was auch immer es für dich bedeutet", sondern zum genauen Gegenteil zu verstehen. Wir sollen unaufhörlich Fragen über die biblische Offenbarung stellen. Was will Gott durch die menschlichen Schreiber sagen, die „getrieben [wurden] von dem Heiligen Geist"[175]?

Ist dieser oder jener Teil der Bibel bildlich oder wörtlich, symbolisch oder direkt zu verstehen? Oft bitte ich die Menschen, die sich an solchen Fragen stören, alltägliche Beispiele dafür zu finden. Wann war das letzte Mal, dass jemand mit dir geredet hat und du dich anschließend gefragt hast, ob seine Worte bildlich oder wörtlich gemeint waren? Ich nehme an, das gibt es, aber nicht sehr oft. Auf ähnliche Weise verhält es sich mit der Bibel. Solltest du es wagen, sie tatsächlich zu lesen, findest du dort Sätze wie diesen: „Der Sünde Sold ist der Tod; die Gabe Gottes aber ist das ewige

---

174   Jeremia 23,31.
175   2. Petrus 1,21.

Leben in Christus, Jesus, unserm Herrn."[176] Was gibt es da zu ent-
schlüsseln? Es ist ganz klar.

Das ist möglicherweise das eigentliche Problem der Menschen.
Mark Twain[177] wird die Aussage zugeschrieben, dass ihn nicht die-
jenigen Stellen in der Bibel beunruhigen, die er nicht versteht, son-
dern diejenigen, die er versteht.[178] Ich gebe bereitwillig zu, dass die
Bibel einige Fragen offenlässt, doch dabei handelt es sich nicht um
die zentralen Fragen. Und die allumfassende Botschaft von Got-
tes Wort lässt sich nicht ernsthaft anzweifeln. Eine Ablehnung wie
„Das ist doch nur deine Auffassung" kann eine schlecht getarnte
Ablenkung von der klaren Bedeutung der Worte sein, eine gottlose
Nebelwand, hinter der sich einfacher Unglaube verstecken will.

Die Worte sind nur allzu deutlich. Die Menschen weigern sich,
ihnen zu glauben.

Angenommen, deine Frage nach der Deutung ist ehrlich gemeint, können wir über das ernsthafte Studium der biblischen
Auslegung, die Hermeneutik, sprechen. Wir können bestimmte
Grundsätze der Auslegung ableiten, die verantwortungsvoll mit
dem Wort Gottes umgehen, so wie es ihm gebührt. Das erste und
beste Beispiel dafür ist der absolut sinnvolle Grundsatz, die Bibel die Bibel auslegen zu lassen. Prophetische oder symbolische
Verse oder auch Verse, die mehrere Deutungen zulassen, werden
im Licht von einfachen und glasklaren Versen verstanden. Es wird
sehr darauf geachtet, dass kein Argument der ausgewiesenen Lehre nur an einem oder zwei schwierigen Versen hängt. Jedes einzelne Thema wird auf das Gründlichste untersucht, indem alle dafür
relevanten Verse aus der gesamten Bibel zusammengestellt werden, sodass all diese Verse als eine Einheit sprechen können. Auf
diese Weise wollen wir Gott die Möglichkeit lassen, sein eigener
Ausleger zu sein. Was uns anbelangt, so sollte es unser Bestreben

---

176   Römer 6,23.
177   Mark Twain, eigentlich Samuel Langhorne Clemens (1835-1910), US-amerikanischer Schriftsteller, Verleger und Unternehmer, bekannt für die Abenteuer-
erzählungen über Tom Sawyer und Huckleberry Finn.
178   Die Zuschreibung erfolgte erstmals in der Zeitung *Watertown Daily Times*
vom 6. Februar 1915.

sein, dem einzigen, einfachen Sinn eines jeden Satzes zu glauben, den er uns aus Gnade in seinem heiligen Wort offenbart hat.

Natürlich kann ein von Feindseligkeit erfüllter Leser an jeder Ecke der Bibel einen Streit anfangen und absichtlich eine beliebige Anzahl von Versen auf eine Weise interpretieren, die die Bibel als ein Chaos aus Widersprüchen erscheinen lässt. (Das kann man übrigens mit jedem x-beliebigen Gespräch machen, wenn man möchte, obwohl man sich damit nur selbst schadet.) Mit einer bescheideneren Geisteshaltung, einer Haltung des bereitwilligen Lernens und Empfangens, wirst du entdecken, dass sich dieselbe Bibel auf eine Weise lesen lässt, die dir die Schlüssigkeit vom ersten Buch Mose bis zur Offenbarung des Johannes vor Augen führt. Aber nicht einmal das zu tun, es der Bibel nicht einmal zu erlauben, mit ihrer unheimlichen, beunruhigenden, tröstenden Stimme zu dir zu sprechen, lässt sich damit vergleichen, alle Lichter auszuschalten, die Jalousien herunterzulassen, die Post nicht zu öffnen, keine E-Mails oder Textnachrichten zu lesen und sich nicht zu trauen, ans Telefon zu gehen.

Und wenn du mich fragst: „Aber sag mal, nimmst du die Bibel tatsächlich beim Wort?", so als müssten wir es inzwischen alle besser wissen, antworte ich dir mit Ja. Unter der Bezeichnung „beim Wort nehmen" verstehe ich Folgendes: Die wortwörtliche Auslegung versteht die Bibel so, wie sie in einem bestimmten Kontext ganz einfach verstanden werden will. Indem wir jede Bibelstelle für bare Münze nehmen, indem wir Sätze in ihrem Zusammenhang untersuchen, indem wir die Bedeutung der Worte gemäß ihrer Verwendung und die grammatikalischen Konstruktionen, in denen sie aufzufinden sind, bis ins letzte Detail ergründen, suchen wir immer nach der vom Verfasser beabsichtigten Bedeutung. (Bitte beachte dabei den Unterschied zwischen diesem Gebrauch des Begriffs „wörtlich" und dem Buchstabenglauben. Damit will ich sagen: Mir ist natürlich klar, dass die biblischen Autoren an unzähligen Stellen Gleichnisse, poetische Bilder und anschauliche Vergleiche verwenden.) Was aus der wörtlichen Auslegung hervorgeht, ist ein verblüffend klares Buch über die Erlösung in Jesus Christus.

Warum gibt es dann so viele Glaubensrichtungen? Drei Dinge sind über die verschiedenen christlichen Lager festzuhalten.

Erstens: Beachte, dass bei starken Unterschieden zwischen den einzelnen Lehren diese nicht von einer vermeintlichen Uneindeutigkeit der Bibel herrühren, sondern daher, dass jede Glaubensrichtung unterschiedliche Auffassungen davon hat, inwieweit die Botschaft der Bibel wörtlich und ernst zu nehmen ist. Die Bibel nimmt für sich in Anspruch, ein eindeutiges Buch, „meines Fußes Leuchte und ein Licht auf meinem Wege"[179] zu sein. Wenn aber eine theologische Theorie meint, die Bibel mit menschlichem Verstand, menschlicher Tradition oder Erfahrung gleichzusetzen und damit ein Gegengewicht bilden zu können, kommt sie zu einem anderen Ergebnis, als wenn ich die Bibel als einzige unfehlbare Quelle der Wahrheit für sich stehen lasse. Darüber hinaus kann jeder Vers der Schrift eine Trennung der Wege verursachen, wenn ein Christ seine beabsichtigte Bedeutung akzeptiert, während der andere sie aufgrund persönlicher Voreingenommenheit und theologischer Ansichten zurückweist. All dies ist ein menschliches Problem – wir suchen andere Lichter, die uns leiten. Genauer gesagt ist es ein geistliches Problem – wann werden wir ihm vertrauen? Die Probleme, die in diesem Kapitel angesprochen werden, liegen immer in uns selbst begründet und nie in dem fehlerlosen Wort Gottes.

Zweitens: Bitte behaupte nicht, dass die Unterschiede zwischen den Glaubensrichtungen Streitigkeiten über Belangloses sind. Gibt es Gnade für meine kleine Tochter in diesem schlichten Wasser und Wort, das die heilige Taufe ausmacht? Widersprich meinem freudigen Ja, wenn du nicht anders kannst, aber behaupte nicht, dass es keine Rolle spielt. Nur wenige Dinge werden in ihrem Leben eine so große Rolle spielen. Unter den vielleicht kleinlich erscheinenden Meinungsverschiedenheiten zwischen den Kirchen verbergen sich Fragen von tiefer geistlicher Bedeutung. So bleibt der „gekreuzigte Christus", die Botschaft, dass dieses Geschenk so völlig kostenlos sein konnte bzw. musste, dem menschlichen Verstand ein Dorn im Auge, weshalb es menschlichen Ideen auch so einfach gelingt, in die Versammlungen von Christen einzudringen.

---

179 Psalm 119,105.

Rettung, die es allein aus Gnade, allein durch den Glauben gibt, entgleitet dem menschlichen Verstand so leicht, wenn das Wort Gottes entwischt. Stets und ständig werden der bedingungslosen Gnade Bedingungen angehängt. Wenn diese hinzugefügten Bedingungen als das gesehen werden, was sie sind, besteht ehrbares und allen Zuhörern zum Segen gereichendes Handeln in der höflichen Meinungsverschiedenheit. Was das betrifft, steh auf und schrei, wenn das nötig ist, um Christus bekannt zu machen.

Drittens: Lass nicht blauäugig die „schlicht überwältigende Einheit"[180] des Christentums auf der ganzen Welt und über all die Jahrhunderte hinweg außer Acht. Es gibt zwar Unterschiede zwischen den christlichen Gruppen, aber richte dein Augenmerk auf den weiten und wundervollen gemeinsamen Grund, den all diejenigen teilen, die jemals die Bibel als das anerkannt haben, „was Gott geredet hat"[181]. Mit anderen Worten: Zweifle nicht daran, dass die Heilige Dreieinigkeit, die wahre Göttlichkeit Christi und seine uneingeschränkte Menschlichkeit, sein Sühnetod am Kreuz, seine Auferstehung von den Toten und die Vergebung der Sünden eindeutig geoffenbarte Wahrheiten sind, und zwar für all diejenigen, die Gottes Buch aufschlagen und für bare Münze nehmen.

„Und ihr tut gut daran, dass ihr darauf achtet als auf ein Licht, das da scheint an einem dunklen Ort."[182]

Es stimmt, die Bibel erfordert Auslegung. Aber ist dir schon einmal in den Sinn gekommen, dass das Leben selbst viel mehr davon verlangt? Unter Fragen kommen weitere Fragen hervor, während wir mühevoll darum kämpfen, Scham, Leid und Tod ihre wahre Bedeutung zuzuordnen. Wir wissen nicht, was das Leben bedeutet, bevor Gott nicht unsere Dunkelheit durchbricht.

„Das ist mein lieber Sohn, an dem ich Wohlgefallen habe; den sollt ihr hören!"[183]

---

180   Lewis: *Ich erlaube mir zu denken*, S. 204. Dafür und für andere Gedanken in diesem Buch bin ich C. S. Lewis sehr zu Dank verpflichtet.
181   Römer 3,2.
182   2. Petrus 1,19.
183   Matthäus 17,5.

Alles war vorbereitet im Raum. Alle Türen waren verschlossen und Jesus stand lebendig und wohlbehalten vor ihnen und sagte: „Fürchtet euch nicht."

Genau das meinte er mit „von den Toten auferstehen". Petrus, Jakobus und Johannes sahen endlich das Licht. Sie sahen die einzige Hoffnung, den einzigen Frieden und die einzige Freude, als sie Jesus lebendig vor sich sahen.

Genau das meinte er.

DIE PASSION UNSERES HERRN

„Religion ist eine Krücke für die Schwachen."

Hast du deinen Vater jemals weinen sehen, als du ein Kind warst? Hast du mit großen Augen beobachtet, wie seine Schultern zuckten und er seine Hände vors Gesicht schlug? Das war zutiefst beunruhigend, so wie ein Erdbeben. Das, was unerschütterlich war, der Boden unter deinen Füßen, wurde erschüttert. Dieser Anblick, dieses Gefühl herrschte in den Evangelien, als Jesus sich auf den Tod vorbereitete, als der Eine, der alles zusammenhält, auseinanderzubrechen schien. Woher kommt diese Brüchigkeit in Gottes Stimme?

„Meine Seele ist betrübt", so etwas sage ich, aber doch nicht Gott. Und die Worte spiegeln sich in den Augen wider, die alles Schreckliche sehen, in diesen bekümmerten, traurigen Augen.

„[Ich bin] betrübt bis an den Tod. Bleibt ... bei mir!"

Seit seiner Geburt in Bethlehem wirkte Jesus nicht mehr so klein wie an diesem Tag. Als er sich auf den Tod eines Schwächlings an einem erniedrigenden Kreuz vorbereitete und unaussprechlich allein war, schien er sich tatsächlich auf Menschen wie Petrus, Jakobus und Johannes zu stützen.

Aber täusch dich nicht. Es handelte sich um unsere Schwäche und er fand einen Weg, sie auf sich zu nehmen. Es war unser Bangen angesichts furchtbarer Dinge wie Tod und Hölle – Dinge, mit denen kein Mensch zurechtkommt –, das ihn zunichtewerden ließ.

Er hätte den ihm bevorstehenden Schmerz vollkommen mühelos wegschieben können. In jedem Augenblick dieses Tages wäre es ihm ohne Weiteres möglich gewesen, die in ihm verborgene Herrlichkeit zu enthüllen – nach dem ersten Peitschenhieb ..., nach dem einundzwanzigsten ..., als ein Soldat den ersten Nagel hielt ... und mit dem Hammer ausholte ..., in jedem Augenblick.

Aber was wäre dann aus uns geworden?
Die Schwäche Christi ist die Beherrschung einer Macht, die unsere kühnsten Träume übersteigt. So sieht es aus, wenn Gott uns die vor Kraft strotzende, mächtige Liebe schenkt, mit der er uns liebt. Der Eine, der die Macht hat, zwölf Legionen Engel zu seiner sofortigen Verteidigung zu rufen, hat noch etwas viel Spektakuläreres auf Lager.
Die Macht, es *nicht* zu tun.
(Bibelstelle zum Nachlesen: Matthäus 26,36-38)

George Carlin[184] war einmal in der Talkshow „Larry King Live" zu Gast und erklärte, das Christentum sei nur eine Krücke und im Grunde eine reine Erfindung für schwache, armselige Menschen. Ein ziemlich streitbarer Komiker steht außerhalb des Mysteriums – des einzigen Friedens und der einzigen Hoffnung, die ich je gekannt habe – und verkündet der Welt, dass er, George Carlin, bis in das Innerste des Rätsels vorgedrungen, dem Geheimnis auf den Grund gegangen ist und uns alles „ganz genau" berichten kann. Scheinbar besitzt er die Allwissenheit, mir mein eigenes Denken und den wahren Grund, warum ich glaube, zu erklären.

Ich *muss* glauben, weil ich schwach bin.

Darf ich zunächst einmal anmerken, dass viele Einwände gegen das Christentum überhaupt keine Einwände im eigentlichen Sinn sind? „Religion ist eine Krücke für die Schwachen" ist ein Seitenhieb, der völlig am Thema vorbeigeht. (Es gibt noch andere Beispiele: „Du bist Christ, weil du da hineingeboren bist und es dir eingetrichtert wurde. Wärst du hinduistisch erzogen worden, wärst du Hindu." Genauso gut könnte ich sagen, dass dir die Religion des Säkularismus eingetrichtert wurde, besonders wenn du aus derselben Kultur wie ich kommst.) Damit will ich nur sagen, dass das Gegenargument häufig nicht Teil der vorgebrachten Argumentation ist. So weicht Carlin der zentralen Frage aus, die aufgeworfen wird durch die unglaubliche Beschaffenheit unserer

---

184   George Denis Patrick Carlin (1937-2008), US-amerikanischer Schauspieler, Autor und Komiker.

Welt, das Wunder ihrer Existenz, die tragische Natur der Menschheit, das Phänomen der Bibel, das ohrenbetäubende Zeugnis aus der Zeit und dem Leben Jesus, die natürlichste Auslegung aller historischen Daten, die uns zur Verfügung stehen, die Einzigartigkeit von Christus selbst als die beherrschende Macht hinter der größten Bewegung der Geschichte und so weiter und so fort. Und weder er noch sonst jemand kann einen antitheistischen Entwurf präsentieren, der all das besser erklären kann als der Glaube.

Was ist die eigentliche Frage, die so vorsichtig umgangen wird, wenn du sagst: „Religion ist eine Krücke für die Schwachen." Ist das Christentum wahr?

Ein Mann, der die Erfahrung von Millionen als großen Witz abtun will, greift zur vernichtendsten Waffe, die er finden kann: Er verspottet die Tatsache, dass dieser Glaube schwachen Menschen seit zweitausend Jahren Kraft gibt. Es ist bemerkenswerterweise genau das, was wir vom Glauben erwarten würden, wenn er *wahr* wäre!

Ich werfe noch einmal einen genaueren Blick auf George Carlin, und obwohl er darauf aus ist, mir alles zu rauben, was ich wirklich mein Eigen nennen kann, verraucht meine Wut. Er wird nicht jünger. Für den Mann, der Larry King fragte: „Warum können wir uns nicht über Christen lustig machen?", werden sich die Fragen mit der Zeit ändern. Es ist einfach so, dass es trotz all seiner vorgetäuschten Furchtlosigkeit Dinge in dieser Welt gibt, mit denen er nicht zurechtkommt. Mit denen niemand von uns zurechtkommt. In Suchtkliniken und Leichenhallen, in Pflegeheimen und Bestattungsinstituten lassen sich genug Hinweise auf Dinge finden, die größer sind als wir selbst. Unsere Schuld und unser Tod, der üble Geruch unseres Versagens, zu lieben, der Makel unserer nackten Leichen, das sehr reale Gericht Gottes – vor solchen Dingen sind wir nicht einfach nur schwach, sondern überhaupt nichts.

Ein Mensch kann sein ganzes Leben mit der Frage zubringen: „Bin ich genug?" Gierig nach jedem Beweis für Bestätigung, den wir ergattern können, fragen wir: „Schaffe ich es, mich dem zu stellen, was mir im Leben begegnen wird?" Tagtäglich kommen Menschen auf die Welt getrieben davon, ihre Daseinsberechtigung zu bestätigen und dem Urteil „nicht genug" zu entgehen. Aber nichts könnte klarer sein als die grundlegende Unzulänglichkeit der Menschheit. Wenn wir auch nur eine einzige Stunde lang versuchen würden, heilig zu sein – nicht an uns selbst oder an irgendetwas Unreines zu denken –, würden wir erkennen, was Schwachheit ist. Es gibt nichts, was wir tun könnten, um den Ausgang unseres Lebens zu ändern. Wir werden sterben. Wir sind völlig machtlos, wenn es um das geht, was uns am meisten am Herzen liegt, und wir werden sterben. George, die Fragen werden sich ändern.

„Mein Leben … geht zu Ende … Oh Gott … was jetzt?"

Philip Yancey[185] entdeckte, dass zu Zeiten des Alten Testaments, als Gott genau die Art von Beweisen lieferte, die George Carlin verlangt – als der Herr erschien und Brandspuren hinterließ –, das nicht zu dem Ergebnis führte, das Gott sich wünscht.[186] Bemerkenswerterweise brachten ihm die Menschen kein dauerhaftes Vertrauen und keine dauerhafte Liebe entgegen. Sie blieben unfassbar unreif. Unser Glaube und unsere Liebe – die beiden Dinge, von denen Gott sagt, dass sie das einzig Wichtige sind[187] – sind genau die Dinge, die er nicht durch schiere rohe Gewalt gewinnt. Die feurigen Demonstrationen seiner Macht ließen die Menschen im Altertum nur zusammenzucken und weglaufen. „Aber ich", rief Jesus der fassungslosen Menschenmenge zu, „wenn ich erhöht werde von der Erde, so will ich alle zu mir ziehen."[188]

In dieser Erhöhung, nämlich in der Kreuzigung Christi, machte sich Gott unvorstellbar schwach. Durch diesen sich hingebenden Tod hat er uns alle erlöst. Wir machen unsere ersten zaghaften Schritte auf ihn zu, angezogen von dem Anblick der entleerten Allmacht und der wie eine Kerze ausgelöschten Herrlichkeit. Der Geist gibt die Kraft zu Worten wie „Kommt her zu mir, alle, die ihr mühselig und beladen seid"[189], und wir begegnen am Kreuz einem Gott, dem wir vertrauen, denn „als wir noch schwach waren, [ist

---

185 Philip Yancey (*1949), US-amerikanischer Journalist, Autor und Herausgeber der evangelikalen Zeitschrift *Christian Today*.
186 Vgl. Yancey: *Von Gott enttäuscht*, S. 43.
187 Vgl. Galater 5,6.
188 Johannes 12,32.
189 Matthäus 11,28.

Christus schon] für uns Gottlose gestorben"[190]. Das ist der Gott, den wir lieben ..., weil er uns zuerst geliebt hat.

Es gibt Antworten, die wir nur in den Scherben unserer eingebildeten Unabhängigkeit finden können. Wir fragen immer noch: „Bin ich genug?", und leben dabei so oft in Angst vor der Antwort. Aber es gibt Dinge, über die wir erst Kenntnis erlangen, wenn die Antwort „Nein" zurückkommt. Vielleicht müssen wir genau auf die Art und Weise straucheln, die wir am meisten fürchten, um dann festzustellen, dass es überhaupt nicht so ist, wie wir dachten ..., weil wir von Christus aufgefangen werden. Dann spüren wir, wie sich die Bande der Liebe straffen, die uns die ganze Zeit gehalten haben. Dann lernen wir die Kraft seiner Hände kennen. Das ist Kraft: Wenn die großartigen Worte der Propheten und Apostel endlich unsere eigenen und genau zu dem werden, was wir Gott unbedingt sagen möchten: „Wenn ich nur dich habe, so frage ich nichts nach Himmel und Erde."[191] Alles andere ergibt überhaupt keinen Sinn. Ein Friede kommt zu uns, den niemand erklären kann. Einer seiner hebräischen Namen lautet *El Schaddai*, was „der Gott, der genug ist" bedeutet. Für jede neue Unzulänglichkeit, die wir in uns selbst entdecken müssen, gibt es immer eine neue Hinlänglichkeit, die wir in ihm entdecken können, und die Entdeckung ist es vollkommen wert.

Meine vielen Schwächen sind Splitter von der Größe eines Zahnstochers und befinden sich an Stellen, an die ich nicht ... ganz ... herankomme. Ich habe gerufen: „Jesus, nimm sie weg und sieh, wie ich dir dienen werde." Aber dann wird mir klar, dass die Welt keine weitere Zurschaustellung von Selbstgenügsamkeit braucht. Es gibt hier reichlich „starke" Menschen zu sehen. Ich möchte einen völlig anderen Anblick anbieten: nämlich wie es aussieht, sich auf Christus zu verlassen, und sei es auch nur, um morgens aufzustehen.

Lerne, wie du dich mit deinen Schwächen anfreunden kannst. Nimm sie nicht nur an. Feiere sie und sei stolz darauf. Wirf deinen

---

190 Römer 5,6.
191 Psalm 73,25.

Kopf zurück und lächele, wenn du die Bedeutung des Ausspruchs entdeckst: „Wenn ich schwach bin, so bin ich stark."[192]
Denn Jesus liebt uns. Das ist genug.

In den schwachen und angsterfüllten Augenblicken des Lebens werden der Geist und die Kraft auf erstaunliche Art und Weise freigesetzt. Eine Mutter, die blind vor Trauer um ihr verlorenes Kind ist, sieht immer noch Christus. Sie fragt sich: „Wie lange wird es wohl noch dauern, bis ich ihn im Himmel sehe?" Ein Jugendlicher bittet Gott: „Kannst du mich mehr wie Jesus machen?" In einem Pflegeheim lebt eine Frau, der überhaupt nichts geblieben ist, und fragt mich: „Warum bin ausgerechnet ich so gesegnet?" Durch Christus ändern sich die Fragen.

„Er gibt den Müden Kraft, [...] dass sie auffahren mit Flügeln wie Adler, dass sie laufen und nicht matt werden, dass sie wandeln und nicht müde werden."[193]

192   2. Korinther 12,10.
193   Jesaja 40,29+31.

„Warum antwortet Gott nicht auf meine Gebete?"

Sieh nur, dort im Garten Gethsemane – im Grunde nur einen Katzensprung entfernt – betet Jesus. Du siehst, wie Jesus auf den Boden fällt und sein Gesicht die Erde berührt. Du hörst, wie Gott zu Gott ruft. Du fragst dich: „Was könnte der Gott in Menschengestalt nur so sehr ersehnen, dass er blutet?"

Erstens hofft er, dass es einen Weg ohne das Kreuz gibt. Das muss dich nicht beunruhigen. Sündlose Vollkommenheit bedeutet nicht, dass er sich wünschen müsste, gekreuzigt zu werden oder seine Hände und Füße von Nägeln durchbohren zu lassen. Er wird den Schuldenberg der ganzen Menschheit auf sich nehmen. Er wird tief in seiner Seele spüren, wie sich sein Vater von ihm abwendet. Der bloße Gedanke daran macht ihn todtraurig.

„Vater, willst du, so nimm diesen Kelch von mir."

Er hofft zweitens, dass der Wille seines Vaters erfüllt wird – dass die Menschen der Welt erlöst werden. Koste es, was es wolle. Dass wir, obwohl wir es nicht verdient haben, die unfassbare Liebe seines Vaters erfahren, dass wir in diese Liebe aufgenommen werden und mit unseren Augen die Herrlichkeit sehen, die Christus schon vor der Erschaffung der Welt besaß.

Nun tritt die schreckliche Wahrheit zutage. Es können nicht beide seiner Gebete mit Ja beantwortet werden. Seine tiefen Sehnsüchte sind unvereinbar. Entweder wird er auf schreckliche Weise sterben oder wir – eines von beiden wird in jedem Fall eintreten. Entweder wird sein Verlangen gestillt oder unseres.

Welches, lieber Herr? Du wirst uns zeigen müssen, was dein tiefstes inneres Verlangen ist. Wonach sehnst du dich mehr?

„Vater, [...] nicht mein, sondern dein Wille geschehe!"

Das hörst du Jesus sagen, nur einen Katzensprung entfernt. (Bibelstelle zum Nachlesen: Lukas 22,39–44)

Es gibt eine Logik, die wir in unserem Schmerz als unschlagbar erachten: Da es einen allmächtigen Gott gibt, der mich vollkommen liebt, der alles tun kann und der sagt, er würde alles für mich tun, ist es ganz leicht möglich, das zu testen. Und zwar mit dem Gebet. Ein kleines Mädchen, dem etwas wehtut, betet, dass es bald wieder gesund ist. Du würdest wohl sagen: „Ich weiß, was ich tun würde, wenn ich Gott wäre. Wie könnte er diese Bitte nicht erhören?" Wie viele Menschen haben diesen scheinbar offensichtlichen Test wohl schon gemacht? Sie haben ein Gebet himmelwärts geschickt und sich dabei gedacht: „Mal sehen, ob es etwas bringt, an ihn zu glauben." Wie viele Menschen kehren der Religion den Rücken zu, weil sie zu dem Schluss kommen, dass auf der anderen Seite niemand ist, weil „er mir keine Antwort gegeben hat"?

An dieser Stelle muss ich einwerfen, dass ein Sünder nur durch den Glauben an Christus überhaupt eine Beziehung zu Gott haben kann. Wenn du zum Beispiel zu einem Gott betest, dessen Liebe durch gute Werke erkauft wird, wundert es mich nicht, dass du niemanden erreicht hast. Diesen Gott gibt es nicht. Wenn du in Jesu Namen betest und auf die vollkommene Verbindung vertraust, die Christus dir zum Vater im Himmel ermöglicht hat, dann hat er auch mit Sicherheit jedes Gebet gehört. Ganz zu schweigen von jedem innerlichen Stöhnen und jedem kaum hörbaren Seufzer. Jesus zu kennen, bedeutet, nicht einmal daran zu denken, Gott zum Zuhören zu *bringen*. Durch den Glauben an Jesus gehört Gottes Herz schon ganz dir. Er hört dich.

Und seine Antwort lautet oft Ja. Möglicherweise gewährt er dir zum perfekten Zeitpunkt genau das, worum du gebetet hast, oder er schenkt dir etwas, das, wie du später feststellen wirst, sogar noch viel besser ist. Lass dir einmal von erfahrenen Christen Geschichten von erhörten Gebeten erzählen. Sie werden dich vielleicht verblüffen und du könntest einiges übers Beten lernen. „Ich lasse dich nicht, du segnest mich denn"[194], rief Jakob im Alten Testament. „Herr, du wirst aufgeben, bevor ich es tue", war seine beharrliche Geisteshaltung im Wetteifern mit Gott. Denk an Jesus, der seine Jünger lehrte, „dass sie allezeit beten und nicht nachlassen sollten"[195].

---

194 1. Mose 32,27.
195 Lukas 18,1.

Ja, denk an Jesus. Denk an das Kreuz. Auch wenn Gott sich eine Zeit lang nicht um dich zu kümmern scheint, solltest du ihn doch besser kennen.

Aber was ist mit den Zeiten, in denen keine Antwort kommt? Denk an Jesus. Gleichsam im Zentrum der Geschichte, auf die sich unser Glaube gründet, befindet sich das unbeantwortete Gebet von Gottes innig geliebtem Sohn. Vier Dinge zeigen sich hier deutlich:

Der Vater liebte seinen Sohn.

Der Sohn wollte die entsetzlichen Qualen des Kreuzes nicht.

Der Sohn betete zum Vater, bis ihm der Schweiß wie Blutstropfen auf der Stirn stand.

Dennoch war da das Kreuz.

Was übersehen wir? Wo versagt unsere Logik, wenn wir so sicher zu wissen glauben, wie ein liebender Gott mit einem von Herzen kommenden Gebet umgehen sollte? Drei einfache Wahrheiten können vielleicht dabei helfen, unsere Fragen in angemessener Demut zu stellen:

Erstens: Nicht all unsere Gebete können mit einem Ja beantwortet werden. Vielleicht bittet eine Person um etwas, das mit den Gebeten einer anderen Person nicht vereinbar ist. Wenn zwei Männer um die Liebe einer Frau bitten, wird mindestens einer von ihnen enttäuscht sein. So ist die Welt nun einmal.

Genauso gut ist es möglich, dass ich mir der Ungereimtheiten bei meinen eigenen Gebeten nicht bewusst bin. Ich bete darum, glücklich zu sein, und ich bete darum, gut zu sein, und dann gibt es aber Umstände, unter denen nicht beides auf einmal möglich ist. „Herr, lass mich bitte beliebt sein" passt nicht zusammen mit „Hilf mir, die Wahrheit zu sagen". Auch so ist die Welt nun einmal.

Darf ich also ein Gebet nennen, das uns die Hände an das Seil legen lässt, an dem der Vater seit Anbeginn der Zeit zieht? Mögen wir Ohren haben, um die unzähligen Gläubigen durch die Zeiten hindurch beten zu hören, was wir geleitet vom Geist Christi auch ersehnen: „Unser Vater im Himmel ..."[196]

---

196   Matthäus 6,9.

Zweitens: Wir wissen nicht, was passieren soll. Gott kennt die Zukunft und die Vergangenheit. Er weiß alles – er kennt alle Gegebenheiten im Hier und Jetzt und jedes Ergebnis, das jede erdenkliche Möglichkeit von heute zur Folge haben wird. Er ist der Einzige, der es weiß. Wir wissen nicht das Geringste darüber, was gut oder schlecht für uns ist. Sieh dir zum Beispiel die Jünger Jesu an. Was, denkst du, haben sie gebetet, bevor sie in Gethsemane eingeschlafen sind? Dass Jesus wieder zur Besinnung kam? (Er hatte vielfach vom Sterben gesprochen und war sichtlich aufgewühlt.) Ich kann mir vorstellen, dass sie um eine angenehme Nacht, ein schönes Passahfest in Jerusalem und eine sichere Reise zurück nach Galiläa beteten. Wenn sie die unmittelbar bevorstehenden Ereignisse durch ihre Gebete hätten ungeschehen machen können, dann hätten sie das bestimmt getan ... und in der Konsequenz hätten sie darum gebetet, für immer allein und verloren, von Schmerzen gepeinigt und im Dunkeln zu sein. Wenn Gott diese Gebete tatsächlich erhört hätte, dann hätten sie sich genau dort befunden. Sie wussten nicht, was für ihr eigenes Leben gut oder schlecht war.

Und auch wir wissen es nicht. Ein gläubiger Mann stand neben dem Sarg seines kleinen Sohnes und sagte zu mir: „Gott hat meinen Sohn fortgenommen, als ich noch sein Held war." Er dachte an die vielen Dinge, die Väter und Söhne gemeinsam erleben und die er und sein Sohn nun nie erfahren würden. Es war ein bemerkenswerter Moment, versteh das nicht falsch. Es bedeutete nicht, dass sein Herz nicht brach. Es bedeutete nicht, dass er sich jemals freiwillig dafür entschieden hätte, an einem so sonnigen Tag neben diesem Sarg zu stehen. Er konnte sich aber eingestehen, nicht zu wissen, wohin der Weg von dort aus geführt hätte, wenn die Dinge anders gekommen wären. Er wusste nur, dass er einen Sohn im Himmel hatte. Er war sich absolut sicher, auf Christus vertrauen zu können, dass er seinen Sohn wiedersehen und dass sie eines Tages Seite an Seite stehen und rufen würden: „Mein Gott hat alles gut gemacht!"[197]

Ich weiß nicht, was in der Geschichte passieren wird, die Gott für mein Leben geschrieben hat. Aber ich kenne ihn durch seinen

---

197   Vgl. Markus 7,37.

Sohn Jesus Christus. Mit offenen Augen sehe ich klar und will, dass er Gott ist und nicht ich. Ich möchte, dass sein Wille geschieht.

Drittens: Wir sind uns nur schemenhaft dessen bewusst, was wir wirklich wollen. Die Seele dürstet nach Gott wie ein Reh nach Wasser. Obwohl wir es nicht von Natur aus wissen, so ist es doch Gott und nur Gott, der unseren Durst nach Liebe und Bedeutung jemals und überhaupt stillen kann. Auf diese Weise lassen sich all unsere Sehnsüchte bis zur Quelle zurückverfolgen. Hinter all unseren Gebeten steht das Gebet um den Einen, der in jeder Hinsicht alles ausfüllt und der uns liebt, obwohl er uns kennt. Ich habe darum gebetet, größer, klüger und besser zu sein. Ich habe um Erfolg gebetet, um Liebe, um Weisheit. Was ich dabei eigentlich immer wollte, war Gott.

Darum ist meine Sünde so furchtbar. Die Sünde ist dafür verantwortlich, dass sich das eine, wonach sich mein Herz wirklich sehnte, weit außerhalb meiner Reichweite und Möglichkeiten befand. Unser aller Sünde hat uns vom Leben und von der Liebe abgeschnitten und sie hätte uns für immer abgeschnitten …, aber wir fanden alles, was wir jemals wirklich wollten, in dem Einen, der seine Finger in die Erde von Gethsemane krallte.

Dort war Jesus, der Ja sagte zu dem Gebet, das hinter all unseren Gebeten steht.

Er gab sich selbst hin und schuf einen Weg für uns, um nach Hause zu kommen, wie hoch der Preis für ihn selbst auch war. Wenn sein Wille darin besteht, das für mich zu tun – und das tut er – was kann ich dann noch sagen?

„Sein Wille geschehe."

Ich bete darum, dass es leichter wird … Ich bete um ein Leben, das der Mühe wert ist.

Ich bete darum, dass sich bestimmte Umstände so entwickeln, wie ich es möchte … Ich flehe meinen Gott an, dass ich seinen Sohn kennenlernen möchte.

Ich bete darum, dass ich hier auf die ein oder andere Weise glücklich werde … Ich bete: „Vater, lass mich dein Angesicht im Himmel sehen."

Zu jedem dieser Gebete muss der Vater im Himmel zwangsläufig sagen: „Was genau willst du"? Und ich rufe mir in Erinnerung, was ich wirklich will. Ich will nicht einmal einen Katzensprung von Jesus entfernt stehenbleiben.

„Dein Wille geschehe."[198]

198   Lukas 22,42.

„Wo ist Gott, wenn ich leide?"

„Steck dein Schwert weg", sagt er zu Petrus. „Soll ich den Kelch nicht trinken, den mir mein Vater gegeben hat?"

Bald darauf wird sein zerschlagener Rücken auf den Holzbalken gelegt. Ein Soldat hält eine Handvoll Nägel und setzt sich auf seine Brust setzt. Jemand bietet ihm einen Becher an. Es ist Galle, eine narkotische Mischung, mit der seine Sinne betäubt und Schmerzen gelindert werden sollen.

Versuch, dir diesen Augenblick vorzustellen. Gleich werden die Nägel eingeschlagen. Jesus nimmt einen Schluck von der Galle, bemerkt, was es ist, spuckt es aus und dreht seinen Kopf weg. Bei seiner Kreuzigung muss er bei vollem Bewusstsein sein. Er hat nicht vor, etwas von dem zu verpassen, was kommen wird. Er will nicht, dass der Schmerz gelindert wird. Er will den Kelch trinken, den der Vater ihm gegeben hat.

Der Sohn Gottes, der seinen Kopf entschieden vom Weinessig abwendet – präge dir dieses Bild genau ein. Sieh, wie er uns bis zum Ende trinkt, all die Sünden eines jeden von uns. Bezeuge anderen Jesu Entschlossenheit, den ganzen Kelch auszutrinken.

Sein Vater hatte ihn ihm gegeben.[199]
(Bibelstelle zum Nachlesen: Matthäus 27, 32-40)

In dem Versuch, einen Sinn darin zu erkennen, wurden schon viele Worte auf die Frage nach dem Leiden Einzelner verwendet. Nur sehr wenige davon erreichen die Menschen, die tatsächlich Leid durchleben. Vieles von dem, was in Krankenhauszimmern gesagt wird, wie etwa „Wenn du dich an Gott gehalten hättest, wäre dir das nicht passiert", macht es nur noch schlimmer.

---

199 Vgl. Paustian: „Drinking our cup", S. 18f. (Für diese Gedanken in meinem Aufsatz bin ich Henri Nouwen sehr zu Dank verpflichtet.)

Genau im Zentrum des christlichen Glaubens steht jedoch eine gänzlich andere Antwort. Von den Bildern, auf die die Leidenden ihre gequälten Augen richten können, ist eines einzigartig: Jesus trug das Kreuz freiwillig.

Ein Blutstropfen rinnt Gottes Gesicht hinunter.

Der allmächtige Gott war nahe genug gekommen und klein genug geworden, um verletzt zu werden.

Wo ist Gott, wenn ich leide? Alle, die sich diese Frage stellen, sollten die Kreuzigung von Jesus Christus bedenken – Gott war einer leidenden Welt so nahegekommen, um inmitten unvorstellbarer Qualen genau dieselbe Frage zu stellen.

„Mein Gott, mein Gott, warum hast du mich verlassen?"[200]

Er nahm unsere menschliche Gestalt an. Er versteht unseren Schmerz. Er sah die Welt durch menschliche Tränen verschwimmen. Er teilte sogar die Frage nach dem Warum mit uns.

In der Fernsehserie *Für alle Fälle Amy* trifft eine Frau, die nichts mehr von Gott wissen will, ihren Freund auf dem Weg zur Kirche. „Komm mit rein", fordert er sie auf. Aber sie steht auf der Kirchentreppe und will wissen, warum sie das tun sollte. Wenn nichts gut läuft und das Leben furchtbar schmerzhaft ist, scheint dieser Schritt einfach sinnlos zu sein.

Sie fragt flehentlich: „Ich verstehe das nicht! Wie kannst du an ihn glauben?"

Er sucht krampfhaft nach Worten. „Manchmal musst du bei Gott einfach den Grundsatz ‚im Zweifel für den Angeklagten' gelten lassen."

„Warum sollte ich *das* tun?"

Daraufhin erzählt er von seiner kleinen Tochter, wie es ist, sie im Arm zu halten, und welche neuen Gedanken ihm in den Sinn kommen, wenn er sie ansieht.

„Gott hat mir dieses Kind gegeben. Es gibt vieles, was ich nicht verstehe. Aber das verstehe ich."

Ich folge diesem Gedankengang, erinnere mich dabei aber nicht an meine eigenen Kinder, sondern an die Prophezeiung Jesajas:

---

200   Matthäus 27,46.

„Uns ist ein Kind geboren, ein Sohn ist uns gegeben."[201] Ich denke an einen vollkommenen Jungen, der in Bethlehem geboren wurde – die ersten Bewegungen Gottes, der aus der Herrlichkeit heraus seine Hand nach der leidenden Welt, hin zu uns und unserem Schmerz in einer Weise ausstreckte, wie es mit nüchternen Worten niemals möglich wäre.

Gott hat mir dieses Kind geschenkt.

Ich denke an ihn, der es nicht verdient hat, zu leiden, und an all die Gründe, warum ich leide. Ich lasse zu, dass die grausame Wirklichkeit der Kreuzigung einen Platz in meiner Seele einnimmt. Welche menschlichen Empfindungen und Geräusche würden das Einschlagen von Nägeln in eine menschliche Hand begleiten? Was stand ihm ins Gesicht geschrieben? Ich erinnere mich daran, wer dieser Eine ist. Ich lasse mir die Worte durch den Kopf gehen. „Ich gehe voraus, um euch eine Stätte zu bereiten ..."[202]

Es gibt vieles, was ich nicht verstehe. Aber ich verstehe Folgendes. Ich wende bei Gott nicht den Grundsatz „im Zweifel für den Angeklagten" an. Ich vertraue ihm vorbehaltlos. Er hat so viel bei mir erreicht, als er mich rettete. Was er und seine kraftvollen Worte in denen, die Christus kennen, bewirken, ist die sanfte Abkehr vom bitteren „Warum?". Wir lernen, bessere Fragen zu stellen, Fragen, die in die Zukunft weisen und uns hindurchführen.

„Welche guten Absichten kann Gott durch Leid verfolgen?", fragen wir. Und langsam kommen die Antworten. Durch Leid werden wir auf unsere Bedürfnisse zurückgeworfen. Durch Schmerz drehen wir uns um, sollten wir ihn vergessen haben. Wir halten uns an seinem Wort fest, weil wir dazu gezwungen sind ... Oder ist es viel eher umgekehrt, dass sein Wort uns festhält?

„Denn unsre Trübsal, die zeitlich und leicht ist, schafft eine ewige und über alle Maßen gewichtige Herrlichkeit."[203]

Strahlende Worte wie diese des Geistes Christi lassen alles in einem anderen Licht erscheinen. Ohne sie neigen wir dazu, Leiden zu einem Grund für Bitterkeit zu machen und uns der Verzweiflung hinzugeben. Wenn wir das Wort Gottes ergreifen und mit aller

---

201 Jesaja 9,5.
202 Vgl. Johannes 14,2.
203 2. Korinther 4,17.

Kraft, die der Schmerz uns gibt, daran festhalten, empfangen wir für all unsere Tränen nur Gutes.

Wenn wir uns in der Dunkelheit befinden, wenn sein Wort das einzige Licht ist, lernen wir mehr von ihm und dem Geheimnis seiner Liebe, als wir jemals im weltlichen Tageslicht lernen würden. Ich weiß, dass sich Leid für das, was ich von Christus gelernt habe, in jeder Hinsicht lohnt. Ein Glaube, der im Feuer geläutert wurde, ist besser als Gold. Er ist meine Fahrkarte nach Hause.

Leid zeigt uns deutlich, dass wir noch nicht zu Hause sind. Schmerz hält uns davon ab, uns mit dieser Welt zufriedenzugeben. Wir sind nicht mehr im Paradies. Wir werden erst gesund sein, wenn unsere Füße in den Himmel eintreten. Leid sorgt tatsächlich dafür, dass wir wachsam bleiben und uns nach den Dingen sehnen, die uns wirklich erfüllen, nach der einen Person, nach dem einen Ort. Bis wir dort sind und ihn von Angesicht zu Angesicht sehen, müssen wir unser fortwährendes innerliches „Abba, lieber Vater" seufzen.

Er hört uns. Er ist auf dem Weg. Dann kommt die Freude.

Überlege einmal, wie sehr die Begeisterung des Läufers, der das Zielband zerreißt, mit den Qualen zu tun hat, die er während des Laufens ertragen musste. Die Freude kommt nicht trotz, sondern wegen der Schmerzen. Diese untrennbare Verbindung von Freud und Leid ist ein wesentlicher Aspekt der wunderbaren Aussicht auf den Himmel. Der Himmel ist ein unvorstellbar großes Geschenk und er ist so beschaffen, dass er alles, was wir ertragen mussten, umfasst und wiedergutmacht. Wir werden alles Freude nennen, wenn wir im Himmel stehen und rufen: „Gott hat alles gut gemacht."[204]

Der momentane Schmerz ist Teil der zukünftigen Freude.

Durch die Konfrontation mit Leid können wir zudem lernen, die Frage zu stellen: „Wie lautet meine Antwort?" Unsere gläubige Reaktion auf Schmerz – wir begegnen ihm mit Vertrauen und wir begegnen ihm mit Liebe – ist der Segen, der sonst verborgen bleibt. Wenn das Leid die ewig bedeutsame Frage stellt, ob Gott auch jetzt noch meines Glaubens würdig ist, wartet der ganze Himmel auf

---

204 Vgl. Markus 7,37.

meine Antwort. Ich sage Ja, das ist er. Wenn ich ganz zu Recht mit meinem kleinen Anteil an Schmerz dieser Welt konfrontiert werde, will ich mit den Worten Jesu sagen: „Soll ich den Kelch nicht trinken, den mir mein Vater gegeben hat?"[205]

„Unseren Kelch zu trinken" bedeutet mehr, als nur widerwillig unser Leben zu akzeptieren. Es bedeutet, sich mit unserer Wirklichkeit, und zwar in all ihren Facetten, anzufreunden und sie voll und ganz anzunehmen, weil sie von unserem Vater kommt, der uns übrigens liebt.[206] „Unseren Kelch trinken" bedeutet, Ausschau zu halten nach der einzigartigen Chance, Gott kennenzulernen, ihn widerzuspiegeln und ein Segen in genau diesem Leben zu sein, das einem jeden von uns gegeben wurde. In keinem anderen. In genau diesem unserem Leben hier und jetzt.

Ich nehme die ersten Schlucke und genieße dabei die Erinnerung an meine Suche nach Jesus in einsamen Zeiten. Und ich verstehe langsam die Stärke, die in der Schwäche liegt. Ich mache nicht einfach nur das Beste daraus, sondern ich bin für das Schlechte genauso dankbar wie für das Gute. Ich schaue um mich herum und erkenne, dass nicht jedes Leben, das auf dieser Welt gelebt wird, einen Moment der Gottesfindung beinhaltet. Nicht jeder Weg endet in ihm. Dieser aber schon … und ich will, dass es mein Leben ist.

Mein Kelch fließt über.

Nicht zuletzt bietet das Leid um uns herum die Möglichkeit, darauf zu reagieren, selbst ein Jesus für leidende Menschen zu sein, wie er mit ihnen zu weinen und sie wie er zu lieben. Es ist niemals sinnloses Leid, wenn der Schmerz anderer auch uns schmerzt … und wir eine Hand ausstrecken, wie Jesus es tat. Wir stehen flehend auf den Stufen der Kirche, die Christus mit seinem eigenen Blut erkauft hat.

„Komm herein."

---

205 Johannes 18,11.
206 Vgl. Paustian: „Drinking our cup", S. 18f.

Dr. James Dobson[207] lässt uns an einem sehr lehrreichen Moment aus seinem Leben teilhaben.

Der Arzt bat Dr. Dobson, seinen kleinen Sohn von hinten festzuhalten, damit er im entzündeten Ohr des Jungen mit einem scharfen Instrument herumschaben konnte. Dobson tat wie ihm geheißen ..., allerdings mehr schlecht als recht. Jedes Mal, wenn der Arzt ansetzte, schrie das Kind vor Schmerzen auf.

Vater und Sohn standen dabei zufällig vor einem Spiegel, sodass sie das Gesicht des anderen sehen konnten. Der Vater blickte seinem Sohn in die Augen. Sie schrien: „Wie kannst du mir das antun? Wie kannst du mich festhalten, wenn es so weh tut?"

Noch Jahre später rang Dobson um Fassung, wenn er von diesem Tag sprach. Es gab weder Worte, die ausdrückten, wie sehr er dieses Kind liebte, noch Worte, die diesem kleinen Jungen hinreichend erklären konnten, dass der Schmerz nötig war.

Es gab keine Möglichkeit, ihm das begreiflich zu machen. Sein Vater konnte ihn nur in seinen Armen halten. Er konnte nur sein eigenes Herz brechen lassen und den Kummer in seinen eigenen Augen als Antwort geben: „Ich liebe dich wirklich."[208]

Das ist es, was ich über Schmerz glaube.

Ich glaube, dass es Dinge gibt, die wir nicht verstehen können, dass die Erklärung, die wir verlangen, nicht „alles besser" machen würde. Aber ich denke an jenen Augenblick in der Arztpraxis zwischen diesem Vater und seinem Kind. Und ich glaube, dass das Kreuz Christi eine ebensolche Offenbarung der Liebe im Herzen des Vaters ist. Ich glaube, dass die damit verbundenen Verheißungen uns genauso halten wie der Vater sein Kind.

---

207 James Clayton Dobson Jr. (*1936), US-amerikanischer Psychologe, Autor und Gründer der evangelikalen Organisation *Focus on the Family*, die u. a. christliche Radiosendungen und Filme produziert.
208 Vgl. Dobson: *Nimm dein Leben in die Hand*, S. 262f.

„Die Kirche hat schreckliche Dinge getan."

In jener Nacht standen Christus Blutstropfen auf der Stirn. Er hatte gebetet.

Plötzlich erhob er sich und ging mit schnellen Schritten zum Eingang des Gartens Gethsemane, eine Bewegung, die Johannes später in einem der unheimlichsten Sätze der Bibel beschreiben wird: „Da nun Jesus alles wusste, was ihm begegnen sollte …" Alles wusste, bis ins kleinste Detail. Als hätten sie nur auf das Stichwort gewartet, kamen Soldaten herbei, um ihn zu verhaften. Dutzende schwer bewaffneter Männer, kampfbereit und fackeltragend, als ob sie davon ausgingen, das Gebüsch durchsuchen zu müssen. Er war nicht das, was sie erwartet hatten.

„Wen sucht ihr?"

„Jesus von Nazareth."

„Ich bin's."[209]

Als sie Gott seinen eigenen Namen aussprechen hörten, fielen mehrere Dutzend Männer, darunter auch Judas, vor dem Erhabenen zu Boden. Jesus stand da, ins Licht des Mondes getaucht, mit unverändertem Gesichtsausdruck.

„Wen sucht ihr?"

Die Soldaten und Wachen bemühten sich, wieder auf die Beine zu kommen, und versuchten, ihre Würde zurückzuerlangen. Aber ihr Verstand spielte verrückt! Was war da gerade passiert? Der Hauptmann konnte nur noch einmal sagen: „Jesus von Nazareth."

Und wieder antwortete er: „Ich bin's. Sucht ihr mich, so lasst diese [Männer] gehen!" Es war keine Bitte, kein Handel. Es war ein direkter Befehl.

---

209   Die Übersetzungen in diesem Kapitel basieren auf dem griechischen Urtext des Neuen Testaments.

Petrus aber wollte nicht, dass er „gehen gelassen" wird, nicht nach all seiner Prahlerei. Er zog ein Kurzschwert aus den Falten seines Gewandes. „Soll ich für dich kämpfen?", schrie er, ohne eine Antwort abzuwarten. Stattdessen schlug er auf den Diener Malchus ein und hieb ihm ein kleines Stück vom Ohr ab. Es war ein Zeichen seiner Liebe für Jesus, aber ein armseliges, das alles missachtete, wofür Jesus stand.

Dutzende Schwerter müssen in diesem Moment aufgeblitzt haben. Jesus schritt schnell ein, um Petrus das Leben zu retten. Er wollte nicht, dass Petrus genau durch die Waffe starb, die er selbst gezückt hatte.

„Steck dein Schwert in die Scheide!"

Jesus kniete neben dem wimmernden Malchus nieder, Blut sickerte zwischen den Fingern seines Feindes hervor. Und so geschah in einer dunklen Stunde voller Chaos, Gewalt und himmelschreiender Ungerechtigkeit dieser göttliche Akt menschlicher Güte.

Jesus heilte ihn.

(Bibelstelle zum Nachlesen: Johannes 18,1-11)

Siehst du die Mängel der christlichen Kirche? Ich auch. Ich habe die rosarote Brille abgesetzt. Ich liebe die Kirche nicht wie jemand, der sie nie wirklich gesehen hat. Ich habe sie gesehen. Und ich liebe sie. Was also erwidere ich auf den Vorwurf „Die Kirche hat schreckliche Dinge getan"?

Die Menschen verweisen auf die Kriege gegen Ungläubige während der Kreuzzüge, auf die Ketzer, die im Mittelalter verbrannt wurden, oder auf die Zeiten, in denen sich die Kirche von der Politik einspannen ließ und in denen sie ihren Einfluss dafür benutzte, zu Reichtum zu gelangen. Zu Beginn muss ich darauf bestehen, dass wir die biblische Unterscheidung beachten, auch wenn sie für das menschliche Auge nicht offensichtlich ist, und zwar die Unterscheidung zwischen der Kirche als dem Leib aller, die wirklich zu Christus gehören, und den menschlichen Institutionen, die seinen Namen tragen (ob nun verdient oder nicht). Sollte ich mich damit nun in die Position gebracht haben, ausgerechnet die römischkatholische Inquisition zu verteidigen, ist das so absurd, dass ich keine Worte dafür finde. So etwas ist in meinen Augen furchtbarer, als es für dich je sein könnte – ganz zu schweigen davon, wie es in Gottes Augen erscheint.

Doch auch wenn es eventuell übertrieben ist, so stimmt es trotzdem, dass Menschen, die sich mit Christus identifizieren, aber handeln, ohne dass ihr Tun auch nur mit einem Wort der Bibel gerechtfertigt ist, furchtbare Dinge tun. Noch trauriger ist die Tatsache, dass selbst Menschen, die aufrichtig an Christus glauben, dennoch auf tragische Weise falsch liegen können. Sogar wahre Christen können in elender Schwäche versucht sein, gerade vor den schlimmsten Neigungen der gefallenen menschlichen Natur zu kapitulieren. Das zu leugnen, würde die bibeltreue christliche Theologie nicht unterstützen, sondern geradezu gegen sie argumentieren. Glieder der Gemeinde Christi haben immer wieder zum Schwert gegriffen und es mit Blut getränkt.

Die Menschen sagen: „Wenn es das bedeutet, an Gott zu glauben, will ich nichts damit zu tun haben!" Sie gehen vereinfachend davon aus, dass alle Religionen aus einem Holz geschnitzt sind, obwohl vom Gründer des Islams berichtet wird, dass er kurz vor seinem Tod die Worte „Tod allen Christen. Tod allen Juden" sprach und derjenige, an den ich glaube, die Worte „Vater, vergib ihnen". Ich habe keine Freude daran, darauf hinzuweisen, glaub mir. Doch das sind die wahren Lehren des Islams und seines Korans, die es Muslimen schwer machen, sich glaubwürdig gegen die Gewalt auszusprechen, die in unserer Welt von Anbetern Allahs verübt wird. Wenn jemand es wagt, im Namen Jesu Gewalt zu verüben, dann ist das nicht nur Gewalt gegen ihn, sondern allein die Vorstellung ist so beleidigend und absurd, dass sich alle glaubwürdigen Fürsprecher des Christentums in einem lauten Aufschrei vereinen. Warum tun sie das? Die Antwort steht dort am Eingang des Gartens Gethsemane.

„Steck dein Schwert in die Scheide!"[210]

Dieser Moment zeigt deutlich, dass die sichtbare Kirche den Weg, den ihr Gründer vorgezeichnet hat, offensichtlich verlässt, wenn sie weltliche Waffen und weltliche Macht gebraucht. Augus-

---

210   Johannes 18,11.

tinus, ein Bischof aus dem 5. Jahrhundert, sagte es kurz und bündig: „Keine Philosophie lässt sich angemessen anhand ihres Missbrauchs beurteilen."[211] Jesus ist von denen, die behaupten, ihm zu folgen, falsch dargestellt, verraten und ja, missbraucht worden, so wie er es selbst vorausgesagt hatte. So einfach ist das. Ob du nun an Hexenjäger von vor 500 Jahren oder an pädophile Priester in diesem Jahrhundert denkst, so ist es in einer Welt wie dieser wenig überraschend, dass die schlimmsten Menschen behaupten werden, ganz vorn im Kampf für Christus dabei zu sein – manche mit schändlichen Vorsätzen, manche mit ehrlichen, aber schrecklich fehlgeleiteten Absichten. Du darfst dir sicher sein, dass nichts, was du über solche Menschen sagen kannst, schrecklicher ist als das, was der Herr selbst sagen wird, wenn sie nicht umkehren.

„Ich habe euch noch nie gekannt; weicht von mir."[212]

In gewisser Weise ist es verständlich, dass die Kirche für Verfehlungen verunglimpft wird, die bei ungläubigen Menschen oft weitaus mehr verbreitet sind. Wir als Glieder der Kirche wollen Christus nachfolgen und können Kritik nur für die Zeiten akzeptieren, in denen wir unsere Verbindung mit ihm nicht verdient haben. Auf eine wichtige Sache muss ich jedoch hinweisen, wenn Vergleiche zwischen der christlichen Kirche in ihrer schlimmsten Ausprägung und dem Bösen und der Gewalt, die im Namen des Atheismus verübt werden, angestellt werden. Beim Atheismus wurde der vertretene Standpunkt nicht aufgegeben, sondern die jeweilige Philosophie zu ihrer logischen Schlussfolgerung geführt. Es ist leicht zu beweisen, dass das Böse, das im Namen Christi getan wird, in Wahrheit die vollständige Abkehr von Christus ist. Wenn jedoch jemand, der sagt, dass es keinen Gott und daher keine endgültige Moral gibt, die gleiche böse Tat begeht, ist das kein Verrat an seiner Philosophie, sondern deren konsequente Ausdrucksform. Erkennst du den Unterschied?

Damit will ich natürlich nicht sagen, dass alle Atheisten gewalttätige Mörder sind, ganz und gar nicht. Die Atheisten, die ich kennengelernt habe, sind sehr sympathische Menschen, die ver-

211   Vgl. Zacharias: *The real face of atheism*, S. 63 [eigene Übersetzung].
212   Matthäus 7,23.

suchen, ein anständiges Leben zu führen, und damit leben sie oberhalb der Standards ihrer eigenen Philosophie. Ihr Unglaube liefert ihnen nicht die Gründe dafür, so zu leben, wie sie es tun. Bitte sag nicht: „Niemand tötet im Namen des Atheismus", denn was sonst ist es, wenn ein Mensch ein Leben auslöscht, weil „ihm danach war"? Das schmutzige kleine Geheimnis des Atheismus, das von Friedrich Nietzsche, Charles Darwin und anderen anerkannt wurde, besteht darin, dass es einen logischen, vernünftigen (und eiskalten) Weg gibt, der direkt von der atheistischen Philosophie zu all dem Blut führt, das überall dort geflossen ist, wo der Atheismus die herrschende Ideologie war. Denk nur einmal an Nazideutschland, das kommunistische China und das kommunistische Russland. Die Begeisterung, mit der ein junger Adolf Hitler die philosophischen Schwärmereien Nietzsches studierte, ist gut dokumentiert. Der Holocaustüberlebende Victor Frankl bemerkte, dass die Folterungen, die er miterlebte und selbst erduldete, nicht von verrückten Kriegstreibern in Berlin erfunden wurden, „sondern an den Schreibtischen und in den Lesesälen nihilistischer Wissenschaftler und Philosophen".[213]

Diese Worte Hitlers sind in einer Gaskammer in Auschwitz über einem Berg von Frauenhaaren zu lesen: „Ich befreite Deutschland von den dummen und erniedrigenden Irrtümern des Gewissens und der Moral."[214]

Der Grundsatz, dass es keinen Gott und daher auch kein in unserer Welt allgemein anerkanntes Richtig und Falsch gibt, kann keinen einzigen zwingenden Grund für einen Menschen liefern, nicht das zu tun, wonach ihm der Sinn steht. Von Jesus, und nur von Jesus kommt der sehr gute Grund, dein Leben von Herzen in aufopfernder Liebe hinzugeben. Er hat es zuerst für uns getan.

Ich behaupte, dass wir mehr, nicht weniger von dieser wahren Religion brauchen, die alle Menschen dazu bringt, ihr eigenes Herz zu prüfen, tiefe Trauer darüber zu empfinden, was sie dort vorfinden, und in Christus das zu sehen, was nur der christliche Glaube deutlich sieht: „Denn die Liebe ist von Gott."[215] Und er ist

---

213 Zacharias: *Kann man ohne Gott leben?*, S. 47.
214 Vgl. ebd., S. 45f.
215 1. Johannes 4,16

nicht nur die Liebe, die immer vergibt und immer heilt, sondern auch die Liebe, die immer drängt.

„Liebt eure Feinde."[216]

„Tut wohl denen, die euch hassen."[217]

„Segnet, und flucht nicht."[218]

Ravi Zacharias[219] hat darauf hingewiesen, dass derzeit keinen einzigen Ort auf der Erde gibt, an dem Menschen aufgrund ihres Glaubens durch Christen in Lebensgefahr sind. Nicht einen einzigen. Auch wenn Religionen, die sinnlos alle in einen Topf geworfen werden, eine perfekte Zielscheibe abgeben, ist es naiv, zu behaupten, dass grundsätzlich gute Menschen von der Religion dazu verleitet werden, böse Dinge zu tun, die ihnen sonst nicht in den Sinn gekommen wären. Wenn nicht verfälschte Religion der Mantel wäre, unter dem der Mensch seinen Anspruch verbirgt, zu verletzen, zu töten, zu stehlen und um alles zu bekommen, was er will, und um seinen durch die Menschheitsgeschichte hindurch existierenden Groll auszuleben, dann wäre es etwas anderes. Lass uns vielmehr diese Vorhaltung, dass die Kirche manche schrecklichen Dinge getan hat, ergreifen und sie völlig auf den Kopf stellen. Die Tatsache, dass Menschen in Jesu Namen so gewalttätig und hasserfüllt sein können trotz all dessen, wer er ist und was er getan hat, sagt nichts über Jesus aus. Es spricht aber Bände über den Zustand des menschlichen Herzens. Genau dieser Einwand verweist also auf den grundlegenden blinden Fleck des Atheismus – den zu sehen, sich die humanistische Philosophie komplett weigerte –, nämlich darauf, wie die Menschheit wirklich ist.

Während ich dies hier schreibe, ist mein Land von den Terroranschlägen auf die Vereinigten Staaten ganz erschüttert.[220] Wenn wir bereit wären, die Wahrheit zu sehen, die mit den Leichenteilen

---

216 Matthäus 5,44.
217 Lukas 6,27.
218 Römer 12,14.
219 Frederick Antony Ravi Kumar Zacharias (1946-2020), kanadisch-US-amerikanischer evangelikaler Prediger, Autor und Gründer von *Ravi Zacharias International Ministries*, einer weltweit tätigen Missionsgesellschaft.
220 Am 11. September 2001 verübte das islamistische Terrornetzwerk *Al-Quaida* Anschläge auf symbolträchtige zivile und militärische Gebäude in den USA, bei denen fast 3000 Menschen starben.

unter den Trümmern des *World Trade Centers* begraben ist, könnten wir fragen: „Was in aller Welt könnte jemals für diese Menschheit sühnen?"

Wir können nur an die Nacht zurückdenken, in der Dutzende von Männern zu Boden fielen, als Gott seinen eigenen Namen aussprach ... Und doch ging Jesus mit ihnen. Erinnere dich an die erstaunliche Bereitschaft, mit der sich der große „Ich bin" dem Schlimmsten, was Menschen tun können, hingab. Er liebt uns – jeden von uns – und gab sein Leben für uns hin. Derjenige, der lebt, um im Himmel für uns zu flehen, möchte durchaus, dass wir für ihn kämpfen. Aber wie?

Wenn wir uns innerhalb der Kirche gegen die Welt wenden, und sei es auch nur mit arroganter Abscheu, scheinheiliger Entrüstung oder schadenfroher Verurteilung, ruft der, dem wir angeblich folgen, immer noch: „Steck dein Schwert in die Scheide!" Die Waffe, die wir schwingen, wenn unsere Augen auf ihn gerichtet sind, wenn wir in ihm sind, ist sein mächtiges Wort der Gnade. „Denn Gott hat seinen Sohn nicht in die Welt gesandt, dass er die Welt richte, sondern dass die Welt durch ihn gerettet werde."[221]

Ich bete dafür, dass du bereit bist, die wahre Lektion zu lesen, die in die christliche Kirchengeschichte gemeißelt wurde, nämlich wie mächtig die christliche Botschaft ist. Das Christentum scheint schon viele Male gestorben zu sein. So erhob es sich zum Beispiel mit dem Römischen Reich, um sich in der ganzen Welt auszubreiten, und als dieses Reich dann zerfiel, hätte das auch das Ende dieses Glaubens sein sollen. Doch wenn das Christentum stirbt, wird es, im Kern unverändert, in einer anderen Zeit, in einem anderen Land, stets unaufhaltsam wiedergeboren. Schließlich kannte der Gründer des Christentums, wie Chesterton bemerkte, den „Weg aus einem Grab heraus"[222].

Benenne eine andere Religion, die alle Schranken von Kultur, Rasse und Zeit auf diese Weise überwunden oder die in ihrem Kern über so viele Jahrtausende hinweg unverändert überlebt hat. Es ist der Kraft der unerhörten Verheißung Christi zu verdanken,

---

221 Johannes 3,17.
222 Chesterton: *As I was saying*, S. 268 [eigene Übersetzung].

die er gab, als nur die Zwölf nahe genug bei ihm standen, um sie zu hören – „Ich [will] meine Gemeinde bauen, und die Pforten der Hölle sollen sie nicht überwältigen."[223] –, dass die größte Welle der Menschheitsgeschichte auch an mein Ufer geschwappt ist. Ich beziehe mich dabei nicht auf die menschlichen Institutionen des sichtbaren Christentums, sondern auf die wahre Kirche, den Leib all jener über die Zeit verstreuten Lieben, die Jesus wirklich kannten. Als eine wunderbare Zusammenkunft fehlerhafter Menschen ist die Kirche auf Erden zutiefst fehlerhaft. Aber schau, ich lerne von ihr etwas über Jesus. Und ja, ich liebe sie.

Bitte vergiss nicht, dass die Geschichte nicht nur das Versagen der Kirche und den bedrückenden Verrat an Christus durch diejenigen aufgezeichnet hat, die ihn nie gekannt haben. Die Geschichte ist auch Zeugin davon, dass die Menschen der Welt sich manchmal zurücklehnen, um das Volk Gottes zu bestaunen – wie sie einander lieben, für ihre Feinde beten, Jesus nachfolgen.

„Sie scheuen keine Mühe"[224], bemerkte einst der Heide Lukian[225] über das Mitgefühl der Gläubigen im Altertum.

„[Jesus] hat es ihnen in den Kopf gesetzt, dass sie alle Brüder sind."[226]

Ja, die Kirche hat wirklich wundervolle Dinge getan.

Du hast eine Autopanne und bist in einem für seine Kriminalität berüchtigten Viertel gestrandet. Es ist Nacht. Sechs massige Männer kommen aus einem Haus und bewegen sich auf dich zu. Sei ehrlich, würde es für dich einen Unterschied machen, zu wissen, dass sie in dem Haus, aus dem sie gerade kommen, ihre wöchentliche Bibelstunde abhalten?

Lautet die Antwort Ja, ist das dein Eingeständnis, dass der Einfluss von Christus durch sein Wort doch gut ist. Sein Geist

---

223 Matthäus 16,18.
224 Oetting: *The church of the catacombs*, S. 80 [eigene Übersetzung].
225 Lukian von Samosata (um 125–nach 180), antiker griechischer Satiriker, Rhetoriker und Schriftsteller zahlreicher Texte über gesellschaftliche, philosophische und theologische Themen.
226 Oetting: *The church of the catacombs*, S. 80 [eigene Übersetzung].

strebt nach Liebe und Selbstlosigkeit. Er treibt dazu an, gern zu dienen, gern zu sterben und die Welt entdecken zu lassen, dass der sicherste Ort auf Erden unter den Zweien und Dreien ist, die sich in seinem Namen versammeln.

Denn da ist er.

„Jesus hat nie behauptet, Gott zu sein."

Nachdem Mose vierzig Jahre unerkannt in einem fremden Land verbracht hatte, war die Zeit gekommen. Gott kam zu ihm. Er führte den 80-jährigen Mann zu einem seltsamen, überirdischen Licht an der Seite eines Berges. Dort sank Mose vor einem Busch, der brannte, aber nicht verbrannte, auf die Knie und versuchte, zu begreifen, was diese Stimme ihm sagte.

„Zieh deine Sandalen aus, Mose, der Boden, auf dem du stehst, ist heiliges Land! Ich habe das Elend meines Volkes gesehen. Ich habe ihr Schreien gehört. Ich bin herabgekommen, um sie zu retten."

„A-a-aber wenn sie mich nach deinem Namen fragen, was soll ich ihnen sagen?"

Eine einfache Frage. Und der Name der Stimme?

„Ich bin."[227]

Diese großartige wahre Geschichte lag 1.500 Jahre zurück, als ein junger Mann, dessen Name „Rettung" bedeutet, vor einem selbstgefälligen, bedrohlichen Gericht stand. Die Richter stellten Jesus eine einfache Frage: „Bist du der Sohn des Hochgelobten?" Als er antwortete, zerriss der Hohepriester sein Gewand und zeigte damit, dass sie ihn nur allzu gut verstanden hatten.

„Ich bin's."

Vielleicht waren es diese Worte, die mehr als alle anderen die Prügel auslösten, die die ganze Nacht hindurch andauern sollte ..., bis ihn zu schlagen nicht mehr ausreichte. Nur diese Worte, aber sie waren vollkommen vom Leuchten des brennenden Busches umgeben. Diese Worte flüsterten: „Zieh deine Schuhe aus", denn wenn sie wahr waren, dann war das Land wieder heilig. Und das Volk, das Mose verehrte, begeg-

---

227 Vgl. 2. Mose 3,1–15.

nete dem Einen, der Mose geschaffen hatte, dem Einen, der das Elend seines Volkes sah und sein Schreien hörte.

Und er kam herab.

(Bibelstelle zum Nachlesen: Markus 14,53-65)

Hin und wieder hört man diesen Einwand: „Jesus hat nie behauptet, Gott zu sein. Das haben andere Menschen über ihn gesagt." In einem anderen Kapitel habe ich über die Echtheit der Evangelien gesprochen. Wenn wir diese Berichte für bare Münze nehmen, wozu wir allen Grund haben, möchte ich dir nur von einem der vielen Augenblicke erzählen, in denen Jesus atemberaubend deutlich sprach.

Einer der kürzesten Sätze in unserer Sprache – Ich bin('s). – stellt die größte Behauptung dar, die ein Mensch je für sich selbst aufgestellt hat. Um zu erfassen, was Jesus damit meint, ist es hilfreich, den historischen Zusammenhang zu verstehen, wie er in der obigen Geschichte beschrieben wird. *Ich bin* ist der Name des Herrn, wie er Mose zu einer Zeit offenbart wurde, als sein auserwähltes Volk ein kümmerliches Leben in Sklaverei führte. Der Name *Ich bin* ist der Klang von Gottes unveränderlicher Wirklichkeit und vollkommener Souveränität. Dies war Gottes wunderbarer Selbstausdruck, der seinen Anfang bei einem verlorenen, leidenden, kleingläubigen Volk nahm. Sein Name war das eine, was sie am dringendsten wissen mussten, die Antwort auf ihre wahrhaftigsten Fragen.

„Gott, bist du der, für den sie dich halten? Siehst du auf uns, erinnerst du dich an uns und an all die Versprechen, die du uns gegeben hast? Hörst du irgendwo zu, wie wir weinen, und weinst du irgendwie mit uns? Bist du auf dem Weg, uns zu befreien und nach Hause zu bringen ... oder ... bist du überhaupt da?"

„Ich bin."

Ja, Gott hat einen Namen. Jetzt kannst du langsam verstehen, wie diese Worte klangen, als sie über die Lippen Jesu kamen und von den Wänden des Gerichtssaales widerhallten, und warum das Volk so reagierte, wie es reagierte. Die Frage des Gerichts lautete: „Bist du der Sohn des Hochgelobten?"[228] Wenn du an der Bedeutung von Jesu Antwort „Ich bin's" zweifelst, brauchst du nur deinen Blick von ihm abzuwenden und zu beobachten, wie die Menschen seiner eigenen Kultur, seiner eigenen Zeit und seines eigenen Landes auf ihn reagierten. In diesem besonderen Bericht sind der sein Gewand zerreißende Hohepriester und der Aufschrei „Gotteslästerung"[229] die Bestätigung dafür, was der gute Hirte gesagt hatte.

Aus anderen Berichten geht hervor, dass viele zutiefst beunruhigt waren, weil Jesus über Gott sprach, wie niemand es je zuvor getan hatte. Er bezeichnete ihn einfach als „meinen Vater". Er sprach ständig von dem „Willen meines Vaters" und dem „Haus meines Vaters" und es schwang immer dieser seltsame Ton von Vertrautheit und etwas Größerem mit. Die Menschen, die ihn mit ausgesprochen jüdischen Ohren hörten, riefen: „Er macht sich Gott gleich."[230] Gott gleich! Was ich damit sagen will? Wenn es um diese Ausdrücke geht, die Christus immer wieder über die Lippen kamen –– „mein Vater" und „Ich bin's" –, können wir darauf vertrauen, dass seine Zeitgenossen genau wussten, was er damit meinte, auch wenn die moderne Wissenschaft vorgibt, es nicht zu tun.

Nun, auch wenn einige entsetzt waren, so muss ich doch rasch hinzufügen, dass es andere gab, und zwar Tausende, die zuerst entsetzt waren, ... und dann glaubten. Zu den Überzeugten gehörten Jesu eigene Mutter, seine Brüder und Mitglieder des jüdischen Sanhedrins. Bitte lass nicht außer Acht, dass es sich bei diesen Menschen nicht um Heiden handelte, die für das Konzept von „Göttern" (und seltsam menschlichen noch dazu), die in der Welt der Menschen ihr Unwesen trieben, besonders empfänglich waren. Nein, sie waren die Kinder Abrahams, deren Glaube von heiliger Furcht angefacht wurde. Es waren Menschen, die es nicht wagten, den Namen des „ganz Anderen" auszusprechen, dieses unsichtbaren, überweltlichen Gottes, der allein durch die Kraft seines Wortes die Berge formte und die Meere gestaltete. Angesichts ihrer einzigartigen Auffassung von Gott – des Allerhöchs-

---

228 Markus 14,61.
229 Markus 14,64.
230 Vgl. Johannes 5,18.

ten – ist es unvorstellbar, dass sie einen Menschen Gott nennen sollten, nur weil sie ihn liebten. Die Vorstellung ist einfach absurd, dass ausgerechnet diese Menschen Jesus diesen Status aufgrund ihrer eigenen fehlgeleiteten Loyalität und Zuneigung verliehen haben. Dies ist der allerletzte Ort auf Erden, an dem man erwarten würde, dass eine Bewegung, die sich auf dem Glauben gründet, ein Gekreuzigter wäre der Herr der Herrlichkeit, mit einer solch explosiven Kraft ausbricht.

Mach dir die umwerfende historische Tatsache bewusst, dass ausgerechnet unter denjenigen, die der Welt die wahre Vorstellung von Gott als eine vollkommen überweltliche, unfassbare und unendliche Gottheit vermittelt haben, dieser eigensinnige Glaube an einen Mann entstand, der ein Kreuz trug. Sie kannten von klein auf die Geschichte von der Feuersäule, die ihre Väter aus der Sklaverei zu einem Berg führte, der von der Herrlichkeit Gottes erbebte. Und sie kamen zu der Überzeugung, dass dieser Lehrer genau dieser Gott war. Sie erkannten, dass es Jesus war, der alle Propheten des Alten Testaments gesandt hat[231], dass es Jesus ist, der das Recht hat, die Sünden der Menschen zu vergeben[232], dass Jesus die ausschließliche Quelle des geistlichen Lebens ist[233] und dass Jesus der höchste Richter ist, der über das Leben eines jeden Menschen urteilt.[234]

Ja, lass uns einmal diesen letzten Punkt bedenken. Jesus lehrte seine Jünger, dass die Quelle aller menschlichen Verderbtheit im Menschen selbst zu suchen ist und dass sie vor Gott in Reue zerbrechen sollen. Es gab keinen anderen Weg, sich dem Vater im Himmel zu nähern. Und tatsächlich kommen diejenigen Menschen Gott am nächsten, die das größte Bewusstsein dafür haben, wie dringend nötig sie seine Barmherzigkeit und Vergebung brauchen. Paradoxerweise hatte Jesus selbst, dessen moralische Prinzipien miteinschlossen, seine schlimmsten Feinde vollkommen zu lieben, nie das Bedürfnis, Buße zu tun. Kein einziges Mal. Sein Selbstbewusstsein war ohne auch nur den geringsten Anflug von

---

231   Vgl. Matthäus 23,37.
232   Vgl. Matthäus 9,2.
233   Vgl. Johannes 6,35.
234   Vgl. Johannes 5,22.

Scham.[235] Darin lässt sich doch einmal mehr erkennen, dass Jesus nicht nur implizit den Anspruch auf Göttlichkeit erhob, sondern ihn auch konsequent lebte.

Die Wahrheit ist, dass ihm niemand die Worte in den Mund gelegt hat. All diese Worte kommen von Jesus selbst:

„Solange ich in der Welt bin, bin ich das Licht der Welt."[236]

„Ich bin der Weg und die Wahrheit und das Leben."[237]

„Ehe Abraham wurde, bin ich."[238]

John Stott[239] bringt es in seinem Buch *Der christliche Glaube* kurz und bündig auf den Punkt. Er stellt fest: „Ihn [Jesus] zu kennen, heißt Gott zu kennen. Ihn zu sehen, heißt Gott zu sehen. An ihn zu glauben, heißt an Gott zu glauben. Ihn aufzunehmen, heißt Gott aufzunehmen. Ihn zu hassen, heißt Gott zu hassen. Ihn zu ehren, heißt Gott zu ehren."[240]

Wir müssen uns darüber im Klaren sein, dass das der zentrale Anspruch ist. Das ist es, was Christen glauben. Es bleibt das Herzstück der großartigen, wahren Geschichte, die auf keine andere Weise verstanden werden kann.

Dieser Mann behauptete, Gottes Sohn zu sein.

Buddha oder Konfuzius kam das nie in den Sinn. Mohammed wagte es nicht. Nur Jesus stellt sich selbst in den Mittelpunkt seiner Lehre. Nur Jesus konnte den absolut überzeugenden Anspruch auf die moralische Vollkommenheit seiner Person erheben, ohne Widerspruch fürchten zu müssen. Nur Jesus beansprucht für sich, Gott zu sein, und setzt sich damit vollkommen ab.

Das ist so eindeutig, dass wir uns fragen müssen, woher diese Idee kommt, Jesus habe nie behauptet, Gott zu sein. Wenn sie von Wissenschaftlern stammt, die mit der Geschichte und den entsprechenden Validierungsverfahren vertraut sind, scheint sie,

---

235 Vgl. Johannes 8,46.
236 Johannes 9,5.
237 Johannes 14,6.
238 Johannes 8,58.
239 John Robert Walmsley Stott, (1921-2011), britischer Theologe und Priester in der anglikanischen Kirche.
240 Stott: *Der christliche Glaube*, S. 35. Vgl. Johannes 5,23; 8,19; 12,44f; 14,1+7+9; 15,23; Markus 9,37.

ehrlich gesagt, unaufrichtig zu sein. Hast du das vierzehnte Kapitel des Markusevangeliums gelesen? Als du zu der Stelle kamst, wo die Schriftgelehrten versuchten, eine Anklage, irgendeine Anklage gegen ihn vorzubringen, kam es dir da in den Sinn, dass du immer noch von Leuten belogen wirst, die ihre ganz persönlichen Gründe dafür haben, sich zu wünschen, er würde verschwinden?

G. K. Chesterton machte die Beobachtung, dass offenbar jeder Stock recht ist, wenn es darum geht, Jesus zu schlagen.[241] Warum ist das so? Was bringt Menschen dazu, praktisch jede Ausrede, mit der die Ansprüche Jesu abgetan werden können, blind zu akzeptieren und sie dann als Tatsache weiterzuverbreiten? Vielleicht gibt es eine einfache Antwort. Schenkt man den Behauptungen von Jesus Christus Gehör, wird plötzlich klar, dass tatsächlich er es ist, der ein Urteil über uns zu fällen hat. Der moderne Skeptizismus setzt Gott selbst – den Gott aller Güte, allen Lebens, aller Liebe – auf die Anklagebank und fragt sich groteskerweise nicht, ob wir wohl vor Gericht gerechtfertigt werden können, sondern ob er es kann. Aber lass dich nicht in die Irre führen. Er steht nicht vor Gericht. Nicht mehr. Wir armen Sünder sind es, die auf seinen Richterspruch warten – darauf, ob das Urteil über unser eigenes Leben „Verurteilung" oder „Freispruch" lautet. Für viele ist das Grund genug, eine Anklage, irgendeine Anklage gegen ihn vorzubringen ... und nach der Augenbinde aus dem vierzehnten Kapitel des Markusevangeliums zu greifen ... und die Fäuste zu ballen. So können sie weder hören noch begreifen, wie das Urteil Gottes, das er seinem einzigen Sohn anvertraut hat, tatsächlich lautet.

„Ich vergebe dir."

Um es deutlich zu sagen: Ich versuche nicht, einen aus logischer Sicht absolut wasserdichten Fall für Jesus zu konstruieren, sondern einen, der letztlich auf dem Wort Jesu selbst beruht. Der Grund dafür liegt in der Natur der Glaubensfrage. Am Ende geht es nicht darum, rationale Schlüsse aus einer Reihe von angeforderten Fakten zu ziehen. Da steht ein Mensch. Er bietet eine Beziehung an. Auf der Grundlage dessen, was er selbst vollbracht hat,

---

241 Vgl. Chesterton: *Orthodoxie*, S. 174.

macht er fantastische Verheißungen darüber, was Gott in seinem Herzen für dich empfindet.

„Ich fahre auf zu meinem Vater und zu eurem Vater.“[242]

„Ich gehe hin, euch die Stätte zu bereiten.“[243]

„Ich bin.“[244]

Solche Verheißungen liegen außerhalb des Bereichs von Beweisen und Argumenten. Du sollst sie glauben.

———

Als der erste Nagel eingeschlagen wird und das Blut in den Boden sickert, schreit er: „Vater ...“

Und er tut es wieder.

„Vater, vergib ihnen.“

Einige zerreißen ihre Kleider. Einige fallen auf die Knie.

242 Johannes 20,17.
243 Johannes 14,2.
244 Vgl. 2. Mose 3,14.

„Ich möchte mit mir selbst zufrieden sein."

Petrus tritt näher ans Feuer heran, um sich zu wärmen. Inmitten der stillen Geborgenheit seines Freundeskreises war es einfach gewesen, zu sagen: „Was ich tun würde, wenn …", und den eigenen Worten Glauben zu schenken. All das scheint jetzt sehr weit weg zu sein. Jesus wurde festgenommen und Petrus lief mit den anderen davon.

Jetzt, wo er versucht, in einer gesichtslosen Menge unterzutauchen, steht ihm seine galiläische Herkunft ins Gesicht geschrieben.

„Sag mal, warst du nicht bei Jesus dabei?"

„Das warst doch du, oder?"

„Ja, da bin ich mir fast sicher!"

Mit altbekannten Flüchen versucht Petrus, sie davon zu überzeugen, dass er den Mann nicht kennt. Und es scheint zu funktionieren. Bis dahin sah er zwar wie einer von Jesu Jüngern aus, nun aber nicht mehr.

Der Hahn kräht noch einmal. Oh, Herr. Noch einmal!

In den Gemächern des Hohenpriesters verstehen sie ganz sicher nicht – wenn sie es bei all dem Geschrei überhaupt bemerken –, warum der schweigende Jesus seinen Kopf wendet. Er blickt Petrus einen unerträglichen Moment lang in die Augen, dann wendet er sich wieder dem zu, was er gerade tut, seinem Sterben.

Petrus weint und weint. Um Jesus. Um sich selbst.

Meine Lieben, diese Tränen haben eine wichtige Bedeutung. Wir lesen nicht, dass Judas weinte, auch nicht Pontius Pilatus. Es ist dieses verzweifelte Weinen vor dem Hof des Hohenpriesters, auf das wir immer wieder zurückkommen – als Petrus sich selbst dermaßen satthat. Nach dem Rest seiner Geschichte zu urteilen, einer Geschichte, in der die Bedeutung von Mut und Selbstlosigkeit sehr deutlich zutage treten werden, ist eines klar.

Es ist gut, dass er weint.
Seine Tränen schaden ihm nicht.
(Bibelstelle zum Nachlesen: Lukas 22,54–62)

„Ich armer, elender, sündiger Mensch bekenne dir alle meine Sünde und Missetat [...] und [habe] deine Strafe zeitlich und ewig wohl verdient."[245] So erschütternd diese Worte am Sonntagmorgen auch klingen mögen, wenn du dieses Bekenntnis nicht verinnerlichst, dann bleibt der ganze christliche Glaube für dich ein Buch mit sieben Siegeln. Ich muss dich also fragen: Ist das der eigentliche Grund, warum du die Existenz eines moralischen Gesetzgebers (Gott) und der seit jeher gültigen Prinzipien (Richtig und Falsch) verneinst?

Du willst „mit dir selbst zufrieden sein"?

Ich bin mir der seelischen Qualen bewusst, die mit einem schlechten Bild von sich selbst einhergehen, doch ich stelle die grundlegenden Bedingungen der Selbstwertgefühl-Bewegung infrage. Ist es so abwegig, zu behaupten, dass diese Gefühle des Selbsthasses nicht das eigentliche Problem, sondern nur die Symptome von etwas noch Schlimmerem sind? Ist der schmerzhafte Gedanke, der allen Menschen gemein ist – „Es bringt mich um, dass ich nicht bin, was ich sein sollte" –, nicht der unerbittliche Ausdruck einer objektiven Wahrheit? Wir fühlen uns nicht nur unannehmbar. Wir *sind* es.

Irgendetwas stimmt überhaupt nicht mit uns und das zu wissen, tut weh.

Ein Hinweis darauf, dass etwas nicht stimmt, findet sich in der Tatsache, dass sich Adam vor dem Sündenfall seiner Nacktheit offenbar nicht bewusst war. Unser erster Vater wurde kurz nach dem Sündenfall von Gott gefragt: „Wer hat dir gesagt, dass du nackt bist?"[246] Kannst du dir das vorstellen? Davor muss Adam ein Mann gewesen sein, der vollkommen und absolut glückselig in der Anbetung seines Gottes, in dem Wunder seiner Welt und seiner Frau

245 *Lutherisches Gesangbuch*, Anhang S. 177.
246 1. Mose 3,11.

Eva versunken war, sodass Gott sich fragen sollte, wie Adam überhaupt dazu gekommen war, über sich selbst nachzudenken. Es ist erschütternd, zu erkennen, wie tief Adam von der unschuldigen, sich seiner selbst unbewussten Freude gefallen war, während wir sozusagen in seinem Körper verborgen waren.

Denk einmal darüber nach, was die Tatsache bedeutet, dass wir dazu geschaffen wurden, eine Beziehung zu Gott und Beziehungen zu unseren Mitmenschen zu haben. Es bedeutet, dass wir gar nicht dazu bestimmt sind, unser Bedürfnis nach Liebe selbst zu befriedigen. Die Anziehungskraft hin zu mir selbst, also die Art und Weise, wie ich es schaffe, dass sich alles in meiner Welt um meine Bedürfnisse, meine Wünsche und meine Gefühle dreht, ist das genaue Gegenteil von Liebe. Es ist das staubige und trockene Zeichen unserer geistlichen Leblosigkeit. Don Matzat[247] hat geschrieben, dass nicht das, was ich über mich selbst denke, der Ursprung meines geistlichen Elends ist, sondern *dass* ich über mich nachdenke, und zwar unweigerlich und ausnahmslos.[248] Deshalb wird sich die Besessenheit, uns selbst zu lieben, niemals in eine tiefergehende Fähigkeit verwandeln, andere zu lieben, sondern nur in eine tiefergehende und tödliche Faszination für uns selbst. Als Sünder können wir niemals die Quelle unserer eigenen Heilung und unseres eigenen Lebens sein.

Ist es denn wirklich so schwer, das zu begreifen? Wir brauchen Gott. Obwohl wir seiner nicht würdig sind, werden wir in trost- und ruhelosem Elend stöhnen, bis wir ihn in unserem Leben haben.

Ich habe die Geschichte von Petrus erzählt, die wie alle anderen Charakterdarstellungen in der Bibel auf psychologischer Ebene viel enthält, um diese Diskussion wieder ins echte Leben zurückzuführen. Ist es nicht angebracht, traurig darüber zu sein, was wir sind? Die scheinbar einfache Frage lautet: Hat Petrus einen Grund, zu weinen oder nicht? Du hast gesehen, was er getan hat – sollte er nun weinen oder nicht? Die schmerzhaft offensichtliche Wahrheit

---

247 Donald Matzat (*1940), US-amerikanischer Pastor in der *Lutherischen Kirche – Missouri-Synode.*
248 Vgl. Matzat: *Christ-esteem*, S. 72.

ist, dass Petrus gute Gründe dafür hat, traurig zu sein, so wie ich meine Gründe habe und du deine hast.

Es geht mir nicht darum, dich zum Weinen zu bringen, und auch nicht darum, dass du so wie Petrus weinst. Es geht nicht um die Größe der Gefühle, wenn du bereust. Viel wichtiger ist die Gewissheit, dass wir, wenn wir nur einmal alle Dinge so sehen würden, wie sie sind, vor Schuld und Scham zugrunde gehen würden ... so wie Petrus. Petrus sah sein Vergehen nicht nur in Bezug auf ein moralisches Regelwerk, sondern in Bezug auf eine Person, die immer nur gut zu ihm gewesen war. Petrus erkannte die Wahrheit, der viele Menschen jahrelang erfolgreich aus dem Weg gehen: Was er gesagt und getan hatte, legte offen, was er war. Er hätte protestieren können: „Ich bin kein Mensch, der einen Freund im Stich lässt." Denn das war er ja offensichtlich doch. Ob uns nun eine solche Erkenntnis weinend in die Dunkelheit, zu einem weiteren Drink, zu einem weiteren dummen Streit oder zu einer weiteren Überstunde drängt, um unseren eigenen Wert zu beweisen – der einzige Ausweg aus dieser Finsternis führt durch sie hindurch.

Das Wichtigste ist, dass wir endlich aufgeben und dem Urteil, das Gott über uns gefällt hat, beipflichten. Er erklärt uns zu Sündern, die den ewigen Tod verdient haben. Er wird sein Wort, unser eigenes Gewissen und in einem gewissen Umfang unsere Lebensumstände dazu gebrauchen, dass wir voller Überzeugung zustimmen. Es geht nicht darum, uns zu verletzen. Es geht darum, dass Gott uns nahekommt.

„Ich wohne in der Höhe und im Heiligtum und bei denen, die zerschlagenen [...] Geistes sind."[249]

Also bezeichne ich mich selbst als Sünder, der den Tod verdient hat, obwohl sich das wie der Tod anfühlt, und stelle fest, dass sich genau an diesem Punkt die Tür des Christentums auf einmal öffnet. „Aber ich liebe dich", sagt jemand und hebt meinen niedergeschlagenen Blick. „Komm und sieh, wie sehr ich dich liebe." Es ist Gott, der sich uns im sterbenden und auferstehenden Christus nähert.

---

249 Jesaja 57,15.

Das wird in jedem christlichen Leben immer eine entscheidende Wahrheit sein: Wir müssen unsere Sünden sehen, wenn wir unseren Erlöser sehen wollen. Wenn du die Kreuzigung Christi nur ein einziges Mal durch die Tränen von Petrus hindurch miterleben würdest, wüsstest du, was die Heilige Schrift als „Traurigkeit nach Gottes Willen [...], die niemanden reut"[250] bezeichnet. Wie groß ist dein Verlangen danach? Während die Welt den psychologischen Schaden fürchtet, wenn wir uns selbst als Sünder bezeichnen, wird der eigentliche Schaden angerichtet, wenn uneingestandene und ungelöste Schuld das Leben vergiftet. Gottes Wort spricht von Reue, durch die wir „keinen Schaden"[251] erleiden. An anderer Stelle heißt es: „Tut nun Buße [...], damit die Zeit der Erquickung komme."[252] Erquickung! Worte sind zu schwach, um auszudrücken, wie mein Geist erquickt auf der anderen Seite meines Tränenmeeres aufsteigt. Ich weiß das Eine, nämlich dass niemand mich verurteilen kann – niemand auf dieser Welt, niemand außerhalb der Welt, überhaupt nicht mehr. Niemand kann mich verurteilen, denn ich verurteile mich selbst, und Gott, mein Gott, eilt zu meiner Verteidigung.

„Sei getrost [...], deine Sünden sind dir vergeben."[253]

Immer mehr von mir selbst zu sehen, damit ich immer mehr von Christus sehe: Das ist Buße. Dieses Geschenk kann nur Gott geben.[254] Es ist eine Lebensweise. Ich erkenne, dass hinter meinen persönlichen Ängsten persönlicher Götzendienst steckt, dass Egoismus meine Traurigkeit befeuert und meine Schlechtigkeit in meinem Denken bedrohlichere Dimensionen annimmt als meine Verletzungen. Aber er hat dennoch getan, was er getan hat. Ich bin bereit, den Kummer von Petrus zu schmecken, damit auch ich mich mit „unaussprechlicher und herrlicher Freude [freuen]"[255] darf. Denn aus dem Ackerboden der Erkenntnis – also das Selbst

---

250 2. Korinther 7,10.
251 2. Korinther 7,9.
252 Apostelgeschichte 3,19f.
253 Matthäus 9,2.
254 Vgl. Apostelgeschichte 5,31 und 11,18.
255 1. Petrus 1,8.

nicht anzunehmen, sondern zu töten – entsteht ein Leben, das frei, endlich frei und neu in Christus ist.

Das ist der Kern einer Beziehung mit Gott, ihr Anfang und ihr Ende: In Christus hat Gott uns vergeben ... und wir glauben ihm. Und das Leben, das in Jesus ist – die Liebe, der Friede, die Freude, die Hoffnung –, kommt zu uns, wenn unser Denken auf ihn gerichtet ist.

Hat die Liebe zu uns selbst dann überhaupt eine Existenzberechtigung? Das frage ich mich. Wenn ich nur von Jesus Christus lernen könnte, alle Menschen zu lieben, einfach weil sie Menschen sind, einfach weil sie von ihm geliebt werden. Dann würde ich auch mich selbst annehmen, dann könnte ich mit mir auf dieselbe losgelöste, von Gnade erfüllte Art und Weise leben. Wahrscheinlich ist es besser, überhaupt nicht an uns selbst zu denken. Also wollen wir „aufsehen zu Jesus"[256], wie uns die Bibel auffordert. Durch seinen Geist gibt sich uns ein tieferer, wahrhaftigerer Durst zu erkennen als der Durst danach, „mit uns selbst zufrieden sein zu wollen".

„Ich möchte Christus erkennen."[257]

C. S. Lewis schrieb: „Suche nach dir selbst, und du wirst auf Dauer nur Hass, Einsamkeit, Verzweiflung, Wut, Zerstörung und Verfall finden. Aber suche Christus und du wirst ihn finden und mit ihm auch alles andere."[258]

Fürchte dich nicht vor dem, was Christen Buße nennen. Es sind gute Tränen.

Wenn meine Tochter immer noch von ganzem Herzen sagen kann, es tut ihr leid, weiß ich, dass ihr Herz noch immer mir gehört. So weiß ich, dass es Hoffnung für eine Ehe, eine Freundschaft oder eine Kirche gibt. Manchmal brechen unsere Sünden uns das Herz.

Aber da steht Jesus, sein Gesicht uns zugewandt.

---

256 Hebräer 12,2.
257 Philipper 3,10.
258 Vgl. Matzat: *Christ-esteem*, S. 83 [eigene Übersetzung].

„So etwas wie Wahrheit gibt es doch gar nicht."

Ein Statthalter dieser und der Fürst der anderen Welt trafen sich von Angesicht zu Angesicht – Pontius Pilatus und Jesus Christus. Ihr Gespräch in der Morgendämmerung an diesem Freitag war schlicht und einfach faszinierend und man konnte dabei fast vergessen, dass der eine das Leben des anderen in seinen Händen hielt.

Jesus sagte: „Ich bin dazu geboren und in die Welt gekommen, dass ich die Wahrheit bezeugen soll. Wer aus der Wahrheit ist, der hört meine Stimme."

Hast du das gehört? „Pilatus, wenn du auf der Seite der Wahrheit stehen würdest, würdest du mir zuhören. Die absolute, strahlende und unausweichliche Wahrheit steht direkt vor dir. Die Frage lautet: Willst du sie wirklich wissen?"

Weißt du, es wäre schrecklich unbequem gewesen, die Wahrheit über diesen speziellen Fall zu kennen. Angesichts dessen, was Pilatus (aufgrund seiner eigenen politischen Schwierigkeiten) Jesus antun musste, war es viel einfacher, zerstreut zu bleiben. Er verschloss absichtlich die Augen.

„Was ist Wahrheit?", murmelte Pilatus, als er sich abwandte und so schnell wie möglich aus dem Licht trat. Denn wenn die klare und einfache Wahrheit nicht mehr den Tag beherrscht, wenn jede Version der Wahrheit so gut wie jede andere ist, dann herrscht stattdessen blinde Macht über den Tag. Bösartige, brutale, kreuzigende Macht.

Während alle anderen Errungenschaften von Pontius Pilatus in Vergessenheit geraten sind, überdauert diese eine Unterhaltung, dieser eine kurze Moment im hellen Tageslicht die Zeiten. Millionen von Menschen sprechen seinen Namen und erinnern sich dabei nur an diese eine Sache – die Wahrheit selbst wurde einst „gekreuzigt unter Pontius Pilatus".

Und diese Wahrheit ist, nachdem sie ermordet worden war, wiederauferstanden.
(Bibelstelle zum Nachlesen: Johannes 18,28–40)

Ravi Zacharias erinnert sich an eine Besichtigungstour durch das *Wexner Center for the Arts*, das Institut für zeitgenössische Kunst an der Ohio State University. Mit Balken, die überallhin gehen, Treppen, die nirgendwohin führen, Säulen, die nicht bis zum Boden reichen, soll der Gebäudeaufbau das Leben selbst widerspiegeln – „sinnlos und unzusammenhängend". Es lädt diejenigen, die eintreten, dazu ein, alles infrage zu stellen, insbesondere die abgenutzten Wahrheiten, die schlichte Gemüter einst für selbstverständlich hielten. Ein unverblümter Tourist stellte dann aber die schmerzlich offensichtliche Frage: „Wurde das Fundament auch so erbaut?" Damit wurde die ganze Erklärung der Architekten als sinnlos überführt.[259]

Diejenigen, die dieses Gebäude entworfen haben, wussten ganz genau, dass es bestimmte unbestreitbare Prinzipien gibt, Prinzipien, die sich nicht ändern und die nicht ohne ernsthafte Folgen missachtet werden können. Sie wussten es. Warum wissen wir es nicht?

Laut einer Umfrage sagen 67 Prozent der Amerikaner, sie glauben nicht, dass es so etwas wie Wahrheit gibt. Für den Fall, dass ein christliches Bekenntnis in eine TV-Talkshow oder ein staatliches Klassenzimmer eindringen sollte, lässt es sich auf folgende Weise geschickt abwehren: „Das mag ja für dich die Wahrheit sein. Das heißt aber nicht, dass es für alle wahr ist." Ich muss fragen, ob du diese Ablehnung wirklich durchdacht hast.

Ein junger Mann, der gerade den Einführungskurs in Philosophie an einer staatlichen Universität absolviert hatte, teilte mir mit unverhohlener Herablassung mit, dass „man niemals eine Aussage machen darf, mit der andere Standpunkte verneint werden sollen". Auf diese Weise wollte er meinen Standpunkt verneinen. Manche Menschen argumentieren mit dogmatischer Gewissheit gegen die

---

259 Vgl. Zacharias: *Kann man ohne Gott leben?*, S. 43f.

bloße Möglichkeit dogmatischer Gewissheit. Viele bestehen voller Überzeugung darauf, jeder könnte in seiner eigenen Version der „Wahrheit" recht haben, und führen das dann als Begründung dafür an, dass Christen nicht im Recht sein können. Eine besonders umwerfende Behauptung lautet: „Jeder, der sagt, dass andere in ihrer eigenen Wahrheit im Unrecht sind, ist ganz einfach intolerant." Die nächste Frage liegt auf der Hand. Aber ... ist das nicht genau das, was du zu mir sagst?

„Es ist unmöglich, irgendetwas zu wissen!"

„Und du weißt das ... woher?"

Schluss damit. Die Wahrheit ist, dass wir unser Leben jeden Tag so leben – wir überqueren Straßen und sitzen auf Stühlen –, als ob es möglich wäre, die Wirklichkeit zu kennen. Vielleicht nicht vollständig, aber doch ausreichend. Ist es nicht der Gipfel selbstzerstörerischer Philosophien, wenn Menschen dir in die Augen sehen und sagen: „Es gibt keine Wahrheit.", und wirklich glauben, dass sie damit etwas Wahres gesagt haben?! Wenn sie recht haben, haben sie nicht recht. Solche Ideen müssen nicht widerlegt werden. Sie widerlegen sich selbst.

Gibt es denn, abgesehen von unseren Vorstellungen darüber, keine Wirklichkeit, die „da draußen" existiert? Dir fällt nichts ein, das wahr bliebe, selbst wenn die ganze Welt es als falsch bezeichnen würde? Verbiegt und verändert sich die Wirklichkeit tatsächlich, um dem zu entsprechen, was jeder Mensch gerade denkt? So etwas wie Wahrheit gibt es nicht? Mir ist bewusst, dass es der Preis für den Zutritt in unsere kultivierten Kreise höherer Bildung ist, genau diese Meinung zu vertreten. Nach Auffassung des Journalisten Malcolm Muggeridge haben wir uns „blödgebildet".[260]

Wenn der Relativismus für dich Sinn ergibt, dann lebst du „unterhalb der Linie der Verzweiflung"[261], wie es Francis Scheffer[262] ausgedrückt hat. In *Gott ist keine Illusion* schreibt er von den erschütternden Veränderungen im menschlichen Denken, die zu

---

260 Zacharias: *Kann man ohne Gott leben?*, S. 11.

261 Schaeffer: *Gott ist keine Illusion*, S. 144.

262 Francis August Schaeffer (1912-1984), US-amerikanischer Theologe, presbyterianischer Pastor, Philosoph und Schriftsteller, gründete die Kommunität *L'Abri Fellowship* in der Schweiz.

Beginn des 20. Jahrhunderts ihren Anfang nahmen. Er schildert die sehr reale Verzweiflung all jener „Erleuchteten", die die Wahrheit leugnen und jede Hoffnung aufgeben, dass es eine Halt gebende Antwort auf das Leben gibt.[263] Was sagen diejenigen, die sagen: „Es gibt keine Wahrheit.", wirklich?

Zunächst einmal gibt es immer mehr Menschen, die mit dem sogenannten Satz vom Widerspruch nicht vertraut sind. Der Satz vom Widerspruch besagt: „Wenn A wahr ist, dann ist Nicht-A falsch". Mit anderen Worten: Etwas kann nicht gleichzeitig und in derselben Hinsicht wahr und falsch sein. Eng verwandt damit ist das Konzept der Antithese, also die Art und Weise, wie eine Aussage ihr wahres Gegenteil verneint. Wie Schaeffer schrieb, kann eine Person nicht mit sich selbst, geschweige denn mit einer anderen Person kommunizieren, es sei denn auf der Grundlage der Antithese. Wenn ich mir denke: „Diese Blüte ist wunderschön.", dann will ich eigentlich dem Gegenteil dieser Worte widersprechen. Es sei denn, wir wollen Worte und Denken ganz aufgeben. (Übrigens, wenn du versuchst, gegen den Satz vom Widerspruch zu argumentieren oder ohne Antithese zu sprechen, wird dir die Ironie deines Standpunkts hoffentlich sofort ins Auge fallen.)

All diese Aspekte, so offensichtlich sie erscheinen, musst du ignorieren, wenn du am Relativismus festhalten willst, wenn du weiterhin darauf bestehen willst, dass widersprüchliche Aussagen gleichermaßen gültig sein können und dass jede Person zu Recht ihre eigene Version der Wahrheit vertreten kann. Nun ist es schön und gut, zu sagen, dass jeder Mensch die Welt aus seinem eigenen Blickwinkel betrachtet und dass es deshalb so ist, *als ob* jeder Mensch in einer anderen Welt leben würde, und dass es so *scheint*, als gäbe es individuelle Wirklichkeiten. Doch es ist Unsinn, zu behaupten, dass die Realität tatsächlich für jeden Menschen anders ist und dass gegensätzliche Aussagen über die Realität gleichermaßen als Beschreibung der Wirklichkeit dienen können. Die Leugnung absoluter Wahrheit beruht auf einer Widersinnigkeit und ist der Keim existenzieller Verzweiflung. Es ist mein aufrichtiges Gebet, dass die Menschen die Sinnlosigkeit dieses Denkens

---

263 Vgl. Schaeffer: *Gott ist keine Illusion*, S. 144f.

(und des daraus erwachsenden Lebens) als das erkennen, was es ist. Diese Sinnlosigkeit ist ein Ausdruck ihrer Entfremdung von meinem Gott.

Auf Hebräisch lautet sein Name *Elohim-Amen*[264] – „der Gott der Wahrheit" bzw. „der treue Gott".

Er weiß alles. Er sieht alles. Er ist derjenige, der in der Lage dazu ist, die Wirklichkeit so zu benennen, wie sie tatsächlich ist, sich selbst so zu beschreiben, wie er ist, und uns so zu beschreiben, wie wir sind. Die Wahrheit, die er durch sein Wort offenbart, ist nicht allumfassend, aber sie ist erkenn- und erfassbar. Wissen durch Gottes Offenbarung beruht mehr auf Erfahrungen und weniger auf einem Zirkelschlussdenken als jede andere Form des Wissens: Logik kann nur durch mehr Logik belegt werden, Intuition nur durch mehr Intuition und so weiter und so fort. Nur Gott kann nicht lügen. Und die Ohren vor seinem Wort zu verschließen, ergibt einfach keinen Sinn.

Ich glaube aber, ich verstehe, was Menschen dazu bringt, an der Idee des Relativismus festzuhalten, ohne sie vollständig zu Ende zu denken. Sie glauben, dass sie damit nett sind. Sie betrachten das Leben wie ein modernes Kunstwerk voller Schnörkel und Flecken. Im Grunde ist da nur Chaos. Jeder Versuch, einen Sinn auf der Leinwand zu entdecken, verkörpert nur das seltsame Bedürfnis des Menschen, „Wahrheit" aufzuzwingen, wo es eigentlich keine gibt. Deshalb, so ihre Überlegung, ist es freundlich und großzügig, jeden Betrachter seine Meinung zur Bedeutung des Bildes äußern zu lassen. Niemand kann Anspruch auf vollkommene Objektivität erheben und daher werden wir alle Interpretationen als gleichwertig ansehen. Ich aber behaupte, dass es zu einem alles andere als freundlichen Ende führt, wenn die Menschen anfangen, alle Dinge – das Leben und die menschliche Seele, Religion und Moral, Familie, Sexualität und kleine ungeborene Menschen – so zu betrachten, als seien sie undefinierbare Abstraktionen. Nehmen wir

---

264 Wörtlich: Wahrheit, Wahrhaftigkeit, Beständigkeit, Treue, Zuverlässigkeit. Von Martin Luther für gewöhnlich mit „Treue" übersetzt. Vgl. Psalm 31,6: „In deine Hände befehle ich meinen Geist; du hast mich erlöst, Herr, du treuer Gott." (Luther-Bibel 1984). „In deine Hand gebe ich meinen Geist. Jahwe, du hast mich erlöst, du, der wahrhaftige Gott." (Neue evangelistische Übersetzung 2010).

etwa den Mann, der traurig murmelt: „Was auch immer." (diese unverkennbar moderne Version von „Was ist Wahrheit?"), wenn seine Habgier, Untreue oder Gewalttätigkeit doch offensichtlich unentschuldbar sind.

Liebevoll zu sein, heißt in diesem Fall, dich davor zu warnen, diese Art von Spiel mit Gott zu treiben. „Keine Entschuldigung"[265] ist das schnörkellose Urteil, das er über diejenigen fällt, die leugnen, was sie bereits wissen. Das Problem ist nicht der Mangel an Beweisen für die Wahrheit, sondern die Scheinheiligkeit derer, die behaupten, sie zu suchen. „Menschen, die die Wahrheit [...] niederhalten"[266] – so sieht es in Wirklichkeit aus. Und warum? Sie stehen dem Gedanken zutiefst feindselig gegenüber, dass es da etwas gibt, das in irgendeiner Weise über sie richtet[267], ganz zu schweigen davon, dass sie für unzulänglich befunden werden. Um es mit der klaren Einsicht Jesu zu sagen: „Wer Böses tut, der hasst das Licht und kommt nicht zu dem Licht, damit seine Werke nicht aufgedeckt werden."[268] Die althergebrachten Wahrheiten, wenn sie bestehen bleiben dürfen, machen all diese Rationalisierungen zunichte. So verschließen die Menschen absichtlich ihren Verstand vor der umwerfenden Gestaltung der Schöpfung, dem ständig mahnenden Gewissen, der Vollkommenheit der biblischen Offenbarung und vor allem vor Jesus.

Vielleicht fragst du dich, ob ich wirklich die Tatsache in Frage stelle, dass jeder Mensch das Leben durch seine ganz eigene Brille sieht, die durch Kultur und Erfahrung geprägt ist. Ich stimme auf jeden Fall der Aussage zu, dass es unmöglich ist, die letzte Wahrheit zu finden, zumindest für uns. Das wirft jedoch die eigentliche Frage auf: Kann Gott die Wahrheit offenbaren? Kann kein Licht von außen hereinscheinen? Der heutige Relativismus hat nichts von Bedeutung über die Möglichkeit göttlicher Offenbarung zu sagen. Kann Gott, der jenseits der Reichweite der Vernunft existiert, sich nicht selbst erkennbar und erkannt machen?

---

265 Römer 1,20.
266 Römer 1,18.
267 Vgl. McDowell: *The new evidence that demands a verdict*, S. XLIII.
268 Johannes 3,20.

Würde Gott die Wahrheit schließlich einfach offenbaren, wie sähe seine Wahrheit dann aus? Sie würde Dinge beinhalten, die „in keines Menschen Herz gekommen"[269] sind. Das heißt, wie einfach die Botschaft auch wäre, ginge sie doch unserem menschlichen Empfinden immer noch gegen den Strich und würde sich dem jahrhundertelangen Rätselraten der Menschheit widersetzen. Die Menschen würden sich sicherlich voller Verachtung dagegen wehren. Aber nicht alle wären dabei erfolgreich. Diejenigen, die die geoffenbarte Wahrheit empfangen, würden sie so beschreiben, nun, so wie sie Jesus beschreiben würden.

„Ein Licht, das da scheint an einem dunklen Ort."[270]

Und schließlich, wenn die endgültige Wahrheit nur gefunden werden kann, indem sie in die erkenntnistheoretische Verwirrung (die Unmöglichkeit, dass wir aus eigener Kraft die endgültige Wahrheit finden) eindringt, dann müsste die wirkliche Wahrheit auf einzigartige Weise erfasst werden, die sich von jeder anderen Weise unterscheidet.

„Glaubt an Gott", sprach das Licht, „und glaubt an mich."[271]

Wir haben die ganze Zeit über in einem Kunstwerk gelebt, einer Schöpfung, einem Meisterwerk. Betrachte die Ordnung, die Schönheit, die Intelligenz, die Freundlichkeit. Und eines Tages in Betlehem trat dann der Künstler selbst durch eine Tür von der Größe eines Geburtskanals in sein Werk ein. Achte auf seine Worte an Pilatus. Das war nicht nur eine Geburt, sondern auch ein „Kommen" desjenigen, der uns genau sagen würde, was das alles bedeutet. Wir müssen uns nicht mehr den Kopf darüber zerbrechen. Wir müssen nicht mehr darauf beharren, dass über allem und jedem ein Fragezeichen schwebt. Jesus kam von einem Ort, der sich außerhalb der menschlichen Ahnungslosigkeit befindet, in diese Welt. Er kam, um die Wahrheit zu sein – um die vollkommene Offenbarung dessen zu werden, wer Gott ist, was sein Werk bedeutet, was er von dir denkt, welche Pläne er für dich hat und was er in seinem Herzen und Geist für dich bereithält. Ja, es gibt keine Entschuldigung für all unsere Sünden. Das ist die Wahrheit.

---

269 1. Korinther 2,9.
270 2. Petrus 1,19.
271 Johannes 14,1.

Aber auch das ist wahr: Jesus stand da und hielt das Leben des Pilatus in seinen Händen ... und meins ... und das aller anderen Menschen. Öffne einfach die Augen. Sieh, wie Jesus mit wunderbaren, selbstverständlichen Worten seinem eigenen Mörder, Pontius Pilatus, die Hand reicht, so als wäre er ein weiterer Jünger, der in letzter Sekunde hinzukommt.

„Wer aus der Wahrheit ist, der hört meine Stimme."[272]

Durch seinen Geist haben seine Worte meine Seele ergriffen. Die Wahrheit ist, dass er nach uns allen die Hand ausstreckte, als er das Kreuz ergriff und wie einen Siegespreis umklammerte.

Ich weiß, dass es im Zentrum von allem eine Liebe jenseits aller Worte gibt. Er, der alles zusammenhält, ist es, der dort stand, dort kniete, dort hing ... für mich. Eines Tages werde ich in dieses Licht treten und in dieser Liebe stehen. Das Licht und die Liebe werden über mich, in mich und durch mich hindurchfließen. Ich werde der Wahrheit von Angesicht zu Angesicht gegenüberstehen.

Das, was ich ganz sicher weiß, ist ... Jesus.

Wenn ich an der Tür zur Ewigkeit stehe, gibt es nur ein Gesicht, nach dem ich Ausschau halten werde, nur einen Heiland, der meinen Tod mit Gewissheit erfüllen kann.

„Wahrlich, ich sage dir: Heute wirst du mit mir im Paradies sein."[273]

Bleib bei mir. Nimm deine Sehnsucht wieder in Anspruch, eine wirkliche Sache und einen Ort zu kennen, an dem du stehen kannst und der für immer fest unter deinen Füßen bleiben wird.

„Wahrlich, ich sage euch."

---

272 Johannes 18,37.
273 Lukas 23,43.

„Kommt man in den Himmel, wenn man in allerletzter Minute noch beichtet?"

Als er halbnackt hoch oben am Kreuz hing – die Zielscheibe erbarmungsloser Verspottung –, erlangte Jesus einen Tod in Würde und Gnade, was kaum vorstellbar erscheint. Andere Männer, die gekreuzigt wurden, fluchten und zuckten zusammen. Sie winselten um Gnade und weinten. Dieser betete.

„Vater, vergib ihnen, denn sie wissen nicht, was sie tun."

Es raubt einem den Atem. Alle Aufmerksamkeit richtete sich auf das Schild über seinem Kopf: „Jesus von Nazareth, König der Juden."

Er ist ein König.

Ganz in der Nähe, zu derselben Zeit wie Christus gekreuzigt, hing nur ein weiterer namenloser Schächer, nur ein weiterer Verbrecher, der irgendeiner Mutter das Herz brach, und niemand, an den man sich erinnern müsste. Doch wenn das alles ist, was du siehst, dann sieh noch einmal hin. Soweit die Evangelien berichten, war er der Einzige, der ein Wort zur Verteidigung Jesu sprach. Und er war der Einzige, der für den einsamen, sterbenden Jesus ein gutes Wort übrighatte. Und noch etwas, das anders ist und erst überrascht, dann aber absolut Sinn ergibt: Er ist der Einzige in der ganzen Bibel, der etwas tut, was ich mein ganzes Leben lang getan habe. Er sprach Jesus einfach mit „Jesus" an, ohne zusätzlichen Titel.

„Jesus, gedenke an mich, wenn du in dein Reich kommst."

Denk an diese beiden Männer, von denen nicht mehr viel übrig ist. Ein namenloser Schächer und ganz einfach Jesus. Der eine ist die Schuld in Person, der andere Liebe. Der Verbrecher verdient nichts anderes als den Tod, wie er selbst sagt, und stellt darum keine Forderungen. Er bittet nur darum, dass er im Herzen seines sterbenden Gottes einen Platz haben möge. Er will nur sagen: „Ich glaube dir, Jesus. Ich erkenne einen König, wenn ich ihn sehe."

„Wahrlich, ich sage dir", sprach Jesus zu ihm, „heute wirst du mit mir im Paradies sein."

(Bibelstelle zum Nachlesen: Lukas 23,32-43)

―――――――――――――――――――

„Habe ich das richtig verstanden? Menschen können ihr ganzes Leben lang Leid verursachen, mit ihrem letzten Atemzug seinen Namen rufen, von irgendeinem Christen in Jesu Namen freigesprochen werden und im Himmel aufwachen? Das war's? Einfach so?" Das ist eine gute Frage. Ganz klischeehaft: Kann der Mörder, der im Todestrakt sitzt, kurz vor der Hinrichtung seine Sünden bekennen und ins Paradies eintreten? Die Antwort ist sogar noch besser.

Ja.

Die Frage ist zu wichtig, als dass ich sie herunterspielen oder auf andere Weise eine verlockendere Antwort auf sie geben möchte als die, die Jesus diesem sterbenden Schächer gab: „Wahrlich, ich sage dir: Heute wirst du mit mir im Paradies sein."[274]

Die Frage ist zu wichtig, weil sie uns mit dem, was der christliche Glaube ist, konfrontiert. „Denn also hat Gott die Welt geliebt, dass er seinen eingeborenen Sohn gab, damit alle, die an ihn glauben, nicht verloren werden, sondern das ewige Leben haben."[275] So einfach ist das: *Alle* bedeutet *alle*.

Welt bedeutet *Welt*.

Bitte versteh dabei, dass meine Antwort auf das Problem der Beichte auf dem Sterbebett das Leid, das ein Mensch hinterlässt, in keiner Weise kleinredet. Ich bitte dich nicht darum, über das Schreckliche, das Menschen in ihrem Leben getan haben, als etwas Belangloses hinwegzusehen. Wenn zum Beispiel Mörder Gottes Vergebung in aufrichtiger Reue empfangen haben, bevor sie starben, kannst du dir sicher sein, dass sie gezwungen wurden, sich selbst und ihre Taten zu sehen, und den Schmerz darüber

---

274   Lukas 23,43.
275   Johannes 3,16.

zu spüren. Eine Bekehrung ohne wahre Reue macht niemandem etwas vor, am allerwenigsten Gott.

Die Lösung für das Dilemma, dass Diebe und Mörder wohlbehalten im Himmel ankommen, findet sich jedoch ganz woanders. Ihre Verbrechen sind große, schreckliche Berge von Schuld, die mit jedem Tag größer wurden. Aber es gibt etwas noch Größeres. Ich weise auf die ungeheure Größe des Geschenks hin, das von Gott kommt.

„Wo [...] die Sünde mächtig geworden ist, da ist [...] die Gnade noch viel mächtiger geworden."[276]

Das ist die Frage, die gestellt und beantwortet werden muss: Wenn Gott seinen eingeborenen Sohn gegeben hat, reicht das dann aus, um für diese ganze Welt zu sühnen, oder ist es nicht genug? Christen sind diejenigen, die mit lauter Stimme „Ja!" und „Ehre sei Gott!" rufen. Das Opfer des Gottessohnes reicht aus, um für zehntausend Welten zu sühnen, wenn das nötig ist. Geh zum Kreuz und öffne deine Augen. Sei gewiss, dass kein menschliches Verbrechen ungestraft bleibt, aber durch das Opfer Christi werden wir Sünder allein um seinetwillen und allein aus Gnade für unschuldig erklärt. Ich frage dich: Ist das ein Grund zur Klage oder zu immerwährendem Lob?

Menschen verwenden bei diesem Einwand gern eine möglichst drastische Ausdrucksweise. Wäre Adolf Hitler in den Himmel gekommen, wenn er auf dem Sterbebett Buße getan hätte ... und wäre er an Mutter Teresa auf ihrem Weg in die Hölle vorbeigekommen, wenn sie das nicht getan hätte? Diese Annahme ist zwar absurd, aber die Antwort ist – zumindest theoretisch – in beiden Fällen Ja. Und auch wenn das wie ein Schlupfloch in der christlichen Theologie erscheinen mag, das schlechte Menschen in den Himmel kommen lässt und andere, scheinbar viel bessere Menschen nicht, kann es die Bibel ziemlich leicht aufklären. Gottes Wort zufolge ist jeder Mensch ein Sünder. Jeder. Sowohl Hitler als auch Mutter Teresa waren von Sünde durchdrungen (und Teresa hätte dir dasselbe gesagt und zwar sehr vehement, meine ich). Und obwohl die Symptome dieser tödlichen Krankheit von Fall zu Fall

---

276 Römer 5,20.

tatsächlich sehr unterschiedlich sind, wird jeder daran sterben. „Der Sünde Sold ist der Tod."[277] Das Bemerkenswerte ist nicht, wie gut oder schlecht die Seelen im Himmel oder in der Hölle sind. Das Geschenk, das Wunder ist, dass jemand letztlich seine eigene Sünde überlebt, um sich für immer an Jesus zu erfreuen und für immer in dieser Freude zu sein. Eine solche Herrlichkeit gibt es für niemanden, der sich selbst überlassen ist, aber sie ist für jeden durch die reine Gnade Gottes möglich.

Ich beobachte, dass dieser Einwand, der zunächst eher theoretisch und akademisch (und in gewisser Weise selbstgerecht) anmutet, eine ganz andere Richtung einschlagen kann. Dass ich auf diese Frage so deutlich antworten muss, hat noch einen weiteren Grund, weil nämlich einmal der Tag kommen wird, an dem ich mir selbst diese Frage stellen muss. Würde ich zum Beispiel einem Kind etwas zuleide tun, weiß ich, was mit mir geschehen sollte, obwohl ich einen Mühlstein am Hals vorziehen würde.[278] Eines Tages wird sich das ganze Gewicht der schonungsloseren Bibelstellen, die von Begierde und Zorn, von Neid und Stolz handeln, um deine Seele schlingen. Eines Tages wird dir Gott vielleicht dein wahres Ich zeigen. Du wirst „unter Gottes gerechter Missbilligung untergehen"[279] und die Frage wird plötzlich nicht mehr theoretisch oder akademisch, sondern entsetzlich persönlich sein. „Wie weit reicht die Gnade? Ist es zu spät für mich? Kann ein Mensch außerhalb der Reichweite der Gnade gelangen?"

„Bin ich außerhalb der Reichweite?"

Ich spreche aus Erfahrung. Obwohl ich sonntags bekenne, dass „ich von Geburt an sündig bin" und dass ich „nur Gottes Zorn verdiene", gibt es in mir eine hartnäckige Entschlossenheit, mich gegen genau diese Erkenntnis zu wehren. Es fühlt sich wie Selbster-

---

277 Römer 6,23.
278 Vgl. Matthäus 18,6: „Wer aber einen dieser Kleinen, die an mich glauben, zum Abfall verführt, für den wäre es besser, dass ein Mühlstein an seinen Hals gehängt und er ersäuft würde im Meer, wo es am tiefsten ist."
279 Aus dem Choral *What wondrous love is this* (Strophe 2): „When I was sinking down, / sinking down, sinking down, / beneath God's righteous frown, / Christ laid aside His crown / for my soul, for my soul, / Christ laid aside His crown for my soul." [eigene Übersetzung].

haltung an. Ich will diesen Wahrheiten nicht auf den Grund gehen. Stattdessen stelle ich fest, dass ich unter der Woche das Verlangen habe, das Wissen über mich in das genaue Gegenteil zu verkehren. Täglich betrete ich meine Welt und suche nach Beweisen, dass ich eigentlich ein ziemlich guter Kerl bin, dem es ganz gut geht. Und auch wenn mein Leben von außen betrachtet zu „funktionieren" scheint, lass dich nicht von mir täuschen. Manchmal kann ich mich der schrecklichen Erkenntnis nicht erwehren, dass Gott mit seinem Urteil über mich vollkommen richtigliegt. Sein Urteil über mein Leben, dass es von Anfang an falsch gewesen ist, ist wahr. Ich bin nur ein weiterer Schächer, der mit seiner Sterblichkeit konfrontiert ist und das Offensichtliche, das über dem langen Schatten des Todes in dieser Welt geschrieben steht, hinausschreit: „Ich bekomme, was ich aufgrund meiner Taten verdiene." Ich nehme meinen Platz unter den Mördern ein und stelle mich lautlos zwischen die Schächer. Ich bin nichts weiter als ein wertloser Sünder, der auf das Schärfste verurteilt werden muss, ein Verbrecher, der beseitigt werden muss, notfalls mit Nägeln. Das ist es, was Gottes Wort sagt, und in Momenten brutaler Klarheit spreche ich dasselbe Urteil über mich selbst.

In solchen Momenten sterbe ich.

Ich werde gekreuzigt und ich sterbe mit Christus.

Ich erkenne es jetzt. Gott konnte mich nur verdammen. Genau das tat er – allerdings ersetzte er mich durch seinen Sohn. Ich sehe diesen schrecklichen Tod, den Jesus starb, und weiß, dass es meiner war. Dieser Tod ist mir nicht widerfahren, so hätte es aber sein sollen. Und wenn ich zu diesem furchtbaren Schluss über mich selbst komme, werde ich vollkommen eins mit ihm. Ich bin mit Christus gekreuzigt.

Das ist der Tod, der mich befreit.

Denn da ich „ihm gleich geworden" bin „in seinem Tod"[280], bin ich auch mit ihm in diesem Grab vereint, als sich seine regungslose Brust plötzlich in einem Atemzug hob und er von den Toten wiederauferstand. Durch die Vergebung aller meiner Sünden bin ich ein neuer Mensch in Jesus, meinem Herrn, und das alles nur,

---

280   Römer 6,5.

weil er meiner gedacht hat. Ich wende mich von meinem sündigen Selbst, von all meiner drängenden Sorge um mich selbst ab, wie von einer toten Sache. Wenn meine Augen auf Jesus, nur auf Jesus gerichtet sind, ergreife ich das Leben, das wirklich Leben ist. Ich bin mit Christus gekreuzigt worden und deshalb gilt: „Ich lebe, doch nun nicht ich, sondern Christus lebt in mir. Denn was ich jetzt lebe im Fleisch, das lebe ich im Glauben an den Sohn Gottes, der mich geliebt hat und sich selbst für mich dahingegeben."[281]

Wenn es um das ewige Leben in der Gegenwart meines Gottes geht, stehen die Pforten des Paradieses offen. Ich habe bereits Einlass erhalten. Als ein Mensch, dem vergeben wurde und der vor Gott lebendig ist, sehe ich einen weiteren Grund, warum die Frage dieses Kapitels so entscheidend ist.

Eines Tages wird irgendjemand Gnade von mir brauchen.

Er war ein guter Redner und hatte mich um 80 Dollar erleichtert, die er zweifelsohne für Drogen ausgab. Das geschah in meinem ersten Jahr als Pastor. Nur Gott selbst konnte mich acht Jahre später mit demselben Mann zusammenbringen, als die Drogen ihre Arbeit fast vollendet hatten. Im Alter von 45 Jahren war er beinahe tot. Die einzige Antwort, zu der er fähig war, als ich ihm Woche für Woche aus der Bibel vorlas, bestand darin, die Augen zu schließen, wenn wir beteten, und ein- oder zweimal eine Träne herauszudrücken. Mein sterbender Schächer und ich.

In Zeiten wie diesen gibt es nur das Wort Christi – mehr gibt es nicht. Es gibt nur die heilige Freude, in einem schwach beleuchteten Raum zu sitzen, mit dem Schatten des Todes ringsum und mit diesen Worten als einzigem Licht.

„Wahrlich, ich sage dir: Heute wirst du mit mir im Paradies sein."[282]

Ich weiß, wie weit die Gnade Gottes reicht.

Ich habe gelernt: *Welt* bedeutet *Welt*.

---

281 Galater 2,20.
282 Lukas 23,43.

„Der christliche Glaube ist zu negativ."

Nikodemus, ein Angehöriger der jüdischen Führungsschicht und heimlicher Jünger Jesu, versteckte sich nicht länger und bat um den Leichnam Christi. Zu einem hohen Preis für ihren gesellschaftlichen Status stiegen er und Josef von Arimathäa, ebenfalls ein Pharisäer, auf diesen schrecklichen Hügel und näherten sich dem leblosen Jesus.

Eilig wickelten sie den Leichnam ein. Die Sonne ging gerade unter und das jüdische Passafest stand kurz bevor. Für derlei Dinge gab es genaue Regeln und Regeln galt es in ihrer Religionsgemeinschaft unbedingt einzuhalten. Da sich Josefs Grabstätte ganz in der Nähe befand, stimmte er zu, den Leichnam Jesu an diesem eigentlich für ihn bestimmten Ort zur Ruhe zu betten. Sie legten die menschgewordene Vergebung in einen frisch gehauenen Felsen, der noch nie vom Tod berührt worden war. Die beiden Marias saßen gegenüber dem Eingang und sahen zu.

Wenn du mit den Frauen diese unfassbare Unstimmigkeit betrachtest, dass Jesus Christus zu Grabe getragen wird, gibt es mehr zu sehen, als auf den ersten Blick zu erkennen ist. Die beiden Männer heben erst den einen Arm, dann den anderen. Sie kreuzen seine Arme über der regungslosen Brust, salben ihn mit wohlriechenden Ölen und bedecken behutsam sein vom Tode gezeichnetes, kaum mehr erkennbares Gesicht. Während sie diese Dinge tun, darfst du nicht vergessen: Das Passafest war das höchste Fest im Leben eines jüdischen Mannes, insbesondere wenn er eine solch privilegierte Stellung wie diese beiden innehatte. Immer wenn du von nun an Josef und Nikodemus betrachtest, siehst du zwei betagte Pharisäer, die gerade ihr Passafest hergegeben haben. Sie würden nicht teilnehmen ... nicht in diesem Jahr ... nicht, nachdem sie auf diese Weise Sorge für den Leichnam Jesu getragen hatten.

Diese beiden, die ihre Regeln liebten, müssen Jesus mehr geliebt haben.
Siehst du, was dort vor dem Hintergrund von Golgatha geschehen ist? Dort, ganz in der Nähe von Gottes geschundenem und leblosem Körper entstand etwas Neues.
(Bibelstelle zum Nachlesen: Johannes 19,38-42)

Manche Menschen haben ein Problem mit dem Christentum, das sich so ausdrücken lässt: „Ich bin ein positiver Mensch. Ich will die schönen Seiten des Lebens sehen. Im Christentum geht es ständig um Sünde und Buße, ständig um Regeln und Verurteilung, ständig um Schuld und Angst. Andauernd heißt es, ‚die Menschen sind schlecht und kommen in die Hölle‘, ‚die Welt ist böse‘ und ‚wir werden alle sterben‘. Ganz ehrlich, das will ich mir nicht anhören. Ich brauche diese Schwarzmalerei nicht, die zieht mich nur runter."

Dieser Einwand verdient eine wohlüberlegte Antwort. Der Apostel Paulus selbst gibt uns unter göttlicher Eingebung den Rat: „Was ehrbar [ist], was gerecht [ist] [...], was liebenswert [ist] [...] – darauf seid bedacht."[283] Auf jeden Fall sollte man über solche Dinge nachdenken – „so wird der Gott des Friedens mit euch sein".[284] Aber weißt du, welches Adjektiv in der Liste an erster Stelle steht?

„Was wahrhaftig ist [...]."[285]

Du willst positiv denken? Gut. Aber an erster Stelle steht: Die Gedanken müssen wahr sein. Positives Denken kann nicht bedeuten, so zu tun, als ob, und sich zu sträuben, der schmerzhaften Wirklichkeit ins Auge zu sehen. (Übrigens, wir sterben alle.) Die Augen vor den Dingen verschließen, die du nicht sehen willst, kann, wenn du es schaffst, eine Zeit lang scheinbar funktionieren.

In geistlicher Hinsicht wird es dich töten.

Als gierige Heuschrecken alles in Sichtweite aufgefressen und das alte Israel verwüstet hatten, fragte das Volk den Propheten Joel, was es tun sollte. Seine Antwort? „Weint!" „Heult!"[286]

---

283 Philipper 4,8.
284 Philipper 4,9.
285 Philipper 4,8.
286 Joel 1,5.

Seine Antwort lautete nicht: „Seht auf die guten Seiten des Lebens." Oder: „Bleibt optimistisch." Tatsächlich war keine andere Antwort notwendig, als dass sie ihre Augen öffneten und sahen, was sie vor Gott geworden waren, und sich der schmerzhaften Wahrheit stellten.

Denk an all die Mittel und Wege, die Gott benutzt hat, um Menschen die Augen für Wahrheiten zu öffnen, die sie nie sehen wollten – Wahrheiten über die Welt, über das Leben, über sich selbst. Er versah das Kindergebären mit Schmerzen. Er pflanzte Dornen auf ihren Feldern. Wassermassen verwüsteten die hässliche Welt. Feuer fiel vom Himmel. Er ließ zu, dass das im Menschen verborgene Böse in unverhohlen bösen Taten zum Ausdruck kam. Er hieß den Boden, sich unter ihren Füßen zu öffnen. Er sandte Propheten, die sie anschrien, und Feinde, die sie verschleppten, ... all das tat er, um ihnen ihre eigene verzweifelte Lage vor Augen zu führen. Die Botschaft war schlimmer, als sie es sich je hätten vorstellen können. Sie hatten ein Problem mit der Sünde und damit ein Problem mit Gott. Deshalb lebten sie in einer Welt, für die niemand wirklich gerüstet ist, umgeben von schrecklichen Gefahren und weit, weit weg von zu Hause.

Die Israeliten sagten zu Jesaja und den anderen Propheten: „Redet zu uns, was angenehm ist [...]! Lasst uns doch in Ruhe mit dem Heiligen Israels!"[287] Kommt dir das bekannt vor?

Wie konnte Gott sie erreichen? Es gab eine Sache, die er noch nie zuvor getan hatte.

Wenn dir jetzt der Gedanke in den Sinn kommt, dass mit dem Leben, der Welt oder mit dir und mir doch gar nicht so viel verkehrt ist, was eine andere Denkweise nicht lösen könnte, dann denk einmal darüber nach: Gott liegt tot da – misshandelt, abgeschlachtet, getötet von dieser Welt.

Was auch immer in Wirklichkeit mit allem falsch war – das Gewicht dessen musst du an der Tatsache messen, dass dies die einzige Lösung war: Gott, in der Person seines Sohnes Jesus Christus, lag tot da. Ganz egal, in welch schönen Farben ich dir mein Leben präsentiere – ich bin davon überzeugt, dass die einzige Lösung

---

287   Jesaja 30,10f.

für mein Leben, das Gott immer so sehen kann, wie es ist, darin bestand, dass mein Herr Jesus tot dalag. Doch aus dem Schrecklichsten, mit dem wir je konfrontiert werden können, entsteht das Schönste.

Es ist in etwa das, was Trauerbegleiter mit dem Wort „abschließen" meinen. Für die Angehörigen ist es manchmal wichtig, den Leichnam eines geliebten Menschen zu sehen, um die Wirklichkeit zu akzeptieren und damit abzuschließen: „Also gut. Es ist also wirklich vorbei. Es ist also wirklich zu Ende." Auf diese Weise können wir mit dem öffentlichen Tod von Gottes Sohn umgehen, dem Hunderte von Menschen zusahen. Alle vier Evangelien fordern uns auf, näherzutreten und hinzusehen. Setz dich zu den beiden Marias. Nähere dich dem Begräbnis des Herrn, denn hier kannst du abschließen ... mit all deiner Sünde, deiner Schuld, deiner schmerzhaften und ewigen Hölle.

„Es ist also wirklich vorbei. Es ist also wirklich zu Ende."

Ja. Denn er war eine Zeit lang wirklich tot.

Im Christentum geht es nie nur um positives Denken. Es geht immer um ein Denken, das sich am Ende zum Positiven wendet. Es beginnt immer mit einigen zutiefst beunruhigenden Wahrheiten. Wenn du sie erkennst, wenn du sozusagen mit dem umgehen kannst, was Gott selbst dir durch sein Wort zeigt – und nur dann –, werden sie anderen Wahrheiten weichen, beflügelnden Wahrheiten, die dich lebendig machen und befreien.[288] So funktioniert es. Vergebung erweckt mich zum Leben, gerade weil ich meine Sünde immer noch sehe. Ich jubele über das Geschenk des Glaubens und der Liebe in den Menschen, die bei mir sind, gerade weil ich gesehen habe, wie wir sind, wenn wir uns selbst überlassen bleiben. Der Himmel erfüllt mich immer mehr mit Sehnsucht und Hoffnung, je mehr ich die Wirklichkeit dieser Welt sehe. Die Wahrheiten des Christentums erheben sich und tanzen mehr und mehr, je mehr ich begreife: Ich bin ein Sünder, der sterben wird.

Aber da steht Jesus.

Alles, was es den beiden Marias bedeutete, ihn an jenem besonderen Sonntagmorgen lebendig zu sehen, konnte ihnen nur

---

288   Vgl. Lewis: *Pardon, ich bin Christ*, S. 52.

deshalb so eindringlich bewusst werden, weil sie ihn zuerst sterben gesehen hatten. In Christus gibt es also ewige Zuversicht und Freude, die nicht daran gebunden sind, dass du die Augen vor allem Schmerzhaften verschließt. Was auch immer Gott dir in diesem Leben zeigen will, was er sanft, aber unerbittlich tun wird, so wird es auf der anderen Seite doch immer Vergebung geben. Sein Geist wird immer da sein und dich zusammenhalten. Der Himmel wird immer offen sein und unweigerlich warten, unendlich schöner, als dein Verstand ihn sich vorstellen kann. Wenn dich eine persönliche Lebenseinstellung des positiven Denkens kalt lässt, weil du stirbst und Angst hast, dann denk gemeinsam mit mir an Jesus – so großherzig, so gerecht, so lieblich und, das Beste von allem, so wahr. Er lebt! Mehr Bestätigung brauchst du nicht!

Hierin liegt unsere gesamte Widerstandskraft, wenn wir uns nicht weigern, zu glauben. Sie liegt in dem Wissen, dass sich der Fluss deines Lebens, durch welche Täler er auch fließen mag, am Ende in die himmlische Herrlichkeit ergießen wird.

Denk nur an Jesus und schon ist deine Einstellung positiv.

C. S. Lewis hat einmal ein Gleichnis erzählt. Hundert Menschen wohnten zusammen in einem Gebäude. Fünfzig von ihnen wurde dabei gesagt, es handele sich um ein Hotel, während den anderen fünfzig gesagt wurde, es sei ein Gefängnis. Ironischerweise wurden diejenigen, die positiv eingestellt waren, verbittert: „Was ist denn das für ein Hotel? Es ist zugig und stinkt und ..." Du verstehst schon.

Die anderen fünfzig dagegen, die eine eher negative Einstellung hatten, waren angenehm überrascht: „Hmmmm. Geräumige Zimmer, voll möbliert, und die Sanitäranlagen funktionieren auch. Für ein Gefängnis ... gar nicht schlecht!"[289]

Und so enden gerade diejenigen, die naiverweise versuchen, eine positive Sichtweise aufrechtzuerhalten – als ob die Welt dazu geschaffen wäre, sie glücklich zu machen, als wären die Menschen grundsätzlich gut –, in Verbitterung und

---

289   Vgl. Lewis: *Ich erlaube mir zu denken*, S. 94.

Tränen. „Was stimmt nicht mit diesem Ort? Was ist los mit diesen Leuten? So sollte es nicht sein!"

Ein Hotel? Die Jünger Jesu haben keine solchen Illusionen über die Welt oder über sich selbst. Die Bibel sieht den schrecklichsten Boden, aus dem Schönheit, Dankbarkeit und Freude hervorkommen. Angesichts des Lebens, mit dem ich in einer vor Sünde stöhnenden und vom Tod überwältigten Welt rechnen muss, angesichts dessen, worauf ich sogar schon jetzt vorbereitet sein muss, bin ich von unerwarteten Überraschungen umgeben, die unglaublich süß sind.

Mein gemütliches Zuhause und meine sinnvolle Arbeit – was davon habe ich verdient?

Die Liebe meiner Familie und meiner Freunde – etwas, das nur Gott geben konnte.

Dieser Glaube, diese Hoffnung, diese unaussprechliche Freude, die zum Leben erweckt werden, während ich fest auf Christus blicke.

Weißt du, für ein Gefängnis ist es nicht schlecht!

„Wie kann man nur glauben, er sei von den Toten auferstanden?"

Einst hielten sieben Dämonen Maria Magdalenas Seele umklammert. Das war ihr Zustand, bevor sie Jesus kannte. Wie muss diese Qual gewesen sein, wie die Befreiung davon? Denk daran, um zu verstehen, was sie für Jesus empfand ... und was sie empfand, als ein römischer Soldat sich vergewisserte, dass Jesus wirklich tot war. Das konnten römische Soldaten mit Speeren richtig gut. Christus war tatsächlich tot.

Das war am Freitag.

Jetzt ist Sonntag.

Maria verließ das Haus, als es noch dunkel war, um seinen Leichnam zu salben. Aber als sie die Grabstätte erreichte, konnte sie nichts tun, außer dort zu stehen und zu weinen. Der Leichnam war nicht da. Eigentlich hatte es schon so ausgesehen, als könnte es nicht noch schlimmer kommen, als könnte ihr nichts mehr genommen werden. Doch nun war auch noch sein Leichnam verschwunden.

„Herr", sagte sie zu einem Mann, der in der Nähe stand, „hast du ihn weggetragen, so sage mir, wo du ihn hingelegt hast, dann will ich ihn holen." Diese herzergreifende, heldenhafte Bitte – als ob sie das Gewicht seines toten Körpers ganz allein auf ihre Schultern heben könnte. Das würde nicht nötig sein.

Er sagte: „Maria."

Und dann sagte er: „Rühre mich nicht an!", denn genau das tat sie. Sie hielt Jesus fest, umklammerte ihn, ließ ihn nicht los, nicht diesmal.

Und ist das nicht genau der Moment, zu dem wir immer wieder zurückkehren müssen: Worin bestand der christliche Glaube in diesem Augenblick, als Marias Arme sich um Jesus schlangen, der dort – nur wenige Meter von seinem Grab entfernt – lebendig stand? Das ist eine Frage, die zweitausend Jahre einfach wegfegen kann.

Was bedeutete es zu dieser Zeit, in diesem einen, unglaublichen Moment, Christ zu sein?

Ich stelle mir vor, dass sich Marias Verstand für so etwas Unermessliches nur schrittweise öffnen konnte oder dass es sich ihr nur allmählich offenbaren konnte. Es würde ein wenig Zeit brauchen, bis ihre Seele das verinnerlicht hatte – und auch alles, was ihr zurückgegeben wurde –, als er sagte: „Maria."

(Bibelstelle zum Nachlesen: Johannes 20,1-18)

Vielleicht ist Jesus gar nicht gestorben. Vielleicht war er am Kreuz ohnmächtig geworden, kam später im Grab wieder zu Bewusstsein und konnte dann entkommen. Oder vielleicht stahlen seine Anhänger den Leichnam und verbreiteten daraufhin die Geschichte, dass er am Leben war. Vielleicht hatte Jesus einen Zwillingsbruder, der sich nach seinem Tod ein- oder zweimal zeigte. Vielleicht waren die Menschen von einer Art Massenhypnose oder einer riesigen und ungemein raffinierten Verschwörung ergriffen. Oder könnte das alles einfach eine Legende sein, die Jahre später entstand? Doch all diese Theorien weisen enorme logische Schwachstellen auf und viele fachkundige Historiker haben das auch ganz klar aufgezeigt. Und dennoch: Sind diese Erklärungen, so haltlos sie auch sein mögen, nicht plausibler als die von Johannes verfasste Geschichte?

Ohne andeuten zu wollen, dass unser Glaube allein auf historischen Beweisen beruht, möchte ich dennoch darauf hinweisen, dass es für jene Theorien keine Beweise gibt. Ganz im Gegenteil widersprechen sie sämtlichen Beweisen, die wir haben. Welche Beweise? Wir haben die schriftlichen Augenzeugenberichte derer, die dabei waren, die ihr Leben der Verkündigung der Botschaft widmeten und die eher mit Freude ihr Blut vergossen, als sich von den einfachen Worten „Jesus lebt!" loszusagen. Bedenke: Als sie behaupteten, Jesus leibhaftig von den Toten auferweckt gesehen zu haben, stellten sie die schwierigste und gefährlichste These auf, die sie sich ausmalen konnten, falls sie nicht der Wahrheit entsprach. Da die Jünger bei anderen Gelegenheiten unter Beweis ge-

stellt hatten, dass sie an Geister glaubten – ein einfältiges Über-
bleibsel ihrer früheren geistigen Verwirrung –, wäre es doch sehr
naheliegend gewesen, die Lüge zu erzählen, der Geist Jesu sei ihnen begegnet. Das aber riefen sie keineswegs in die Welt hinaus.
Ihre verblüffenden Berichte über eine leibliche Auferstehung, un-
terstützt von den detaillierten Beschreibungen, Jesus berührt und
ihn sogar essen gesehen zu haben, bedeuteten, eine Behauptung
aufzustellen, die leicht hätte demontiert werden können, hätte sie
nicht schlicht und einfach der Wahrheit entsprochen. Die mächti-
gen Feinde Jesu, die diesen Christus um jeden Preis verschwinden
lassen wollten, die das Christentum am liebsten im Keim erstickt
hätten[290], brauchten nur seinen Leichnam vorzuzeigen. Doch das
taten sie nicht.

Stattdessen versuchten sie mit aller Kraft, eine Geschichte in
Umlauf zu bringen, die auch mit unserem großen zeitlichen Abstand nicht glaubwürdig ist. Die verängstigten Jünger versammelten sich grundlos (es ist völlig klar, dass sie nie mit einer wirkli-
chen Auferstehung rechneten, sondern entgegen ihrer Annahmen
davon überzeugt wurden) an einem von Römern bewachten Ort?
Und ganz zufällig hielten die römischen Wachen (ohne jegliches
Bewusstsein oder Scham für dieses Kapitalverbrechen) ein Schläf-
chen?

Eine bessere Geschichte fiel ihnen nicht ein?

An anderer Stelle in diesem Buch habe ich mich mit der Frage
der überwältigenden Glaubwürdigkeit dieser Apostel und ihrer
Schriften befasst. Ich denke daher, es genügt, hier darauf hinzuweisen, was dir jeder Historiker bestätigen wird: dass Briefe und
vergleichbare Dokumente von Zeitzeugen der fraglichen Ereignisse zu den stichhaltigsten Beweisstücken für die Verifizierung
geschichtlicher Vorkommnisse gehören. Aus solchen Zeugnissen
besteht das gesamte Neue Testament. Unter Anerkennung der
Tatsache, dass diese Dokumente zu einer Zeit weit verbreitet waren und für glaubwürdig befunden wurden, als noch Tausende
lebten, die sie in Misskredit hätten bringen können, gewinnen sie
vom geschichtswissenschaftlichen Standpunkt aus eine überwäl-

---

290 Vgl. Little: *Ich weiß, warum ich glaube*, S. 58.

tigende Beweiskraft. Um es mit den Worten Sherlock Holmes' zu sagen: Diese ohrenbetäubende Stille kann als das größte Beispiel aller Zeiten für „das sonderbare nächtliche Vorkommnis mit dem Hund"[291] bezeichnet werden.

Außerdem: Versuch einmal, eine Erklärung für die ganz erhebliche Verschiebung vom jüdischen Sabbat hin zum Sonntag als Tag der Anbetung zu finden, die sich bis nach Jerusalem um die Zeit der Auferstehung Christi zurückverfolgen lässt. Dann versuch, eine Erklärung für die erstaunliche Kehrtwende im Leben eines genialen (der Geschichte wohlbekannten) Mannes namens Paulus zu finden, und zwar abgesehen von der Erklärung, die er selbst gab: dass er dem auferstandenen Herrn auf der Straße nach Damaskus begegnet war. Er hatte jeden erdenklichen Grund dazu, Christus als Schwindel zu entlarven, und dazu auch den brillanten Intellekt, dies zu tun, wäre es ihm denn möglich gewesen. Er tat es nicht. Und als ob das alles noch nicht genug wäre, ist da die Existenz der christlichen Kirche selbst. Das ist einfach eine Tatsache. Vor Ostern bestand die Kirche aus kaum mehr als einigen verängstigten Anhängern, die sich in einem Raum eingeschlossen hatten. Erst nach dem Tod ihres charismatischen Gründers erwachte sie mit einem Schlag zum Leben und fasste in der ganzen damals bekannten Welt Fuß. Das todesmutige Bekenntnis zigtausender Menschen konnte nicht von einem unglücklichen Todesfall oder einem halbtoten Mann, der irgendwie von einer Kreuzigung davonkroch, inspiriert worden sein. „Menschen sterben ständig für absurde Überzeugungen", sagst du? Nicht so. Von einem geschichtlichen Standpunkt aus gesehen, waren diese Menschen in der Lage, ganz sicher zu wissen, ob das alles wahr ist oder nicht.

Du denkst nicht an eine Halluzination oder an einen ausgeklügelten Zwillingstrick, wenn du dich dazu entschließt, ihm durchs Feuer zu folgen. Niemand wählt „Christus ist wahrhaftig auferstanden!"[292] als seine letzten Worte wegen einer Lüge, die auf wackeligen Beinen steht, oder wegen einer Lagerfeuergeschichte. Es ist definitiv etwas Außergewöhnliches geschehen!

291 Doyle: *Sherlock Holmes – die Memoiren des Sherlock Holmes*, S. 41.
292 Vgl. Lukas 24,34.

Die christliche Kirche ist einfach eine Tatsache. Und sie existiert, weil Christus existiert. Das wundersame Entstehen der Kirche angesichts der brutalen römischen Verfolgung reißt „ein großes Loch in die Geschichte, ein Loch, das so groß und so weit ist wie die Auferstehung"[293], um es mit den anschaulichen Worten C. F. D. Moules[294] zu sagen.

Denk daran, wie einzigartig und kühn die Behauptung war, die Christus selbst kurz vor seinem Tod aufstellte. Bei der Frage, warum man auf ihn hören sollte, welche Beweise er anführen würde, bezog er sich eindeutig auf die alten prophetischen Schriften und sagte wiederholt seine eigene Auferstehung von den Toten voraus. Er war im Grunde willens, zu sagen: „Glaubt an mich, wenn ihr mich lebendig seht, nachdem ich gestorben bin." Welche Bewegung in der Geschichte hing jemals von der Fähigkeit eines Menschen ab, eine solche Alles-oder-Nichts-Behauptung zu erfüllen?

Viele hoch angesehene Historiker, darunter B. F. Westcott[295] und Henry Morris[296], bezeichnen, ganz ohne verlegen zu werden, die Auferstehung Christi als die sicherste Tatsache der Geschichte, und zwar unter Einhaltung der etablierten Standards zur Überprüfung geschichtlicher Ereignisse.[297] Dabei bedarf es keinerlei Verrenkungen, um alle anerkannten Tests zu bestehen, mit denen nach der besten Erklärung für eine Reihe historischer Fakten gesucht wird.[298] Ist es bei all diesen Beweisen tatsächlich der Christ, der einfach glaubt, was er will, trotz aller gegenteiliger Beweise? Weit gefehlt! Die Ohnmachtstheorie oder die Vorstellung, dass die fünfhundert Menschen, die ihn lebend sahen, alle auf einmal eine Halluzination hatten, und all die anderen Versuche, Jesus wieder unter die Erde zu bringen – das sind samt und sonders Erfindungen. Diese Vorstellungen haben nicht auch nur das Geringste mit

---

293 Strobel: *Der Fall Jesus*, S. 391f.
294 Charles Francis Digby Moule (1908-2007), englischer Priester der anglikanischen Kirche, Theologe und Dozent in Cambridge.
295 Brooke Foss Westcott (1825-1901), englischer Theologe, Bischof der anglikanischen Kirche und Philologe.
296 Henry Madson Morris (1918-2006), US-amerikanischer Apologet, Autor und Vertreter des Kreationismus („Schöpfungswissenschaft").
297 Vgl. McDowell: *The new evidence that demands a verdict*, S. 327.
298 Vgl. Strobel: *Glaube im Kreuzverhör*, S. 121.

Beweisen zu tun. Und ich frage: Warum? Wenn jemand ehrlich nach der Wahrheit sucht, wenn jemand so tut, als ob ihm ein sachliches Abwägen von Beweisen wichtig sei, warum sollte er dann die ganze Zeit versuchen, vor dem zu flüchten, worauf alle Beweise hindeuten? Wenn man so darüber nachdenkt, ist die Existenz Gottes die einzige Bedingung für die Glaubwürdigkeit der Wahrheit von Ostern.

„Denn bei Gott ist kein Ding unmöglich."[299]

Allerdings habe ich bislang noch gar nicht meinen eigenen Glauben erklärt. Der eigentliche Grund für meinen Glauben liegt in der Wahrheit selbst, wie sie in der Bibel zu finden ist und wie der Geist durch die Worte wirkt.

Weißt du, wir sterben, du und ich. Es gibt nichts, was wir dagegen tun können. Und insgeheim verstehen wir, dass in unserem Sterben eine unaussprechliche Schande liegt und dass wir sterben müssen, weil wir für Gott unannehmbar sind. Unsere wahren Instinkte, bekannt als Gewissen und natürliches Wissen über Gott, sind für uns zu Dämonen geworden, die sich unmöglich abschütteln lassen. Und wenn wir sterben und am Ende nichts mehr sind, dann ist unser Leben aller wahren Bedeutung, aller Ursache und allen Grundes, warum wir leben, beraubt. Durch die Sünde sind wir wertlos und zunichte gemacht. Wir haben nichts.

Während einer besonders schmerzvollen Zeit in meinem Leben las ich Abend für Abend bewusst die Stelle aus dem zwanzigsten Kapitel des Johannesevangeliums, die ich anfangs beschrieben habe. Das bewahrte mich vor dem Zusammenbruch – wie zwei Engel dort saßen, wo eigentlich Jesu Kopf und Füße sein sollten. Und Maria weinte, denn sie hatte die Welt verloren. Aber diese Worte änderten alles für sie: „Warum weinst du?"[300] Und sie ändern auch alles für mich. Es ist dieses Geschenk: Der Heilige Geist kann uns dorthin bringen, dass zweitausend Jahre zunichtewerden und dass ich durch den Glauben Gott von Angesicht zu Angesicht gegenüberstehe.

---

299 Lukas 1,37.
300 Johannes 20,13.

Ich habe mein ganzes Leben lang an den lebendigen Christus geglaubt, dennoch erforsche ich die Landschaft hier auf der anderen Seite von Ostern. Allmählich öffnet sich mein Geist. Stück für Stück dämmert dieses neue Licht.

Wenn Jesus lebt, was dann?

Dann ist alles, was er je gesagt hat, wahr. Dann ist er alles, was er je von sich behauptet hat. Dann wird sich alles, was er je versprochen hat, erfüllen. Dann sind mein Onkel Norb und meine Tante Marie und meine bei einem Autounfall verstorbene Cousine Ruth, dann sind all meine Lieben, die in Jesus sind, immer noch mein. Dann gibt es allen Grund zu warten, zu hoffen und auszuharren. Dann gibt es Liebe im Mittelpunkt aller Dinge und in dieser Liebe werde ich für immer ruhen.

Und so geht es weiter und weiter und immer weiter.

Ich bin immer noch dabei, mich für dieses Geschenk zu öffnen, und es sich für mich ... für all das, was mir zurückgegeben wurde ..., als er sagte: „Maria."

„Woher weiß ich, dass ich Christ bin?"

Dir war nicht bewusst, wie sehr du dich auf ihn verlassen hattest ..., bis sie ihn abführten. Sie misshandelten ihn, führten ihn aus der Stadt hinaus und nagelten ihn dort an das Holz. Was sie ihm antaten, ging über Grausamkeit weit hinaus. Es war grotesk. Und so starb er. Glaub mir, damit hattest du nicht gerechnet.

Das war vor zwei Tagen. Du nimmst einen Freund zur Seite. „Lass uns von hier verschwinden." Du brauchst Zeit zum Nachdenken. Du willst das Chaos in deinem Kopf ordnen. „Lass uns nach Hause gehen."

Euer Gespräch handelt von dem Undenkbaren, während ihr die felsige Kargheit Jerusalems verlasst und die zwölf Kilometer durch das liebliche Tal nach Emmaus geht. Du denkst, ihr seid allein, aber ein Fremder ruft: „Was besprecht ihr miteinander auf dem Weg?"

Ja, worüber reden denn alle? Weiß er nicht, was in Jerusalem geschehen ist?

„Was denn?"

Es ist so: Der Fremde weiß, was seiner Meinung nach in den letzten Tagen in Jerusalem geschehen ist. Er will wissen, was du denkst. Du sprichst mit Jesus über Jesus und sagst: „Wir aber hofften, er sei es, der Israel erlösen werde."

Dabei meinst du eigentlich: „Jetzt nicht mehr, nicht nachdem, was passiert ist."

Und dafür bezeichnet er dich als Toren – eine sanfte Zurechtweisung, die die Quelle all deiner Verzweiflung benennt. Du tust dich schrecklich schwer damit, selbst die Dinge zu glauben, die von Gott kommen.

Dann fängt er an, aus seiner Bibel zu zitieren, bis das gesamte Alte Testament als ein Buch über Jesus zu erkennen ist. „Musste nicht Christus dies erleiden und in seine Herrlichkeit eingehen?" Wie konntest du das vorher nicht sehen? Und diese neue Wärme in deiner Brust rührt nicht daher, dass du den Fremden erkennst, der neben dir geht. Du erkennst ihn nicht. Aber du erkennst Jesus im Wort. Und ihn so zu finden, ist nicht, wie du vielleicht denkst, weniger wert, als ihn von Angesicht zu Angesicht zu sehen. Jetzt, wo du ihn im Wort entdeckst, verstehst du ihn endlich. Du kennst ihn endlich.

„Also musste er sterben … für die Toren und Ungläubigen musste er sterben."

Emmaus kommt plötzlich schnell näher, aber nicht ehe dein nach und nach wärmer werdendes Herz Feuer gefangen hat. Du überredest ihn, die Nacht bei euch zu verbringen. Bei euch zu Hause wird euer Gast zum Gastgeber. Er greift nach dem Brot, dankt, bricht es und gibt es euch. Und in dem Augenblick, in dem es ihm am meisten Freude bereitet, reißt er den Schleier weg und plötzlich siehst du ihn. Jesus!

Er verschwindet und es dauert nur einen Moment, bis du raus aus der Tür bist und die zwölf Kilometer zurück nach Jerusalem, zurück zu den Freunden rennst. Du rennst den ganzen Weg und rufst dabei: „Ich bin Christ."

Nein, das sagst du nicht. Du denkst überhaupt nicht an dich selbst. Deinen Geist erfüllt der Gedanke: „Er ist auferstanden. Es ist alles wahr. Er wurde von uns erkannt, als er das Brot brach!" Du rennst nicht zurück nach Jerusalem und rufst dabei: „Ich bin jetzt Christ."

Du bist es einfach.

(Bibelstelle zum Nachlesen: Lukas 24,13–35)

***

Woher weiß ich, dass ich Christ bin? Woran erkenne ich, dass ich ganz sicher dazu geworden bin? Wie erkenne ich, dass dieser echte, lebendige, rettende Glauben in mir lebt?

Bei dieser ersten Frage sollte dir bewusst werden, dass du damit in dein Inneres blickst. Die Frage bringt dich dazu, dich selbst und deine eigenen Erfahrungen zu beleuchten. Bei mir selbst ist es so: Je länger ich mich damit beschäftige, mir Fragen über mich selbst zu stellen – Fragen wie: Wie stark ist mein Glaube, wie sehr ist mein Leben erneuert? –, desto unsicherer werde ich. Ich kann in jedem Bereich meines Lebens Dinge finden, die nach Unglauben aussehen, die ganz sicher nach Tod riechen, und die Beweise gegen mich sind immer leichter zu erkennen. Ich kann sagen: „Ich glaube wirklich, wirklich.", und das tue ich auch. Aber jemand, der mich in meinen schlimmsten Momenten erlebt, braucht nur zu fragen: „Wirklich?" Wenn ich mich ansehe, frage auch ich mich das.

Woher also weiß ich, dass ich den Glauben eines wahren Christen besitze?

Darüber wollen wir uns nicht jetzt den Kopf zerbrechen. Lassen wir diese Frage beiseite. Wir wollen vorerst gar nicht über Glauben sprechen. Ich möchte dich etwas anderes fragen, vorausgesetzt, du hast mein kleines Buch bis hierher gelesen. Was hat Gott gegen die Sünde der Welt getan? Hat Gott einen Weg gefunden, dich in seinen Augen annehmbar zu machen? Hat Gott in Bezug darauf, dein Retter zu sein, irgendetwas nicht getan? Frage dich nicht länger: „Was ist in meinem Herzen?" Stell lieber die Frage: „Was ist in seinem Herzen?"

Ich möchte, dass dir klar wird, was ich hier tue. Ich lege die Fragen beiseite, mit denen man sich dem eigenen Inneren zuwendet. Es ist wichtig, zu verstehen, dass deine Gewissheit niemals von einem Blick nach innen kommt. Ich meine *niemals*. Wir sind schließlich alle Sünder.

Ich stelle gezielt die Fragen, die deine Gedanken von dir weg und stattdessen hin zu dem Gott lenken, der sein Volk erlöst hat. Was hat Gott gegen deine Sünde getan? Die Antwort ist Jesus, gestorben in der Schande, die nicht seine ist. Wie hat Gott dich annehmbar gemacht? Die Antwort ist Jesus, der von den Toten auferstanden ist. Hat er es nicht genau dort in seinem Wort gesagt: „Ich habe dich je und je geliebt."[301] Die heilende Antwort lautet Ja.

Wir müssen sehr darauf achten, die richtigen Fragen zu stellen, nämlich diejenigen, die am Kreuz beantwortet wurden, wo er auf diese schreckliche Weise nur für uns gestorben ist. Wir stellen bewusst die Fragen, die beantwortet wurden, als er dann lebendig erschien. Wir stellen die Fragen, die als unveränderliche histori-

---

301 Jeremia 31,3.

sche Tatsachen feststehen. Wir stellen die Fragen, die in der Bibel Schwarz auf Weiß sachlich und objektiv beantwortet werden. Was steht dort über all meine Sünde?

„Der Herr [hat] deine Sünde weggenommen."[302]

Denk an Jesus und daran, wie er gestorben ist. Die Bibel ruft von Anfang bis Ende: „Nimm das. Das ist für dich." Was denkt Gott jetzt in seinem Herzen von dir? Das ist die Frage, die Gott und nur Gott beantworten kann. Und das tut er mit der Bibel, durch das Wasser und in Brot und Wein.

„Ich bin für dich! Ich bin mit dir! Ich bin Christus, dein Retter, lebendig in alle Ewigkeit!"

Wenn dich nun Freude erfüllt, dann ist es die Freude eines Christen. Wenn in dir Friede und ein „Danke, Jesus" erweckt werden, dann weiß die Welt nichts davon. Nur du, der du ihm glaubst, weißt davon. Wenn du dort stehst, wo ich gerade stehe, denkst du nicht: „Ich bin jetzt Christ." Du bist es einfach.

Du siehst dich selbst an und siehst dabei nichts als Sünde und Tod. Du suchst nach Glauben und er scheint sich dir zu entziehen, denn Glaube ist nicht dafür gemacht, sich selbst anzusehen. Glaube bedeutet nicht, nach innen zu sehen. Glaube bedeutet, von dir wegzusehen. Dort in Jesus siehst du alles, was du brauchst. Ich stelle immer wieder fest, dass ich, wenn mein Glaube am hellsten brennt, überhaupt nicht an den Glauben denke.

Alles ist Christus.

Woher weiß ich, dass ich Christ bin? Ändere die Frage: Woher weiß ich, dass Gott sogar mich liebt? Glaube – echter, wahrer, lebendiger Glaube – antwortet: „Jesus." Bist du auf dich selbst gestellt, um diese Überzeugung in dir selbst zu schaffen? Nein, sie ist das Geschenk Gottes, das Werk seines Heiligen Geistes durch sein mächtiges Wort.

Könnte es sein, dass du dich nach diesem Geschenk sehnst und er sich weigert, es dir zu geben? Die Sehnsucht selbst ist die erste Regung geistlichen Lebens, also fürchte dich nicht.

Denn was brachte Jesus schließlich dazu, am Tag seiner Auferstehung von den Toten diesen Weg nach Emmaus zu gehen? Er

---

302 2. Samuel 12,13.

war für diese beiden Männer bereits sehr viel weiter als jenen Weg gegangen. Ist es dein Wunsch, an ihn zu glauben? Er sehnt sich noch viel mehr nach dir. Du würdest dich nicht nach ihm sehnen, wenn er dich nicht schon mit dem Band seiner ewigen Liebe zu sich ziehen würde.

Wenn ich jetzt bei dir sein könnte, würde ich dir einfach meine Bibel in die Hand drücken – das erste Kapitel des Johannesevangeliums oder das zweite Kapitel des Epheserbriefes oder das fünfte Kapitel des zweiten Korintherbriefes. Ich würde sagen: „Hier ... lies einfach von hier bis hier ... lass dir Zeit." Es ist schließlich das größte Vergnügen des Vaters, seinen Sohn Christus zu offenbaren.

Ich hatte versucht, Lisa die Vergebung auf jede nur erdenkliche Weise zu erklären. Ich benutzte die besten Vergleiche, die ich kenne. Ich benutzte die Bilder, die ich am liebsten in meinen Predigten verwende. Ich erklärte es auf Hebräisch, Griechisch und Englisch. Dabei verstand sie immer, was ich meinte. Es fiel ihr nur schwer, es zu glauben. Sie fühlte so viel Scham.

Ich will damit nicht sagen, dass meine Erklärungen nicht gut und biblisch waren. Einfach gesagt: Glaube bleibt ein Geschenk Gottes, das nur er geben kann. Jesus bereitet den Augenblick tiefster, heiliger Freude vor, wenn Gott selbst den Schleier wegzieht.

Ich dachte an Jesus, wie er sich, auferstanden von den Toten, in den Raum stahl, in dem sich die Jünger aufhielten. Er hauchte seine Jünger an – „hhhhhhhhhh" – und sagte: „Welchen ihr die Sünden erlasst, denen sind sie erlassen."[303] Also hörte ich auf, über Vergebung zu sprechen. Ich schaute ihr einfach in die Augen ... und vergab ihr.

„Lisa, in Jesu Namen vergebe ich dir."

Sie lächelte nicht und sie verkündete auch nicht: „Oh, jetzt habe ich verstanden. Jetzt bin ich Christ."

Sie fing an zu weinen.

---

303   Johannes 20,23.

„Wer gedanklich nur im Himmel lebt, ist auf Erden nutzlos."

Es war – außer in ihren Träumen – das letzte Mal, dass sie Jesus auf dieser Erde sahen, ein letzter bleibender Eindruck, der sie für den Rest ihres Lebens durch Gott weiß was hindurch tragen würde.

Er stand einfach da. Der Tod lag hinter ihm, seine Augen waren voller Liebe. Er hob die durchbohrten Hände ... und segnete sie. Dieses Bild ist das Evangelium in Reinform – das, was wir niemals hätten erarbeiten oder verdienen können –, Gott steht da und segnet. Wir werden nie dazu verflucht, nie dazu verdammt, nie dazu hingegeben, das zornige und abgewandte Antlitz des lebendigen Gottes zu ertragen. Wir sind gesegnet.

Jesu letzte Worte waren „Ihr werdet [...] meine Zeugen sein [...]" und damit entschwand er ihren Augen, fuhr vom Ölberg empor und war einen Augenblick lang in der Weite, bis eine Wolke die Sicht auf ihn verdeckte. Er ließ seine Jünger auf diesem Hügel zurück. Sie standen mit in den Nacken gelegten Köpfen da, sahen mit blinzelnden Augen zum Himmel hinauf und auf ihren Gesichtern spiegelten sich das Blau und Weiß der Weite, bis Engel ihnen zuriefen: „Was steht ihr da und seht zum Himmel?"

Die Engel sagten nicht nur: „Jesus wird wiederkommen." Ein kleines Wort darf dabei nicht übersehen werden. Es ist ein unbezahlbares Wort, falls du dich an die Geschichten der Evangelien erinnerst. Die Engel sagten: „Dieser Jesus ... wird so wiederkommen." Willst du gemeinsam mit mir an einem leicht bewölkten Tag hinaufsehen und die Worte sanft durch deinen Geist segeln lassen?

„Kommt her zu mir, alle, die ihr mühselig und beladen seid."[304]

---

304 Matthäus 11,28.

„Ich verdamme dich auch nicht.“[305]
„Mädchen, ich sage dir, steh auf!“[306]
„Dieser Jesus ...“[307]
(Bibelstellen zum Nachlesen: Lukas 24,50–53 und Apostelgeschichte 1,1–11)

Wenn ich jogge, wenn meine Beine schmerzen und meine Brust brennt, lege ich manchmal den Kopf in den Nacken. Dabei geschieht etwas ziemlich Spannendes. Auf einmal verschwinden die Häuser und Autos, die Zäune und Briefkästen und vor allem die lange Strecke, die ich noch laufen muss. Ich sehe nur noch den Himmel. Ich sehe nur noch das Blau. Das ist ein Bild für eine Lebenseinstellung, zu der uns die Bibel immer wieder auffordert. Einfach ausgedrückt: „Sieh hoch!“

„Sucht, was droben ist, wo Christus ist, sitzend zur Rechten Gottes.“[308]

Wir befinden uns in einem Wettlauf und wir werden müde und erschöpft sein, bis wir über die Ziellinie laufen. Ganz oft sehen wir nur diese Welt und das Wirrwarr, in dem wir uns befinden, wo wir immer sündigen und sterben. Was, wenn wir lernen könnten, unseren Kopf – in geistlichem Sinne – in den Nacken zu legen, unser Blickfeld mit dem Himmel zu füllen, Gedanken der Herrlichkeit ganz tief in unserem Denken zu verankern, uns nach der auf uns wartenden Freude zu sehnen, uns ganz der Ewigkeit zuzuwenden? Was, wenn wir die Realität des Himmels vollkommen annehmen und uns in aller Ausgelassenheit an der unumgänglichen Tatsache erfreuen würden, dass du und ich durch Christus dort sein werden? Was, wenn wir genau das zum Grund dafür machen könnten, unantastbar zu sein und ungezwungen lächeln zu können? Könnten wir so sehr für den Himmel leben, dass uns die Enttäuschungen hier auf Erden nichts mehr anhaben könnten?

305 Johannes 8,11.
306 Markus 5,41.
307 Apostelgeschichte 1,11.
308 Kolosser 3,1.

Gehen wir noch einen Schritt weiter. Könnten wir so leben, als wären wir ein Niemand auf Erden – als wären wir gar nicht hier, sondern irgendwie schon dort? Wir wurden bereits „eingesetzt im Himmel in Christus Jesus"[309], schrieb der Apostel Paulus. Ist das bereits der Schlüssel zu einem erfüllten Leben? Oder macht uns unser Blick nach oben hier nur ziemlich nutzlos und lässt uns obendrein wie Trottel aussehen?

Das ist eins der Dinge, das Menschen an Christen beanstanden – dass wir realitätsfremd sind. Wir wollen nur in den Himmel kommen, also sind wir nicht dazu in der Lage, die praktischen Dinge zu tun, die im Hier und Jetzt getan werden müssen. Das Interessante an diesem Einwand ist, dass er sich nicht mit der Wirklichkeit begründen lässt. Werfen wir einen kurzen Blick in die Geschichte. Wer hat denn die Krankenhäuser gebaut? Wer hat die bedeutsamen Universitäten gegründet? Auf wessen Ideen gehen zentrale, bis heute bestehende karitative Einrichtungen zurück? Wo konnten die Künste immer gedeihen? Woher kam der moralische Einfluss zur Beendigung der Sklaverei? Woher nahm die Bürgerrechtsbewegung ihre Stärke und Marschrichtung? Wer ist fast allein in dem Versuch, das Leben ungeborener Kinder zu retten? Wer segnet die Ehe? Wer heilt die Kranken, kümmert sich um die Armen oder bereut, dass er in dieser Hinsicht nicht genug tut?

Muss ich noch weiter ausholen? Die Antwort lautet: Menschen mit christlichem Glauben.

Erkennst du die Widersprüchlichkeit? Die dem Himmel Zugewandten, diejenigen, die nach oben blicken, waren ganz oft diejenigen, die in dieser Welt bedeutende Veränderungen zum Guten herbeigeführt haben. Dieser scheinbare Widerspruch geht auf die Apostel zurück, die sagten: „Sucht, was droben ist, wo Christus ist."[310], und mit dem Blick zum Himmel haben sie die Welt verändert. Es würde wahrlich nicht schaden, unser Denken noch *mehr* auf den Himmel zu richten.

Es ist vielmehr die auf das Irdische gerichtete Gesinnung, die nicht funktioniert. Die Menschen sind wie unbeleuchtete Glüh-

---

309   Epheser 2,6.
310   Kolosser 3,1.

birnen, die nach etwas suchen, das sie zum Leuchten bringt. Sie können sich an ihre Freunde oder ihre Ehepartner oder ihre Kinder hängen, die sie glücklich machen sollen. Aber letztlich wird dieser hässliche Anspruch ihre wichtigsten Beziehungen trüben: „Jemand muss sich für mich einsetzen! Macht mich glücklich! Erfüllt meine Bedürfnisse!" Sie können sich an Erfolg oder Vergnügen, an Geld oder Besitz hängen und so versuchen, sich irgendwie lebendig zu fühlen, sich als etwas Besonderes zu fühlen. Aber der Tod schleicht sich an alle Menschen auf dieselbe Weise heran und sagt ihnen, dass sie doch nichts Besonderes sind, und löst schließlich jeden Finger, der sich an irgendetwas festklammert. Die Menschen greifen vergeblich nach allem, was den Schmerz verschwinden lässt – Drogen, Alkohol, zügellosen Sex –, und führen so selbst ihre Zerstörung herbei.

Gott im Himmel hat uns zwar geschaffen, aber ich habe den Anschluss an den Vater nicht von selbst gefunden. Von mir aus wollte ich das nicht und hätte auch nicht gewusst, wie, wenn ich es denn gewollt hätte. Dafür schäme ich mich. Dann sehe ich den lebendigen Jesus in der Bibel, mit Vergebung in seinem Blick und mit durchbohrten Händen, die er zum Segen über mich ausgebreitet hat. Diese Füße waren einst ans Holz genagelt. Diese Hände haben all meinen Schmerz mit einem wunderbaren Wort überschrieben: *zeitlich*.[311] Und über alles, wonach mein Herz dürstet, und über so viel mehr, wovon es noch nicht einmal zu träumen wagte, hat er sein selig machendes „für immer" geschrieben.

Wir müssen ihm nur vertrauen.

Wie Larry Crabb[312] sagte, geht es im Leben selbst nicht um „einen Plan, den wir befolgen", also um einen Plan, um all das zu beheben, was hier falsch läuft. Nein, es geht um eine Person, „der wir vertrauen können".[313]

Diese Person ist Jesus.

---

311   2. Korinther 4,17: „Denn was sichtbar ist, das ist zeitlich; was aber unsichtbar ist, das ist ewig."
312   Lawrence J. Crabb Jr. (1944-2021), US-amerikanischer Psychologe, Schriftsteller und Seelsorger.
313   Crabb: *Glück suchen oder Gott finden?*, S. 172.

„Bleibt in mir"[314], sagt er mit sanfter Stimme.

Also will ich – bildlich gesprochen – mit einem Fuß über der Erde leben. Ich will die Schritte meines Vaters im Korridor hören, die ich jetzt mehr vernehme als damals, als ich zu glauben begann. Ich ignoriere oder verleugne das Leid dieser Welt nicht. Wenn ich traurig bin, bedeutet das nicht zwangsläufig, dass mein Glaube schwach ist. Crabb erkannte noch etwas Wunderbares, eine ganz schlichte Wahrheit: Ich habe ein berechtigtes Verlangen nach dem Himmel.[315] Ich habe Heimweh nach einem Ort, an dem ich noch nie gewesen bin. Ich sehne mich nach einem Gesicht, das ich noch nie gesehen habe und in dem alles verborgen ist, was mir als Geschöpf Gottes Freude bereiten soll. Die Freude liegt in dem Wissen, dass ich endlich ganz sicher an diesem Ort stehen und dieses Gesicht sehen werde.

Du kannst vielleicht die Lehre infrage stellen, aber nicht die Wirkkraft, die sie auf mich ausübt. Die Wirklichkeit dieses feststehenden Augenblicks reicht bereits in das Leben hinein, das ich in dieser Welt führe, und bringt die Freude zum Leuchten, die sich in jedem bald endenden Kummer verbirgt. Nicht mehr lange und ich werde zu Hause sein. Ganz im Schoß Christi geborgen, werde ich sicher in der Herrlichkeit ankommen. Ich ruhe in dieser Gewissheit und warte.

Warte mit mir.

Verurteile Gott nicht aufgrund deiner Lebenserfahrungen in dem Bruchteil der Sekunde, indem du unter der Herrschaft seines Feindes gelebt hast. Halte das Urteil zurück, das dein ungläubiges Herz auf Grundlage der Dinge fällen will, die du in dieser Welt siehst – sein Meisterwerk, das durch Sünde und Tod zerstört wurde. Diese Dinge waren nie der Plan. Die Schönheit, die noch da ist, ist der Schimmer eines anderen, eines himmlischen Landes, wo alles so ist, wie es bis in alle Ewigkeit sein sollte. Manches wird einfach nicht in Ordnung sein, bis wir zu Hause sind. Also warte ab. Lass die Geschichte zu Ende gehen. Glaub einfach an ihn … und schau hinauf.

---

314 Johannes 15,4.
315 Vgl. Crabb: Von innen nach außen, S. 25.

Das Wissen, dass Christus der Weg zu einem Ort mit Namen *Himmel* ist, ist genau das, was erforderlich ist, wenn ich auf Erden wirklich und beständig Gutes tun soll. Ich werde meine Augen auf Jesus richten. Ich werde meinen Kopf in den Nacken werfen. Ich werde über all dem stehen. Ich werde meinen Blick mit Herrlichkeit füllen.

Und am Mittagstisch auf der Arbeit, bei der Beerdigung eines Freundes, am Bett meiner Töchter ... werde ich sein Zeuge sein.

Männer, blind vor Wut, umringten ihn. Ihre Herzen waren voller Gewalt, ihre Hände griffen nach ihm und nach dem nächsten Stein. Da blickte Stephanus auf.

„Ich sehe den Himmel offen und den Menschensohn zur Rechten Gottes stehen."[316]

Wir sind Erzählungen über Jesus gewohnt, der zur Rechten Gottes *sitzt*. Aber Stephanus rief sein Zeugnis über die wütenden Schreie hinweg. Der erste Märtyrer übergab seinen Körper den ersten Verfolgern.

Und Jesus stand auf.

In Stephanus sehen wir, was er von Jesus gelernt hatte. Er hatte gelernt, ein unirdisches Leben zu führen. „Herr, rechne ihnen diese Sünde nicht an!"[317] Und er hatte gelernt, versöhnungsvoll in den Tod zu gehen, indem er sich Christus mit so etwas wie einem Abendgebet hingab: „Herr Jesus, nimm meinen Geist auf."[318]

Er richtete sein Sinnen nach oben ... dorthin, wo Christus ist.

---

316 Apostelgeschichte 7,54.
317 Apostelgeschichte 7,60.
318 Apostelgeschichte 7,59.

„Christen müssen viel mehr nach Erlösung aussehen, wenn ich an ihren Retter glauben soll."

Das Lukasevangelium berichtet von der wundersamen Geburt Jesu in Bethlehem. In der Apostelgeschichte, der Fortsetzung des Lukasevangeliums, behandelt Lukas die wundersame Geburt der christlichen Kirche an Orten wie Korinth, Philippi und Ephesus. Hier werden wir Zeugen davon, wie Jesus „in die Welt gekommen ist"[319], gefolgt von seiner Himmelfahrt. Durch seinen Geist tritt er in das Leben derer, die an ihn glauben. Er offenbart sich in der neuen christusgleichen Liebe der Gläubigen untereinander.

Dreitausend Menschen in der Stadt, die den Sohn Gottes zurückgewiesen hatten, erkennen, dass er doch real ist, dass er lebt – „Oh Gott, was nun?" – und dass er ihnen vergibt. Sie werden gemeinsam mit ihren Kindern in diesen Frieden hineingetauft.

In einer Gemeinschaft, die durch Gebet und Lobpreis geprägt ist, entstehen um das Wort Christi Zusammengehörigkeit und Großmut. Diejenigen, die noch draußen stehen, können nur bestaunen, was sie drinnen sehen. Die Zahl der aus Gnade Erlösten wird täglich größer.

Ein Mann namens Paulus, der sich mit Leib und Seele der Zerstörung dieser Kirche verschrieben hat, sieht sich auf dem Weg nach Damaskus mit dem lebendigen Christus konfrontiert. Er wird von einem gleißenden Licht getroffen und zu Boden geworfen von der Entsetzlichkeit dessen, worauf sein größter Stolz gründete: Er hatte die Jünger Jesu getötet. Doch selbst für ihn gibt es Gnade und Wasser, das sogar solch eine Abscheulichkeit abwäscht.

---

319 1. Timotheus 1,15.

So begann seine Reise, der ganzen Welt von der Erlösung zu erzählen, die er im Blut Jesu gefunden hatte. Ich frage mich, wie es wohl sein muss, bei Nacht in einem Korb an der Stadtmauer von Damaskus heruntergelassen zu werden. Lächelte Paulus in sich hinein, als er einen Augenblick lang in der Luft hing, in der Dunkelheit hin- und herschaukelte und aus seinem einstigen Leben ausbrach?

Ich denke darüber nach und frage mich: Wer sind all diese Menschen?

Es handelt sich nicht um himmlische Engel. Es handelt sich nicht um Menschen, die in jeder Hinsicht perfekt zu sein scheinen. Es sind gläubige Menschen, reumütige, begnadigte und dankbare Menschen, die mehr und mehr im Glauben erblühen und einander lieben.

Nun, Geschichte wiederholt sich, wie man so schön sagt. Ist etwas einmal passiert, kann sich die Welt nie sicher sein, dass es nicht noch einmal passiert.

Durch Erlöste wie sie wird der Erlöser bekannt gemacht. Dann kommt er.

(Bibelstelle zum Nachlesen: Apostelgeschichte 2,1–47 und 9,1–31)

Der Atheist verlangt: „Christen müssen viel mehr nach Erlösung aussehen, ehe ich an ihren Retter glaube." Diese Ansicht findet sich aus mehreren Gründen bei den Menschen. Sie sind empört über die offensichtliche Heuchelei der Fernsehprediger. Sie wurden in der Kirche verletzt und lecken immer noch ihre Wunden. Sie sind unausstehlichen Christen begegnet und haben in deren gnadenlosen Bekehrungsversuchen die keine Liebe gespürt.

So sieht es aus, erlöst zu sein?

Ich muss zugeben, dass Werbung für die Kirche albern ist. „Komm und lerne die liebevollsten Menschen aller Zeiten kennen" ist törichte, unchristliche Prahlerei. Wenn wir zu Christus gehören, sind wir zu aufrichtigem Kummer über unser klägliches Versagen fähig, ihn angemessen widerzuspiegeln. Es geht mir nicht darum, Ausreden zu finden. Es ist eine erschütternde Erkenntnis:

Er lässt zu, dass die Welt sich ihr Urteil über ihn anhand dessen bildet, was sie in unseresgleichen sieht. Bitte geh nicht meinetwegen weg. Mit Tolstoi sage ich: „[G]reif [...] mich an und nicht den Weg [...,], auch wenn ich von einer Seite zur anderen schwanke."[320]

In Wahrheit, wenn ich das noch einmal sagen darf, hängt deine Seele von der Frage nach Jesus ab. Was denkst du, wer *er* ist? Bleib nicht wegen einiger Leute, die du nicht magst, von dem Einen weg, der dich liebt, wie es sonst niemand vermag. Von Watchman Nee[321] stammt die Bemerkung, dass Gott der Welt nicht viele einzelne Gaben – Liebe, Freude, Frieden, Hoffnung –, sondern ein einziges Geschenk gegeben hat: Jesus.[322] In ihm ist alles andere enthalten. Alles. Dein Überlegenheitsgefühl gegenüber Christen – gib es ruhig zu – ist ein kläglicher Grund, sich Christus entgehen zu lassen.

Bitte lass dir all die Gründe durch den Kopf gehen, warum es fragwürdig ist, den Wert des christlichen Glaubens nach dem äußeren Erscheinungsbild von Christen zu beurteilen. Laut seiner Definition ist der christliche Glaube ein inneres Licht und Leben. Die Trauer, die von Gott kommt, der Glaube, der uns rettet und uns mit Christus als Glieder seines Leibes verbindet, die Triebkraft zur Liebe, die von seinem Haupt ausgeht – alles bewegt sich in einem nicht sichtbaren Bereich. Manchmal machen sie sich kaum bemerkbar unter dem gleichen alten, verdammungswürdigen Fleisch, das von allen Menschen geteilt wird, ob nun Christ oder kein Christ. Unser christliches Leben ist „verborgen mit Christus in Gott".[323]

Stell dir einmal Folgendes vor: Hier ist ein selbstsüchtiger Mensch, der seine Ichbezogenheit als rechtmäßige Lebensweise rechtfertigt, dort ein anderer, der im Stillen darüber trauert und sich innerlich an Christus hält ... und du würdest nie etwas davon erfahren. Vergleiche den ersten Menschen und seinen endlosen Kampf, gut genug zu sein, und den zweiten Menschen, der sich bemüht, Gott mit seinem von der Vergebung geprägten Leben

320 Yancey: *Der unbekannte Jesus*, S. 147.
321 Watchman Nee (1903-1972), chinesischer Prediger, Schriftsteller und Mitbegründer der Hauskirchenbewegung.
322 Vgl. Nee: *Das normale Christenleben*, S. 160.
323 Kolosser 3,3.

dankzusagen. Alles, was du von außen sehen kannst, ist, dass sich beide anstrengen. Der eine tut gute Dinge, damit Gott ihn lieben möge, der andere tut sie, weil Gott ihn bereits liebt.

Auf den ersten Blick gibt es keinen Unterschied zwischen ihnen. Auch wenn diese beiden nicht auf den entgegengesetzten Seiten einer großen Kluft zu stehen scheinen, so tun sie es doch. Derjenige, der an Jesus glaubt, „ist bereits vom Tod zum Leben gegangen"[324]. Und ich bin mir sicher, dass du im Leben des zweiten Menschen, in dem der Heilige Geist Schritt für Schritt im Verborgenen wirkt, dass du in diesem Leben des bußfertigen, dankbaren Menschen erkennen kannst, wie Christus sich offenbart.

Da ist ein Christ, der mit einem besonders temperamentvollen Naturell zu kämpfen hat. Nicht ein einziger Punkt der christlichen Theologie wird davon in Gefahr gebracht, dass er wirklich glaubt und wirklich kämpft. In die Kategorie der Dinge, die du nicht sehen kannst, solltest du jedoch auch miteinbeziehen, was für ein Mensch er ohne Christus wäre und zu welchem Menschen er als Gottes Werkstück noch werden wird. Und wenn für dich das äußere Erscheinungsbild so wichtig ist, solltest du allem voran den Unterschied bedenken, den der Tag des Jüngsten Gerichts machen wird, an dem „die Kinder Gottes offenbar werden"[325]. Wenn der verborgene Christus erscheint, dann werden wir Christen mit ihm in Herrlichkeit erscheinen.

Ich gehe davon aus, dass unsere Erlösung dann ausreichend sichtbar sein wird.

Bis der Tag kommt, ist der christliche Glaube am besten als eine Sache verstehen, die auf Christus ausgerichtet ist. Wenn du nach einem sichtbaren Zeichen meiner Erlösung fragst, dann werde ich auf ihn deuten, und nicht auf mich selbst. Dieser Fingerzeig auf Jesus aus der Trauer und Dankbarkeit meines alltäglichen Lebens heraus, nun ja, damit sehe ich so „erlöst" aus, wie es mir überhaupt nur möglich ist. Auch wenn ich in deinen oder, was das angeht, in meinen Augen nicht viel zu bieten habe, ist es das Größte und Wichtigste, wie Gott mich sieht. „Ich bin befleckt und besu-

---

324 Johannes 5,24.
325 Römer 8,19.

delt, aber durch Christus bin ich weißer und reiner als Schnee.“[326] Ich bin von der Gerechtigkeit Jesu bedeckt, allein durch den Glauben an sein Blut. Diese christliche Kirche, der Leib, der aus allen besteht, die auf ihn vertrauen, ist die wartende, strahlende Braut.

„Christus [hat] die Gemeinde geliebt [...] und hat sich selbst für sie dahingegeben [...], damit er sie vor sich stelle als eine Gemeinde, die herrlich sei und keinen Flecken oder Runzel oder etwas dergleichen habe, sondern die heilig und untadelig sei.“[327]

Geheimnis der Geheimnisse, Gnade über Gnade, in seinen Augen sind wir wunderschön.

Und durch hoffnungslos makelbehaftete Christen wie mich werden Menschen durch die Botschaft von der Erlösung in Jesus Christus sicher in Gott und in Gottes Kirche versammelt. Darum ging es Gott seit Anbeginn der Zeit und die gesamte Geschichte hindurch. Letztlich werden wir herrlich sein.

Selbst jetzt, trotz all unserer Schwäche und scheinbaren Gewöhnlichkeit, kennen wir ihn. Das absolut Beste an uns – unsere Fähigkeit, der ganzen Welt tiefen Segen zu bringen – begründet sich in der Tatsache, dass wir in uns die Botschaft tragen, dass diese Welt in Christus zu Gott zurückgebracht wurde. Wir sind entbehrliche Tongefäße, in denen sich ein funkelnder Schatz verbirgt. So wie wir sind, sind wir Lichter in einer sich verdunkelnden Welt. Das Wort Christi macht uns dazu.

Du fragst dich, ob es so etwas wie Liebe in der Welt gibt. In diesen zynischen Zeiten suchst du nach der lebendigen und atmenden, nach der gehenden und sprechenden Liebe. Das ist Jesus. Tatsächlich gab es bereits Menschen, unzählige Menschen, die ihn gut kannten und mit Freude alles, was sie hatten, in den Dienst der Welt stellten. Die menschliche Not um sie herum brach ihnen das Herz. In ihrem Mitgefühl gaben sie sich selbst hin. Und dann gaben sie lieber ihr Leben, als Christus loszulassen.

Weil „die Welt [ihrer] nicht wert war“[328], schaltete sich der Herr der Herrlichkeit selbst in die Diskussion ein.

---

326 Luther: *Psalmen-Auslegung*: Band 2, S. 215f.
327 Epheser 5,25-27.
328 Hebräer 11,38.

Herr der Kirche, Vater des Lichts, Geist Gottes, lass auch mich so sein.

━━━━━━━━━━━━━━━━━━━━━━━━━━

Als von den zwölf Jüngern nur noch Johannes am Leben war, erschien Jesus auf der Insel Patmos mit Augen wie Feuer und einem Gesicht wie die leuchtende Sonne. „Ich war tot, und siehe, ich bin lebendig von Ewigkeit zu Ewigkeit."[329] Er erschien als einer, der zwischen den Leuchtern, also zwischen den Gemeinden steht. Durch den Jünger, den er liebte, brachte er eine Botschaft, die wir das Buch der Offenbarung nennen.

Du stehst der Kirche Christi kritisch gegenüber? Weißt du was? Christus auch. „Du [hast] die erste Liebe [verlassen]"[330], sagte er zu den Christen in Ephesus. „Lau"[331] nannte er die Gemeinde in Laodizea. Schließlich ist er derjenige, der das Recht hat, die Kirche zu kritisieren. Weißt du, er liebt sie. Er hat sie gerettet.

Sie ist sein.

Du suchst wahren Glauben und echte Liebe, die irgendwo in der Kirche zu finden ist? Er auch. Und durch seine eigene Gnade und Kraft findet er sie. „Du hast meinen Namen nicht verleugnet", sagt er ihr. „Sei getreu bis an den Tod, so will ich dir die Krone des Lebens geben."[332]

Wie werden wir dann aussehen?

---

329   Offenbarung 1,18.
330   Offenbarung 2,4.
331   Offenbarung 3,16.
332   Offenbarung 2,10.

„Warum Geschichten?"

Lass dich von der fesselnden Geschichte von Jesus durchströmen.

Ein Sohn schuf so viel Abstand wie nur möglich zwischen sich und seinem Vater. Er traf Entscheidungen wie ein Erwachsener. Er tat Dinge, von denen er nie gedacht hätte, dass er sie tun würde. Und da, an dieser Stelle, nachdem er sich so weit entfernt und alles ruiniert hatte, was nur ruiniert werden konnte, „kam er zur Besinnung".

Irgendwo in seinem Herzen seufzte er „Papa" und machte sich auf den langen Weg nach Hause.

Währenddessen hielt der Vater die ganze Zeit Ausschau und suchte Tag für Tag den Horizont nach ihm ab. Der Vater erblickte den Sohn schon von Weitem und übersieh ja nicht dieses sensationelle Detail:

Der Vater rannte!

Der junge Mann hatte für diesen Augenblick geübt. „Ich weiß, dass es nie wieder so sein kann, wie es einmal war. Ich sollte dein Diener sein. Lass mich nur ..."

„Mein Sohn!"

Die Vergebung der Sünden – das ist die Lehre unserer Kirche und der Herzschlag unseres Glaubensbekenntnisses. Es ist eine Lehre mit einem soliden Fundament und sie erhält uns für Gott am Leben. Und diese Geschichte? Sie geht so.

Vergebung ist der Vater, der seinen Sohn in der Wärme seiner Umarmung festhält. „Mein Sohn, mein Sohn, mein Sohn ... Ich dachte, ich hätte dich verloren ... o mein Sohn." Vergebung ist das Gewand auf den Schultern eines verlorenen Sohnes, der Ring an seinem Finger, die Sandalen an seinen Füßen. Sie ist der freudige Klang eines Festes, das für jeden veranstaltet wird, nur weil er nach Hause gekommen ist. So sieht Vergebung aus, so duftet sie, so fühlt sie sich an.

Davon wollte ich dir erzählen, wusste aber nicht genau, wie. Das heißt, bis Jesus die Vergebung wie ein Lebewesen einfing, das im Netz dieser grandiosen Geschichte spielt.

Schau lange und gründlich in das Angesicht Gottes, so wie Jesus es uns ganz nahebringt. Da ist keine Finsternis auf dem Angesicht des Vaters, keine grüblerische Missbilligung, nicht ein Wort über das, was der Sohn getan hat. Wir bringen unsere Sünden vor den Vater, damit er sie uns gegenüber nie, nie vorbringen muss.

Darf ich dich in das bestgehütete Geheimnis der Welt einweihen? Das ist der christliche Glaube. Bleib draußen, wenn du willst – „Es ist zu einfach! Es ist zu kostenlos!" Ein freudiger Klang bricht aus dem Inneren hervor, die Freude des Vaters über das Fest, das wir Gnade nennen.

„Lasst uns essen und fröhlich sein! Denn dieser mein Sohn war tot und ist wieder lebendig geworden; er war verloren und ist gefunden worden."

Und die immer geöffnete Tür ist nicht nur die fesselnde Geschichte, die Jesus erzählte.

Es ist der Geschichtenerzähler selbst.

(Bibelstelle zum Nachlesen: Lukas 15,11-32)

Warum Geschichten erzählen? Während du darüber nachdenkst, richte dein Augenmerk auf dieses funkelnde Detail aus dem Schatz der alttestamentlichen Weissagung – der Messias selbst wird ein wunderbarer Geschichtenerzähler sein.

Jesus erzählte den Menschen nichts, ohne dabei ein Gleichnis zu verwenden. „Damit erfüllt würde, was gesagt ist durch den Propheten, der da spricht (Ps 78,2): ‚Ich will meinen Mund auftun in Gleichnissen und will aussprechen, was verborgen war vom Anfang der Welt an.'"[333]

Ich glaube, C. S. Lewis lag in Bezug auf die Macht von Geschichten richtig. Er zeigte auf, dass jede gute Erzählung aus einer Reihe von Ereignissen besteht, die zusammengenommen die Hand-

---

333   Matthäus 13,35.

lung ausmachen. Aber diese aufeinanderfolgenden Momente – erst geschah dies, dann das, dann das – bilden im Grunde ein Netz, in dem der Autor versucht, etwas anderes einzufangen. In der Geschichte lässt sich etwas entdecken, das keine Abfolge darstellt, zum Beispiel was Wahrheit wirklich ist oder Schönheit oder Freundschaft. Das trifft auch auf die Gleichnisse zu, die Jesus erzählte. Die Gleichnisse sind das Netz, in dem er für uns Dinge wie Vergebung, Weisheit, Glaube … und Liebe einfing.[334]

Ein Vater, der seinen in Ungnade gefallenen Sohn in der Ferne erblickt und ihm entgegenläuft.

Ein Ring.

Ein Gewand.

Ein Fest.

So nahegebracht, so deutlich in das Geflecht eingearbeitet, ist dabei ein Blick in Gottes Angesicht. Die Gleichnisse Jesu ermöglichen uns ein Verständnis tiefgründigerer Wahrheiten – wie das Reich Gottes ist. Wir sehen es. Wir verstehen es. Wir werden eingelassen.

Die Bibel sagt: „Darin besteht die Liebe: nicht dass wir Gott geliebt haben."[335] Wir können das Wissen, dass wir zum Bösen fähig sind, verdrängen. Wir können das psychologische Bedürfnis nach Befriedigung[336] als Wahrheit durchgehen lassen und das Wort „Liebe" weiterhin als fromme Floskel gebrauchen.

Aber wir sind nicht die Definition der Liebe.

Es gibt so etwas wie Liebe, aber diese altehrwürdige Geschichte liefert keine theologische Definition von „Liebe" an sich. Durch sie wird die andere Geschichte entfacht. „Daran haben wir die Liebe erkannt, dass er [Jesus Christus] sein Leben für uns gelassen hat."[337] Eingefangen in dieser Geschichte – im Würfeln um seine Kleider und in seinem Durst, im Opfer eines willigen Stellvertreters und im Speer, der Gewissheit darüber verschaffte, dass er wirklich tot war – findet sich, *wie wir wissen, was Liebe ist*. In dieser wahren Geschichte, in den Ereignissen, die sich im Mittelpunkt

334   Vgl. Lewis: *On stories*, S. 19.
335   1. Johannes 4,10.
336   Vgl. Crabb: *Connecting*, S. 116.
337   1. Johannes 3,16.

der Geschichte abzeichnen, auf einem dunklen Hügel außerhalb Jerusalems sind genau die Liebe und Gnade eingefangen, die das Wesen Gottes ausmachen.

Und so werden alle, die glauben, eingefangen. In dem Netz der wahren Geschichte über Jesus werden wir wieder zum Leben erweckt. Die Überschrift? „Du kannst immer nach Hause kommen."

„Mein Kind, mein Kind, mein Kind ... Ich dachte, ich hätte dich verloren ... oh, mein Kind."

Dennoch sprach ich vom bestgehüteten Geheimnis der Welt.

Lieber Freund, halte mit mir inne und nimm dieses Neuland mit einem prüfenden Blick in Augenschein, und damit meine ich die Kultur, in der wir gerade leben. Ein Student liest die Bergpredigt und bezeichnet sie als „das Lächerlichste, was mir je untergekommen ist". Wisst ihr, was das ist? Eine ähnlich ehrliche Reaktion zeigte eine junge Frau aus dem ersten Jahrhundert bei ihrer ersten Begegnung mit dem unerhörten Christus. Eine andere Frau geht in ein Juweliergeschäft, um ein Kreuz zu kaufen, und die Verkäuferin fragt: „Möchten Sie eins mit dem kleinen Mann darauf?" Sie ist völlig ahnungslos! Um Jesu Willen, hör auf, entsetzt darüber zu sein, dass Ungläubige einfach nur Ungläubige sind, und nutze die Chancen.

Wir müssen ihnen verdeutlichen, was das Besondere am Christentum ist, nämlich Christus. In der heutigen Kultur sind Berichte über das Leben und Wirken Jesu unbekannte, unerzählte Geschichten. Wenn ich mit Menschen über Jesus spreche, ist es oft so, dass der Herr die Menschen nach wie vor beunruhigt und zugleich beeindruckt. Manche hassen ihn, manche lieben ihn, aber nur wenige bringen es fertig, einfach zu gähnen und sich abzuwenden.

Deshalb habe ich versucht, dieses Buch von einer ganz einfachen Denkweise leben zu lassen, als ich mich mit den Vorbehalten gegenüber unserem christlichen Glauben befasst habe. Ich hoffe, du konntest erkennen, dass der Weg von einer beliebigen, halbherzigen Unterhaltung über Religion hin zu einer herzergreifenden Erzählung von und über Jesus sehr kurz und einfach sein kann. Du erzählst die Geschichte, die du unbedingt erzählen wolltest.

Das Wort ist schon in deinem Herzen verborgen. Darin ist die Botschaft von Sünde und Gnade eingearbeitet.

„Wir bekommen, was wir aufgrund unserer Sünden verdienen, ... Jesus, gedenke meiner", schrie der sterbende Schächer, als jeder Atemzug kostspielig war.

„Du wirst mit mir im Paradies sein", antwortete Gott, als alles beinahe vollbracht war.[338]

Eins muss ich jedoch klarstellen. Das Erzählen von Geschichten kann und darf niemals die Notwendigkeit ersetzen, die christliche Lehre so klar und deutlich wie möglich mitzuteilen. Ich gebe zu, dass anscheinend immer weniger Menschen dazu bereit sind, sich ernsthaft mit Glaubenslehren an sich auseinanderzusetzen. Die Beweise der Bibel abzuwägen und auf dieser Grundlage die von ihr aufgestellten Wahrheitsbehauptungen als wahr oder falsch zu akzeptieren oder zurückzuweisen – auf diese Art denken die meisten einfach nicht. Nun gut, unsere Aufgabe ist also schwieriger.

Die Menschen brauchen nach wie vor die christliche Lehre und sie werden sie immer brauchen.

Meiner Erfahrung nach werden die Augen der Menschen für die Bedeutung des Evangeliums erst dann wirklich geöffnet, wenn es in aller Deutlichkeit und Förmlichkeit wie etwa in David Valleskeys Text *God's Great Exchange* (Gottes Austauschprogramm) vermittelt wird. Ich bin nicht dazu bereit, auf die zentrale Rolle des klaren Zeugnisses zu verzichten, das durch die eindeutige Darstellung der Lehre erzielt wird. Dabei zu sein, im selben Raum zu sein, wenn sich ein Mensch zum ersten Mal der objektiven Rechtfertigung vor dem Hintergrund totaler Verderbtheit bewusst wird – auf diesen großartigen Augenblick der rettenden Klarheit arbeite ich unablässig hin. Das ist für mich immer noch das allerbeste der vielen Gespräche über Christus, die ich mit den Menschen, die ihn nicht kennen, führen muss und will.

Aber was werde ich sagen, wenn wir das nächste Mal miteinander sprechen? Und beim übernächsten Mal? Oder wie kann ich die Tür zu den Menschen überhaupt erst öffnen? Wie kann ich offen und frei über Jesus sprechen, unabhängig davon, welches schroffe

---

338 Vgl. Lukas 23,41–43.

Fragezeichen über dem Gespräch hängt? Das Schöne daran, das Netz der biblischen Geschichten auszuwerfen, ist die Art und Weise, wie diese Geschichten das Futter für die vielen geistlichen Gespräche liefern, die du vielleicht mit einer fragenden Seele führen musst, bevor die Wahrheit eindringt. Hin und wieder kommt es vor, dass ich jemanden nicht einmal fragen muss: „Macht es dir etwas aus, wenn ich mit dir über den christlichen Glauben spreche?" Manche haben sich sogar von sich aus nach den Einzelheiten unseres Glaubens erkundigt, nachdem sie zuvor gesehen hatten, wie einer Prostituierten vergeben wurde, wie ein verlorener Sohn zurück nach Hause kam und willkommen geheißen wurde ... oder wie ein guter Mann einem toten Kind zuflüsterte: „Mädchen, steh auf!"[339]

Es gibt noch einen „Ausklang" der Geschichte über Kayla, von der ich in der Einleitung zu diesem Buch berichtet habe. Dort erzählte ich, wie ich sie zum ersten Mal bei einem Friseurtermin traf. Als ich das nächste Mal auf dem Frisierstuhl saß, brachte sie es selbst zur Sprache. Sie sagte: „Erinnern Sie sich an die Geschichte, die Sie mir über das kleine tote Mädchen erzählt haben, das Jesus zum Leben erweckt hat?"

„Ja."

„Ich habe sie meinem Mann erzählt!"

„Was hat er gesagt?"

„Nichts. Er hat mich nur umarmt. Und jetzt ist ihm kein Umweg zu groß, um an Ihrer Kirche vorbeizufahren. Wir haben uns darüber unterhalten, einmal hinzugehen."

Und das ist noch nicht alles. Beim nächsten Termin sprachen wir in aller Deutlichkeit über den Tod und die Auferstehung Jesu Christi und darüber, was das genau bedeutet. Zu Beginn stellte sie mir Fragen. Nachdem ich ihr das Evangelium auf sehr einfache und klare Weise dargelegt hatte, trafen sich unsere Blicke im Spiegel vor uns.

Lächelnd sagte sie: „Es wird einem also nicht schwer gemacht."

„Ja, Kayla, genauso ist es. Es wird einem nicht schwer gemacht", antwortete ich. Denn sie sprach wie jemand, der versteht, der ihn

---

339 Markus 5,41.

kennt und der sich im Netz der großartigsten Geschichte aller Zeiten verfangen hat. Sie sah ihn zum ersten Mal.

Und in gewisser Weise erging es auch mir so. Ich wurde in die Zeit zurückversetzt, als mein Glaube noch in den Kinderschuhen steckte. Das macht meine „Freude" auf eine Weise „vollkommen"[340], wie es kein noch so großer innerer Kampf je könnte. Ich war nie in der Lage gewesen, mir diese Freude noch einmal zu vergegenwärtigen. In meiner eigenen kleinen Welt dazusitzen und mit meinen ichbezogenen Sorgen zu ringen – das hatte mich nie dorthin zurückgeführt.

Aber als ich auf diesem Stuhl saß und das von ihr hörte, war alles wieder so einfach, war alles so klar. Während ich einem anderen Menschen die Geschichte von Christus erzählte, schloss ich sie ganz fest in meine Arme. Ich lernte, was der Bibelvers bedeutet: „Ich [...] gedenke [deiner] in meinen Gebeten [...], dass der Glaube, den wir miteinander haben, in dir kräftig werde in Erkenntnis all des Guten, das wir haben, in Christus."[341]

Erinnerst du dich daran, wie Petrus von Jesus aufgefordert wurde, das Boot in der Hitze des Tages noch einmal auf den See zu rudern, wo er die ganze Nacht lang geschuftet und gefischt und nichts gefangen hatte?

Er gehorchte und dieses Mal schossen die Fische direkt ins Netz. Und der Fischer, dessen Augen sich langsam für Christus öffneten, fiel zu Boden, verbarg sein Gesicht und rief: „Herr, geh weg von mir! Ich bin ein sündiger Mensch."[342]

Es versteht sich von selbst, dass Jesus einen Augenblick lang dastand und ihm dann auf die Füße half.

Er ging nirgendwohin.

Er ist auch bei dir. Seinetwegen ruderst du dein kleines Boot gleich wieder auf genau denselben See hinaus ... an genau dieselbe Stelle, an der du noch nie etwas gefangen hast ..., wenn die Zeit zum Fischen längst vorbei zu sein scheint. Ein

340   1. Johannes 1,4.
341   Philemon 1,4+6.
342   Lukas 5,8.

gewinnendes Lächeln, so groß wie die Sonne, sagt dir, wer du bist.

„Fürchte dich nicht! Von nun an wirst du Menschen fangen."[343]

Um Jesu willen, in Jesu Namen, wirf die Netze noch einmal aus.

---

343 Lukas 5,10.

Literaturverzeichnis

Hinweis: Bei Zitaten wurde, wenn möglich, auf deutsche Übersetzungen zurückgegriffen.

Behe, Michael J.: *Darwins Black Box : biochemische Einwände gegen die Evolutionstheorie.* Gräfeling: Resch, 2007.

Bonhoeffer, Dietrich: *Gemeinsames Leben.* München: Kaiser, 1988.

Buechner, Frederick: *Whistling in the dark : a doubter's dictionary.* San Francisco, CA: HarperSanFrancisco, 1993.

Chesterton, Gilbert Keith: *As I was saying : a Chesterton reader* / ed. by Robert Knille. Grand Rapids, MI: W. B. Eerdmans, 1985.

Chesterton, Gilbert Keith: „Introduction to the Book of Job". In: *The Chesterton review.* South Orange, NJ: G. K. Chesterton Institute for faith & culture, 1985 Vol. 11(1), S. 5-15.

Chesterton, Gilbert Keith: *Orthodoxie : eine Handreichung für die Ungläubigen.* Frankfurt: Eichborn, 2001.

Chesterton, Gilbert Keith: *Vom Wind und den Bäumen oder gewichtige Kleinigkeiten : Betrachtungen und Skizzen.* Coesfeld: Elsinor, 2009.

Crabb, Lawrence J.: *Connecting : das Heilungspotential der Gemeinschaft.* Basel u. a.: Brunnen, 2007.

Crabb, Lawrence J.: *Glück suchen oder Gott finden? : Unterscheidungshilfen in der Welt des Kuschelchristentums.* Basel u. a.: Brunnen, 1996.

Crabb, Lawrence J.: *Von innen nach außen : Veränderung ist möglich.* Basel u. a.: Brunnen, 2007.

Dobson, James: *Nimm dein Leben in deine Hand*. Kehl: Edition Trobisch, 1996.

Dostojewskij, Fjodor: *Die Brüder Karamasow*. Düsseldorf: Artemis & Winkler, 2004.

Doyle, Arthur Conan: *Sherlock Holmes – die Memoiren des Sherlock Holmes : Erzählungen*. Frankfurt: Fischer Taschenbuch, 2021.

Hybels, Bill, Mittelberg, Mark: *Bekehre nicht – lebe! : so wird Ihr Christsein ansteckend*. Aßlar: GerthMedien, 2007.

Irenäus von Lyon: *Fünf Bücher gegen die Häresien*. Werther: Andrej Beritski, 2021.

Lewis, Clive Staples: *On stories, and other essays on literature*. New York, NY: Harcourt Brace Jovanovich, 1982.

Lewis, Clive Staples: *Gedankengänge : Essays zu Christentum, Kunst und Kultur*. Basel u. a.: Brunnen, 1986.

Lewis, Clive Staples: *Gott auf der Anklagebank*. Basel: Fontis, 2018.

Lewis, Clive Staples: *Ich erlaube mir zu denken : Essays zu zeitgemäßen und unzeitgemäßen Fragen*. Basel u. a.: Brunnen, 2005.

Lewis, Clive Staples: „Modern theology and biblical criticism". In: *Brigham Young University Studies*. Provo, UT: Brigham Young University, 1968, Vol. 9(1), S. 33-48.

Lewis, Clive Staples: *Pardon, ich bin Christ : meine Argumente für den Glauben*. Basel: Fontis, 2016.

Lewis, Clive Staples: *Über den Schmerz*. Gießen u.a.: Brunnen, 2005.

Little, Paul: *Ich weiß, warum ich glaube : gute Argumente für Christen und Zweifler*. Holzgerlingen: Hänssler, 2005.

Luther, Martin: *Psalmen-Auslegung* / hrsg. von Erwin Mühlhaupt. Göttingen: Vandenhoeck & Ruprecht, 1959-1965.

Luther, Martin: *Sämmtliche Schriften* / hrsg. von Johann Georg Walch. St. Louis, MO: Concordia, 1880-1910.

Lutherisches Gesangbuch / hrsg. durch die Evangelisch-Lutherische Freikirche. Zwickau: Concordia, 2015.

Maier, Paul L.: *In the fullness of time : a historian looks at Christmas, Easter, and the early church*. San Francisco, CA: HarperSanFrancisco, 1991.

Mathis, Paul: „Wo ist Gott". Düren: Schöpfung.info e. V., [2018]. Verfügbar unter: https://xn--schpfung-p4a.info/index.php/artikel-himmel/43.

Matzat, Don: *Christ-esteem*. Eugene, OR: Harvest, 1990.

McDowell, Josh: *Bibel im Test : Tatsachen und Argumente für die Wahrheit der Bibel*. Neuhausen-Stuttgart: Hänssler, 1996.

McDowell, Josh: *The new evidence that demands a verdict*. Nashville, TN: T. Nelson, 1999.

Nee, Watchman: *Das normale Christenleben*. Holzgerlingen: Hänssler, 2006.

Nietzsche, Friedrich: *Die fröhliche Wissenschaft*. Stuttgart: Kröner, 2022.

Oetting, Walter W.: *The church of the catacombs : the introduction to the surging life of the early church from the apostles to A. D. 250, based on firsthand accounts*. St. Louis, MI: Concordia, 1964.

Paustian, Mark A.: „Drinking our cup". In: *Forward in Christ*. Milwaukee, WI: Northwestern Publishing House, 2000 (März), S. 18-19.

Paustian, Mark A.: "The iconoclast". In: *Northwestern Lutheran*. Milwaukee, WI: Northwestern Publishing House, 1988 (12), S. 18.

Ross, Hugh: „Design evidences for life support". Pasadena, CA: Reasons to believe, 2000. Verfügbar unter: https://www.leaderu.com/orgs/reasons/designprobupdate1998.html.

Schaeffer, Francis A.: *Gott ist keine Illusion : Ausrichtung der historischen christlichen Botschaft an das zwanzigste Jahrhundert*. Wuppertal: Brockhaus, 1984.

Shakespeare, William: *Hamlet*. Weimar: Aionas, 2016.

Stott, John: *Der christliche Glaube : eine Einführung*. Witten: SCM R. Brockhaus, 2010.

Strobel, Lee: *Der Fall Jesus : ein Journalist auf der Suche nach der Wahrheit*. Aßlar: GerthMedien, 2014.

Strobel, Lee: *Glaube im Kreuzverhör : ein Journalist hinterfragt das Christentum*. Aßlar: GerthMedien, 2009.

Thomas, Lewis: *Die Meduse und die Schnecke : Gedanken eines Biologen über die Mysterien von Mensch und Natur*. München: Goldmann, 1985.

Trench, Richard Chenevix: *Notes on the parables of our Lord*. New York, NY: D. Appleton, 1863.

Yancey, Philip: *Der unbekannte Jesus : Entdeckungen eines Christen*. Witten: SCM R. Brockhaus, 2010.

Yancey, Philip: *Von Gott enttäuscht : durch Leiden an Gott in der Liebe zu ihm wachsen.* Witten: SCM R. Brockhaus, 2014.

Zacharias, Ravi: *Kann man ohne Gott leben?.* Gießen u. a.: Brunnen, 2005.

Zacharias, Ravi: *The real face of atheism.* Grand Rapids, MI: Baker Books, 2004.

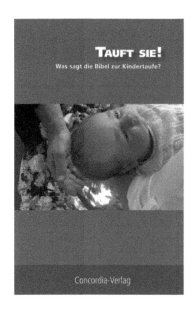

Fritz Horbank

Tauft sie!

*Was sagt die Bibel zur Kindertaufe?
3., überarbeitete Auflage, Format 12
x 19 cm, 45 Seiten, geheftet, Zwickau
Concordia 2017, ISBN 978-3-910153-
87-5, EUR 3.50*

Vielerlei Argumente führt man gegen die Kindertaufe ins Feld, zuweilen auch vermeintlich biblische, vor allem aber das Schweigen der Heiligen Schrift über die Taufe von Kindern. So kommt man zu dem Ergebnis, dass die Kindertaufe eine Fehlentscheidung der Kirche war, und bezweifelt oder verneint ihre Berechtigung.

Die Frage ist also, ob die Kindertaufe recht oder unrecht ist. Ist sie unrecht, dann darf die Kirche sie nicht üben. Es wäre Sünde, wenn die Kirche falsch handelte, nur um eine Tradition aufrechtzuerhalten. Ist sie aber recht, dann gibt es keinen Grund, sie zu unterlassen oder hinauszuschieben, sondern die Kinder sollten so bald wie möglich getauft werden.

Wir wollen also nach Recht oder Unrecht der Kindertaufe fragen, und wir wollen allein die Heilige Schrift danach fragen. Es geht uns in dieser wichtigen Sache nicht um die Meinung dieses oder jenes noch so gelehrten Menschen, sondern allein um den Willen Gottes. Gott offenbart uns seinen Willen aber allein in seinem Wort, im Wort der Bibel. Darum ist sie allein für uns in Glaubensfragen maßgebend.